Erschienen im
Jubiläumsjahr 2002
bei Klett-Cotta

Theodore Ziolkowski

BERLIN

Aufstieg einer Kulturmetropole um 1810

Klett-Cotta

Victor Lange
zum Gedächtnis
und

Frances Lange
in Freundschaft gewidmet

INHALT

VORWORT

„Die Fürsten wollen selbst in deine Schule gehn, / Drumb hastu auch für sie ein Spree-Athen gebauet", feierte der Dichter Erdmann Wircker den ersten König von Preußen, unter dessen „allergroßmächtigstem Schutz" die „Märkischen Neun Musen" auf dem «Franckfurtischen Helicon» ihr Jubeljahr frohlockend feierten. Aber der in holprigen Alexandrinern erfundene Vergleich zum griechischen Stadtstaat paßt viel genauer auf das Berlin von 1810/11 als auf das von 1706.

Im Jahr 1810 hatten Berlin und Preußen in der Person von Friedrich dem Großen einen nationalen Perikles und in Prinz Louis Ferdinand einen „preußischen Alkibiades" erlebt. In der deprimierenden Niederlage bei Jena und Auerstedt haben Stadt und Land den eigenen Peloponnesischen Krieg erlitten. In Fichtes *Reden an die deutsche Nation*, in Schleiermachers politischen Predigten und in Adam Müllers öffentlichen Vorlesungen über Friedrich II. und die preußische Monarchie hörten viele die Töne eines neuen Demosthenes. Die Gründung der Universität ließ andere an die Blüte der Philosophie in Platons Akademie denken. Mit seinen Forschungen zur Rechtsgeschichte leistete Savigny für Deutschland, was früher Aristoteles in seiner Schrift über die *Staatsverfassung der Athener* für sein Land getan hatte, während Niebuhr in seiner *Römischen Geschichte* mit Thukydides wetteiferte. Indessen erinnerten die genialen Beiträger zu den *Berliner Abendblättern* oft an den satirischen Geist eines Aristophanes. Wie Athen mußte Berlin jetzt mittels des Geistes den Verlust an militärisch-politischer Macht kompensieren. Mithin konnte sich Friedrich von Raumer im Februar 1810 in seiner Potsdamer Vorlesung über *Perikles und Aspasia* vergleichend und kontrastierend immer wieder auf „unsre Zeit“ beziehen, und noch Jahrzehnte später fühlte sich Fontane berechtigt, in seinem Kapitel über den führenden Berliner Bildhauer dieser Tage („Johann Gottlieb Schadow“ in dem *Spreeland*-Band seiner *Wanderungen durch die Mark Brandenburg*) von „Griechentum und Märkertum“ zu schreiben.

Gerhard Schulz bemerkt mit Recht, „daß Berlin durch die Gründung der Universität ein intellektuelles Potential erworben hatte, wie es zu diesem Zeitpunkt keine andere Stadt im einstigen Reich aufweisen konnte“ (Die dt. Literatur …, Bd. 2, S. 87). Aber die Universität bildete nur einen Aspekt des facettenreichen kulturellen und intellektuellen Lebens Berlins. Einzelne Aspekte dieser kritischen Entwicklungsperiode – Politik, Kunst, Musik, Zeitungswesen, Universität, Akademie – sind wiederholt dargestellt worden. Es hat aber einen besonderen Reiz, wenn man gerade den Brennpunkt – genauer: die Periode von Juli 1810 bis Juli 1811 – interdisziplinär und intensiv ins Auge faßt. Denn in diesem Jahr kam eine Gruppe von genialen Menschen in Berlin zusammen, in einer kulturellen Konstellation, deren Glanz das Leben der Stadt immer noch beleuchtet. Wenn wir diese verhängnisvollen Monate synchronisch betrachten, vermögen wir gewisse Zusammenhänge und Wechselwirkungen aufzudecken, die sich dem üblichen diachronischen Blick manchmal entziehen. Diese lassen sich vor allem in den überraschend vielen „öffentlichen“ Schriften – Gedichten, Reden, Vorlesungen, Zeitungsartikeln – erkennen, in denen sich eine Reihe von wichtigen Ereignissen der zweiten Jahreshälfte widerspiegelt.

Vor rund hundert Jahren hat sich Reinhold Steig in seinem kenntnisreichen, wenn auch tendenzbestimmten Buch *Heinrich von Kleist's Berliner Kämpfe* (1901) mit gerade dieser Periode beschäftigt. Steigs zentrale These – daß Kleists *Ber-*

liner Abendblätter als Parteiorgan einer deutschnationalen, antisemitischen Christlich-Deutschen Tischgesellschaft fungierten – ist seitdem überzeugend widerlegt worden. Aber gerade die aggressive Tendenz seines Buchs, das sich im wesentlichen auf eine kommentierende Rekapitulierung sämtlicher Artikel der *Berliner Abendblätter* beschränkt, hat dazu geführt, daß man in Kleist lange die dominierende Gestalt im Drama dieser Berliner Periode erblickte. Wenn wir aber das Leben der Stadt ins Auge fassen, dann treten zwei andere Gestalten als fast unerkannte *poetae laureati* hervor, die jedes wichtige öffentliche Ereignis in Gedichten besangen und in Schriften kommentierten, die bis heute unser Bild dieses Jahrs geprägt haben: Achim von Arnim und Clemens Brentano.

Diese beiden Schriftsteller begriffen die Stadt nicht so sehr als darzustellenden Gegenstand denn als zu feiernde menschliche *communitas*. Deswegen befassen wir uns im folgenden weder verallgemeinernd mit „*der* Stadt", deren Entdeckung durch die Romantiker Marianne Thalmann souverän verfolgt hat, noch mit den verschiedenen metaphorischen Bedeutungen der Städte, die Burton Pike und Hana Wirth-Nesher in klugen Büchern untersucht haben. Hier geht es ganz konkret um bestimmte öffentliche Ereignisse, die 1810/11 in der Residenzstadt Berlin stattgefunden haben, und um deren Widerspiegelung in den literarischen Schriften der Zeit – nicht die im engeren Sinn politischen Reformen, die, so zukunftsweisend sie auch gewesen sein mögen, ohne Beteiligung des Publikums einfach ausgeführt wurden und die oft behandelt worden sind. Wir konzentrieren uns hier auf die literarisierte Öffentlichkeit einer spezifischen Stadt in einer spezifischen Periode – auf die ästhetisierte *communitas*, das poetisierte Stadtleben Berlins von Juli 1810 bis Juli 1811. Indem wir aber die lebendige und von Menschen wimmelnde Geschichte der Stadt erzählen, gilt es zugleich zu prüfen, inwiefern dieser Prozeß der Literarisierung dazu diente, den Ereignissen einen thematischen Sinn abzugewinnen oder zu verleihen – inwiefern die „Literarisierung" mit der „Wirklichkeit" der dargestellten Ereignisse korrespondiert. Denn auch dem Berlin von 1810/11 begegnen wir noch heute trotz aller Dokumentation vor allem in der literarischen Vermittlung. Überall, wo wir hinkommen, waren Arnim und Brentano, aber auch Kleist und Adam Müller und deren Zeitgenossen vor uns da.

Diese Arbeit wurde im Sommer 1998 mit Hilfe des Jacob-und-Wilhelm-Grimm-Preises des Deutschen Akademischen Austauschdiensts begonnen. Meine Recherchen wurden durch die Großzügigkeit eines Forschungspreises der Alexander-von-Humboldt-Stiftung weiter unterstützt. In Berlin bin ich den hilfsbereiten Mitarbeitern des Ribbeck-Hauses und des Märkischen Museums sowie dem Consistorium der Französischen Kirche zu Dank verpflichtet. Frau Elli Findeisen (Universitätsibliothek Greifswald) hat mir freundlicherweise die Fotokopie einer sonst nicht erhältlichen Dissertation besorgt. Für spezifische Hinweise danke ich Helmut Börsch-Supan, Stefan Nienhaus, Peter Paret und Hermann F. Weiss; und für eine wichtige Anregung im Gespräch danke ich Jürgen Kohler. Für Unterstützung, Kollegialität und Gastfreundschaft gebührt Hans Joachim Kreutzer und Ernst Osterkamp besondere Anerkennung.

Princeton, New Jersey
August 2001

EINLEITUNG

Literarisierte Topographie

Ist es einem Zeitgenossen im 21. Jahrhundert überhaupt noch möglich, Städten und Landschaften unvermittelt zu begegnen? Überall, wohin wir in der Welt kommen, war schon jemand da – der Berichterstatter in den Abendnachrichten, der Mitarbeiter des Magazins der Luftfahrtgesellschaft, der Kollege vom Reisebüro im Internet, der Nachbar mit seiner Nikon. Wenn wir das exotische Ziel endlich erreichen, sehen wir oft nur bereits Bekanntes.

Neben solchen Bildern, in denen Stadt und Landschaft einfach als Hintergrund für Krieg, Staatsbesuche, Ferien oder kulturelle Ereignisse relativ objektiv übermittelt werden, gibt es Darstellungen einer anderen Art – künstlerische Darstellungen, die unsere Eindrücke und Erwartungen in eine bestimmte Vision zwingen. Wer fährt heutzutage in die Provence, ohne der erlebten Wirklichkeit die Flächen und die Farbpalette Cézannes aufzudrängen? Seit Canaletto wissen wir genau, was uns in Venedig erwartet. An der Ostseeküste oder im Riesengebirge suchen wir jeden Horizont nach den dramatischen Senkrechten Caspar David Friedrichs ab. Und überall sind wir enttäuscht, wenn die heutige „Wirklichkeit“ der zeitlosen künstlerischen Realität nicht entspricht.

Nicht nur mächtige visuelle Darstellungen bilden unsere Erwartungen. Schriftsteller haben sich manchmal ihrer Städte dermaßen bemächtigt, daß wir auf Schritt und Tritt meinen, ihre literarischen Gestalten heute noch dort anzutreffen. Unser Rundgang in Dublin verläuft wie selbstverständlich in den Fußstapfen Leopold Blooms und Stephen

Daedalus' aus Joyce' *Ulysses,* wie wir auch in St. Petersburg auf jeder Brücke Gogols Akakij Akakievič und in allen Gassen Dostojewskis Raskolnikov zu erblicken glauben. Paris präsentiert sich mit den Farben, Geräuschen und Gerüchen Balzacs, Baudelaires und Benjamins; in Wien geistern noch die Gestalten Musils, Schnitzlers, Doderers, Hofmannsthals auf der Ringstraße und im Prater; unser Bild von London haben Charles Dickens, Virginia Woolf und Arthur Conan Doyles Sherlock Holmes schon lange bestimmt. Heinrich Böll hat unserem inneren Ohr und Auge sein Köln genauso eingeprägt wie Günter Grass sein Danzig. Burton Pike und Hana Wirth-Nesher haben mit großer Raffinesse derartige literarische „Images" und „Codes" der modernen Stadt entziffert.

Auch unser Bild von Berlin ist von vielen Malern und Schriftstellern gestaltet worden. Seit zweihundert Jahren lebt die Stadt in unserem Bewußtsein in den Gemälden von Künstlern wie Eduard Gärtner, Franz Krüger, Karl Friedrich Schinkel und Johann Erdmann Hummel, wie Adolph Menzel und Karl Blechen oder Ernst Ludwig Kirchner, Max Beckmann, Max Liebermann, Otto Dix und George Grosz, neben vielen anderen, fort.[1] Das Leben der Stadt kennen wir aus Romanen wie Alfred Döblins *Berlin Alexanderplatz* oder den Erzählungen Uwe Johnsons, Christa Wolfs und Peter Schneiders, und den Rhythmus ihrer Sprache hören wir in Gerhart Hauptmanns *Die Ratten* und in den Dramen Bertolt Brechts und Heiner Müllers sowie in der Musik Kurt Weills. In der Forschung hat man bisher häufig mit Volker Klotz die „erzählte" Stadt betont und dabei die poetisierte Stadt vernachlässigt. Aber Dichter von Gottfried Benn, Georg Heym und Oskar Loerke bis hin zu Wolf Biermann, Volker Braun und Helmut Heißenbüttel haben der Stadt Berlin immer wieder poetischen Ausdruck verliehen.[2]

„Spree-Athen"

Die Literarisierung einer Stadt hat manchmal eine lange Geschichte, wie das Walther Rehm in seiner Studie *Europäische Romdichtung* oder etwa Pierre Citron in *La Poésie de Paris dans la littérature française de Rousseau à Baudelaire* gezeigt haben. Schon 1706 zelebrierte der Dichter Erdmann Wircker das „Spree-Athen" und prägte damit ein Wort, das das zukünftige Bild der Residenz antizipierte. Karl Wilhelm Ramler, ab 1748 Professor der Logik an der Berliner Kadettenanstalt und später Intendant des Nationaltheaters (1786–96), lobte mitten im Siebenjährigen Krieg tröstend den Ort, der ihn so reichlich belohnte, in seiner patriotischen Ode *An die Stadt Berlin* (1759).

„Ich sahe sie! (mir zittern die Gebeine!)
Ich sah, bekümmertes Berlin,
Die Göttinn deines Stroms vor deinem Tannenhaine
Mit ihren Schwänen ziehn."

Mag die Zahl der Feinde dem Sand an den Ufern der Spree gleich sein,

„Borussiens gerechter Held soll siegen!
Die Götter schützen ihren Sohn.
Bald wird er im Triumph zu seinen Kindern fliegen.
Er kömmt! ich seh ihn schon!"

Zwanzig Jahre später besang Karl Philipp Moritz in seinem Gedicht *Sonnenaufgang über Berlin* (1780) die Majestät der Residenzstadt, die sich von Unter den Linden zum Zeughaus und Schloß an der Spree erstreckt.

„Schon seh' ich hier Paläste an Palästen,
Die ihre stolzen Häupter blähn,
Und, wie an einer graden Schnur, in festen,
Geschloßnen Reihn, gleich unsern Kriegern, stehn.

Wie eine Stadt, erhebt in ihrer Mitte
Der Königssitz sein Haupt, und ragt
Hoch über sie, wie über eine Hütte
Das kleinste unsrer Felsenhäuser ragt.

Rund, um die hohe Königsburg zu schmücken,
Im Kreis', erheben überall
Paläst' und Tempel sich vor meinen Blicken,
Und wie ein Fels das mächtge Arsenal.

Wie in dem Ofen goldne Feuergluten,
Wie Tröpfchen, die der Morgen taut,
So glänzt der ganze Strom, in dessen Fluten
Der Städte Königin ihr Antlitz schaut."

Aber trotz solcher Beispiele dürfen wir ruhig behaupten, daß der eigentliche Prozeß einer Poetisierung der Stadt erst richtig im Jahre 1810 begann, als eine Reihe von öffentlichen Ereignissen mehrere Schriftsteller und Intellektuelle zu literarischer Darstellung und Kommentierung anregte.

Das Berlin, das Madame de Staël in ihrem 1810 vollendeten Bericht *De l'Allemagne* (1813) darstellte, war von dem Berlin von 1810 noch weit entfernt. Der geistreichen Französin, die sich im Frühjahr 1804 in der preußischen Residenz aufgehalten hatte, galt Berlin vor allem noch als der „Brennpunkt der Aufklärung und des Lichts" und „die wahre Hauptstadt des neuern, des aufgeklärten Deutschlands".[3] Gegenüber den französischen Zeitgenossen, die in Preußen nichts als eine geräumige Kaserne erblickten, verteidigte sie den Staat als Gegenpol zu Napoleons Diktatur: „was in Preußen wahrhaft interessiert, ist die Aufklärung, das Gefühl des Rechts, der Geist der Unabhängigkeit". Allerdings fand sie Einwände genug. Im Frühjahr 1804 tadelte sie aus Berlin: „Die beiden Gesellschaftsklassen, die der Gelehrten und die des Hofes, sind vollständig getrennt; daraus folgt, daß die Gelehrten keine Konversation pflegen und die Männer von Welt absolut nicht denken können."[4] Die gähnende Langeweile wurde allzuoft durch Alkohol überwunden, wofür ihr der fast jeden Abend betrunkene Prinz Louis Ferdinand „das prominenteste und schockierendste Beispiel" bot. (Auch Friedrich von der Marwitz spricht von des Prinzen Trunksucht und seiner Vorliebe für Champagner, bestreitet aber, daß an ihm jemals „auch die leiseste Spur von Trunkenheit" zu bemerken sei.[5]) Sie erwähnt zwar Gelehrte wie den Historiker Johannes von Müller, den Staatswissenschaftler Friedrich Ancillon, den Philosophen Johann Gottlieb Fichte, den Sprachwissenschaftler Wilhelm von Humboldt, den königlichen Leibarzt Christoph Wilhelm Hufeland und andere, die der König in Berlin zusammengeführt hatte. Aber das Berlin, das sie kannte und darstellte, war im wesentlichen die vor-jenaische Residenz mit ihrer tugendhaften Königin, ihren aufklärerischen Zeitschriften, ihrer „abergläubischen Ehrfurcht vor dem Jahrhundert Ludwigs XIV.", ihren Salons und ihrem Theater, das die Stücke von Schiller und Zacharias Werner bevorzugte. Im Berlin von 1804 fand Germaine de Staël zwar alle Elemente einer liebenswürdigen Gesellschaft sowie einer starken Nation; „aber noch waren diese Elemente nicht gegeneinander abgewogen, nicht miteinander verbunden" (S. 108).

Die überraschende und katastrophale Niederlage bei Jena und Auerstedt im Oktober 1806, symbolisiert durch den Heldentod ebenjenes Prinzen Louis Ferdinand, hat das friderizianische Preußen zugrunde gerichtet. Die entehrenden Bedingungen des Tilsiter Friedensvertrags vom Juli 1807, der Preußen auf seine ostelbischen Besitzungen reduzierte und so um die Hälfte verkleinerte, zusammen mit den schweren Lasten der Besatzungen, des von Napoleon aufgedrängten Kriegstributs und der wirtschaftlichen Notlage infolge der Kontinentalsperre, haben weiterhin den Geist des Volkes bedrückt. Es lag auf der Hand, daß der Staat sich erneuern oder untergehen mußte.

Hellsehende Geister erkannten früh, daß Preußen sich nicht mehr an das friderizianische Ideal klammern durfte und daß das alte Staatsmodell durch etwas völlig Neues ersetzt werden mußte. Bereits im September 1807 identifizierte Karl August Freiherr von Hardenberg in der Reformdenkschrift über die Reorganisation des preußischen Staats, die er im Rigaer Exil auf Befehl des Königs verfaßt hatte, einen Hauptgrund des Zusammenbruchs. „Der Wahn, daß man der Revolution am sichersten durch Festhalten am Alten und durch strenge Verfolgung der durch solches geltend gemachten Grundsätze entgegenstreben könne, hat besonders dazu beigetragen, die Revolution zu befördern und derselben eine stets wachsende Ausdehnung zu geben."[6] Als sein Ziel und leitendes Prinzip setzt er „eine Revolution im guten Sinn, gerade hinführend zu dem großen Zwecke der Veredelung der Menschheit, durch Weisheit der Regierung und nicht durch gewaltsame Impulsion von innen oder außen". Auch die kluge Königin Luise hatte ähnliche Einsichten, die sie in ihrem „politischen Glaubensbekenntnis" vom Frühjahr 1808 aus Königsberg ihrem Vater auseinandersetzte.

„Es wird mir immer klarer, daß alles so kommen mußte, wie es gekommen ist. Die göttliche Vorsehung leitet unverkennbar neue Weltzustände ein, und es soll eine andere Ordnung der Dinge werden, da die alte sich überlebt hat und in sich selbst als abgestorben zusammenstürzt. Wir sind eingeschlafen auf den Lorbeeren Friedrichs des Großen, welcher, der Herr seines Jahrhunderts, eine neue Zeit schuf. Wir sind mit derselben nicht fortgeschritten, deshalb überflügelt sie uns."[7]

Revolution des Geistes

Wie sollte der Staat die von Hardenberg geforderte „Revolution im guten Sinn" hervorbringen? Das Programm zu dieser Wandlung kündigte Fichte im Winter 1807/08 in den vierzehn *Reden an die deutsche Nation* an, die er jeden Sonntag in den Räumen der Akademie über dem Marstall Unter den Linden vortrug. Fichte begreift wie Hardenberg und Königin Luise, daß das alte Preußen die Schuld am eigenen Untergang trägt: „Die alte Welt mit ihrer Herrlichkeit und Größe, sowie mit ihren Mängeln, ist versunken, durch die eigne Unwürde, und durch die Gewalt eurer Väter" – womit Fichte vor allem die „Selbstsucht" und „Abhängigkeit" von fremden Formen meint. Jetzt aber sei der Kampf mit den Waffen beschlossen; „es erhebt sich, so wir es wollen, der neue Kampf der Grundsätze, der Sitten, des Charakters" (13. Rede). Der Philosoph aus der Lausitz hat ehrgeizigere Zukunftspläne als die beiden Preußen.

Schon der Titel der Vorlesungen gibt seinen Leitgedanken zu erkennen. Obwohl er in der preußischen Residenz redet – und obwohl er sich, wie früher Friedrich Schleiermacher in seinen *Reden über die Religion* (1799), ausdrücklich an ein „gebildetes" Publikum wendet –, hat er „die ganze deutsche Nation" (14. Rede) im Auge und projiziert „eine durchaus neue, und vorher noch nie also bei irgendeiner Nation dagewesene Nationalerziehung der Deutschen" (2. Rede). „Ich rede für Deutsche schlechtweg, von Deutschen schlechtweg, nicht anerkennend, sondern durchaus beiseite setzend und wegwerfend alle die trennenden Unterscheidungen, welche unselige Ereignisse seit Jahrhunderten in der einen Nation gemacht haben“ (1. Rede). Bisher hat es laut Fichte keine deutsche Nation gegeben, sondern höchstens nur ein durch die gemeinsame Sprache verbundenes Volk, das sich in verschiedene und voneinander abgetrennte deutsche Staaten geteilt hat (11. Rede). (Gemäß Fichtes Sprachtheorie in der 4. Rede werden „weit mehr die Menschen von der Sprache gebildet [...], denn die Sprache von den Menschen“ – eine Ansicht übrigens, die Wilhelm von Humboldts Vorschlägen zur Schulreform entspricht, in denen der Sprache der Vorrang gebührt.) Allerdings hat nur der Deutsche nach Fichte „wahrhaft ein Volk“, und nur der Deutsche ist deswegen „der eigentlichen und vernunftgemäßen Liebe zu seiner Nation fähig“ (8. Rede). Derjenige unter den deutschen Staaten, der die anderen zur nationalen Einheit anregen wird – das ist die Rolle, die Fichte für Preußen im Sinn hat –, „wird als der höchste Wohltäter, und der eigentliche Stifter der Nation“ dastehen (11. Rede). Die neue deutsche Nation kann nur durch Bildung des ganzen Volkes hervorgebracht werden – nicht nur durch Bildung eines besonderen Standes, sondern Bildung der Nation überhaupt (1. Rede).

Somit sind die Kernbegriffe einer neuen Zeit vorhanden. Hardenberg und Luise haben den unvermeidlichen Kollaps des alten Preußen analysiert. Fichte erblickt auch die Notwendigkeit, ein neues Zeitalter zu fördern – ein Zeitalter aber, aus dem Preußen nicht als ein immer noch vereinzelter, wenn auch stärkerer Staat hervorgehen wird, sondern als Leiter einer neuen deutschen Nation. Wie soll diese neue Nation hervorgebracht werden? Fichte erblickt das beste Mittel in der Bildung. „Möchte [der Staat] lebendig einsehen, daß ihm durchaus kein anderer Wirkungskreis übriggelassen ist [...] außer diesem, der Erziehung der kommenden Geschlechter.“[8] Der Philosoph erhob aber bloß als erster die Stimme in einem ganzen Chor von Reformern, die an die Rettung Preußens und Deutschlands durch den Gemeinsinn glaubten. Trotz der berühmten politischen Reformen, die in den Jahren 1807–1812 in Preußen von Hardenberg und Stein verkündigt und zum Teil verwirklicht wurden – die Reform der obersten Staatsbehörden, die kommunale Selbstverwaltung, das Finanzedikt, die Einführung der Gewerbefreiheit, die Juden-Emanzipation –, waren diese Jahre keine Zeit des Handelns nach außen, sondern eine Periode der inneren Sammlung und Stärkung. Denn man erblickte vor allem in der Bildung einer neuen Öffentlichkeit das Hauptmittel, wodurch der einzelne seinen wirtschaftlichen Status heben und dadurch die politisch-sozial-ökonomische Leistung des Staates festigen konnte. So betonte Adam Müller im Januar 1810 in der ersten seiner großen Vorlesungen über *König Friedrich II. und die Natur, Würde und Bestimmung der preußischen Monarchie* durch Sperrdruck: „die Preußische Monarchie, wie anders auch ihr Beruf scheinen möge, ist von der Natur vor allen andern Europäischen Staaten und zuerst dazu bestimmt, jene Nationalität, welche die Natur ihr versagen will, durch wahre Kunst und mit Bewußtsein zu erzeugen".[9] Auch Wilhelm von Humboldt proklamierte im ersten Satz seiner Abhandlung *Ueber die innere und äußere Organisation der höheren wissenschaftlichen Anstalten in Berlin* (1810) den Grundsatz, daß diese Anstalten den Gipfel bilden, „in dem alles, was unmittelbar für die moralische Cultur der Nation geschieht, zusammenkommt".[10] Es sind diese Anstalten – vor allem die Gymnasien und Universitäten –, die bestimmt sind, an der Wissenschaft zu arbeiten und sie als einen „Stoff der geistigen und sittlichen Bildung" zu überliefern. In der großen Denkschrift, die er im März 1810 in seinem Brünner Exil verfaßte, meinte der Freiherr vom Stein, daß „der gegenwärtige Zustand der Dinge auf die Entwickung der

Geisteskräfte und der Sittlichkeit des Menschen" nachteilig wirke. Wenn man überhaupt erwarten darf, daß die liberalen Grundsätze wieder ihre Herrschaft erhalten, „so werden die Nationen und die Regenten um so dringender aufgefordert, durch Leitung der Literatur und der Erziehung dahin zu wirken, daß die öffentliche Meinung kräftig und rein erhalten und die Künste der Verführung des Unterdrückers vereitelt werden". Dieses Ziel erreiche man am besten, indem man „seine Anwendung einsichtsvollen, treuen, kräftigen Händen [anvertraue], die den Zustand der Wissenschaften, der Gelehrten, der Erziehungsanstalten und die moralischen und geistigen Bedürfnisse der Nation kennen".[11] Überhaupt glaubte man damals einzusehen, erinnerte sich Henrik Steffens, „daß das unterdrückte Preußen jetzt nicht mehr durch Waffen, sondern durch Geist sich heben ließ, und dieser, zur Erfrischung und Erneuerung des Staats berufen, schien sich immer bedeutender in sich zu fassen".[12] Bei der Bezeichnung „Spree-Athen" dürfte damals mehr als einem hellen Kopf die Analogie zum alten Athen eingefallen sein, das sich auch durch eine intellektuelle Wiedergeburt aus der Asche des Peloponnesischen Kriegs erhoben hat.

Literarisierte Öffentlichkeit

Durch welche Mittel kann man ein ganzes Volk zur Nation bilden? Es ist die Antwort, die auf diese Frage gegeben wurde, welche diese Zeit – Berlin 1810 – von der früheren absetzt. Fichte hat in seinen *Reden an die deutsche Nation* ein klares Programm entworfen. Wie man bei einem Philosophen erwartet, setzt er die Philosophie als „das ewige Urbild alles geistigen Lebens" an die erste Stelle als Bildungsmittel (5. Rede) – und zwar eine neue deutsche Philosophie und nicht die ehemalige Philosophie, die „nicht deutsch, sondern

Ausländerei" war (7. Rede). Dann lesen wir zu unserer Überraschung weiter: „Unter den Mitteln, das Denken, das im einzelnen Leben begonnen, in das allgemeine Leben einzuführen, ist das vorzüglichste die Dichtung, und so ist denn diese der zweite Hauptzweig der geistigen Bildung eines Volkes." Es ist diese Betonung der Dichtung als Erziehungsmittel, welche gerade die Epoche „Berlin 1810/11" charakterisiert. So schrieb etwa Fichtes zukünftiger Kollege an der neu gegründeten Universität, Barthold Georg Niebuhr, 1808 an den Minister Altenstein: „Sollen unsere Enkel einmal frei werden, woran ich freilich zweifle, so kann es nur durch Philologie begründet werden. Wenn einmal vom Fürsten bis zum Rat, vom Edelmann bis zum Handwerker, wie es in großem Maße in England der Fall ist, jeder die Alten liest (wenigstens in einer Approximation), alsdann können unbezwingliche Herzen gebildet werden, die ein neues Thermopulä und Marathon bereiten."[13] Nicht nur der Philosoph und der Historiker glauben an die Macht der Sprache und des Intellekts. In seiner Denkschrift vom März 1810 forderte der Freiherr vom Stein die Nationen und Regenten dringend auf, „durch Leitung der Literatur und der Erziehung dahin zu wirken, daß die öffentliche Meinung kräftig und rein erhalten und die Künste der Verführung des Unterdrückers vereitelt werden".[14] Sogar der Militär Gneisenau formulierte 1811 in einem Brief an den König den berühmten Satz: „Auf die Poesie ist die Sicherheit der Throne gegründet", und empfiehlt Monarchie und Staat „dem Schutz des Volkes".[15]

Es ist diese Verbindung, die das Berlin von 1810 gegenüber dem Berlin von 1804 kennzeichnet. Wo Madame de Staël eine getrennte Gesellschaft von Gelehrten und Hof in einem militärischen Aufklärungsstaat erlebt hatte, die sich vor allem in frankreichfreundlichen Salons geistig amüsierte, visieren die Denker von 1810 eine Nation von Deutschen an, die sich durch eine Reihe von Ereignissen verbunden fühlen und sich dieser gemeinsam erlebten Öffentlichkeit zuwenden. Dieses Streben, diese geistige Erneuerung, manifestiert sich nicht nur in der Gründung der neuen Universität in Berlin, sondern auch im Florieren einer neuen Kunst, im Erscheinen einer modernen Zeitung, der *Berliner Abendblätter*, in den vielen Gesellschaften, die die Bürger zusammenbrachten – und in der „öffentlichen" Literatur, die diese Tätigkeiten kommentierend begleitete und sich von der nach innen gerichteten Dichtung der früheren Klassik/Romantik scharf absetzte. (Es handelte sich aber keineswegs um eine wie auch immer geartete moralische Pflicht der Literatur gegenüber der Öffentlichkeit, von der etwa Emil Staiger in der Rede sprach, die 1966 den „Zürcher Literaturstreit" auslöste.[16])

Es ist kennzeichnend, daß zum einen die meisten Namen, die im Berlin von 1810 eine bedeutende Rolle spielen, bei Madame de Staël noch nicht vorkommen – Arnim, Brentano, Fouqué, Kleist, Adam Müller, Niebuhr, Savigny, Schleiermacher, neben vielen anderen. Andererseits fehlen zusammen mit Prinz Louis Ferdinand und den berühmten Salonières – im Jahre 1810 spielten Henriette Herz und Rahel Varnhagen keine Rolle mehr – die meisten Gestalten, die in Madame de Staëls Berlin von 1804 führend waren. Denn die literarisierte Öffentlichkeit – nicht nur im Sinn der von Jürgen Habermas definierten „bürgerlichen" Öffentlichkeit verstanden,[17] sondern auch laut dem Grimmschen *Deutschen Wörterbuch* als alles, „was öffentlich ist oder geschieht" – findet eben nicht in geschlossenen Salons statt, sondern in öffentlichen Räumen: neben den von Peter Philipp Riedl spezifizierten Kathedern/Kanzeln/Theatern auch noch auf den großen Alleen, in den Ausstellungsräumen, in den Liedervereinen, bei den vielen Arten der geselligen Zusammenkunft. Dazu gehört die Tatsache, daß unser Bild dieser Zeit nicht primär auf Briefen und Lebenserinnerungen beruht, sondern auf literarischen Werken, die nicht nur die öffentlichen Ereignisse kommentieren, sondern zugleich zu den Ereignissen gehören und somit unser Bild bestimmen, wie eben die eingangs erwähnten Gemälde und Romane.

Wir dürfen die Verhältnisse nicht zu sehr vereinfachen. Es ist keineswegs so, daß das Dichten und Denken der Berliner Elite sich sofort auf das Volk ausgewirkt und unmittelbar zur großen Erhebung gegen Napoleon im Jahre 1813 geführt hätte. Berlin war ja schließlich, wie Achim von Arnim bemerkte, „diese[r] *einzige* Flecken Europas, wo alles *in Frieden* ist".[18] Rudolf Ibbeken hat in seinem nüchtern und präzis abwägenden Buch über die öffentliche Meinung in Preußen zweifelsohne recht, wenn er auf die Vielfältigkeit der intellektuellen Richtungen der Zeit vor allem der Jahre 1807–1810 hinweist und die gewaltigen Unterschiede zwischen Fichtes *Reden* und Arndts *Geist der Zeit*, zwischen der historisierenden Romantik und den Fürsprechern der westlich-liberalen Ideen betont. Vor allem identifiziert er „das seltsame Verhältnis, das zwischen der allgemein-deutschen Denkrichtung der literarischen Welt und dem staatsbezogenen preußischen Denken bestanden hat, wenn man sich gleichzeitig der Tatsache bewußt bleibt, daß das preußisch-staatliche Denken für die Vorbereitung des Jahres 1813 praktisch und ausschlaggebend den Vorrang hatte".[19]

Wenn aber der Bildungsgedanke von oben und die literarischen Werke der Zeit keine *direkte* Wirkung auf den Geist des preußischen Volkes hatten, so können wir trotzdem behaupten, daß sie einerseits den Gemeinschaftssinn der Berliner – jedenfalls der Berliner Elite – prägten und daß sie andererseits die geistigen Bestrebungen der Zeit, vor allem wie sie sich im Berlin von 1810/11 konzentrierten, genau widerspiegelten. In diesen Monaten hat sich nämlich in verschiedenen neuen Kollektiven, die es vorher in Berlin nicht gegeben hat und die die frühere Hof- und Salonkultur ablösen, ein wesentlich modernes Bewußtsein gebildet, das das neue Zeitalter von dem friderizianischen Aufklärungs-Preußen deutlich unterscheidet. Ibbeken meint, daß die zwiespältigen politischen Gruppen in Preußen nur in einem Punkt zu größerer Klarheit und Einigkeit gekommen waren: „In der Entscheidung der Geister *für* oder *mit* oder *gegen* Frankreich und Napoleon".[20] Aber gerade im Jahr 1810/11 kam zu diesem negativen Faktor eine Reihe von öffentlichen Ereignissen hinzu, die die Berliner zusammenbrachten: der Tod der Königin Luise im Juli 1810, die Kunstausstellung im September, die Eröffnung der Universität im Oktober, die Gründung der *Berliner Abendblätter* als kommentierendes Organ, der Theaterskandal im November und die Gründung einer Reihe von öffentlichen Gesellschaften. So berichtete Adam Müller in einem *Schreiben aus Berlin* (*Berliner Abendblätter* vom 17. Dezember 1810), daß man in Berlin „einen allgemein verbreiteten Antheil an den öffentlichen Angelegenheiten wahrgenommen" habe.

Es wird das Ziel der folgenden Kapitel sein, die Literarisierung dieser Öffentlichkeit in Festkantaten, Reden und Zeitungsartikeln zu verfolgen und somit auch ein spezifisches, örtlich-zeitlich beschränktes Beispiel der allgemeinen These zu bieten, daß die öffentliche Rede sich in Deutschland „lediglich auf dem Feld der Literatur voll und ganz entfalten" konnte.[21] Denn selten findet sich in der modernen Kulturgeschichte eine ähnliche Situation, wo so viele und gerade die bedeutendsten Schriftsteller und Intellektuellen der Zeit sich so ausführlich mit öffentlichen Angelegenheiten und mit dem Geist der *communitas* auseinandersetzten.

BERLIN 1810: BILD UND WIRKLICHKEIT

Die Landschaft

Sand! Überall Sand!! Das ist der alles färbende Eindruck des Reisenden, aus welcher Himmelsrichtung auch immer er sich der preußischen Residenzstadt nähert. „Berlin liegt in den Sandwüsten Arabiens", schreibt 1807 Friedrich von Cölln; „man mag nun hineinkommen, von welcher Seite man will, aus Ost oder West, aus Süd oder Nord, so wird man von den keuchenden Postpferden in einem Sandmeer fortgeschleppt", in dem höchstens einige spärliche Kiefernstämme den einzigen Schatten bieten.[1] „Ich weiß nicht, wie jemand auf die Idee verfallen konnte, mitten in all dem Sand eine Stadt zu pflanzen", fragt sich verwundert der junge Henri Beyle, der gleich nach der Schlacht bei Jena als Adjutant des französischen Kriegskommissars ein paar Wochen in Berlin weilt und erst später unter dem Pseudonym Stendhal zu schriftstellerischem Ruhm gelangen soll.[2] Wenn man nicht gerade aus Potsdam (seit 1792) oder aus Charlottenburg (seit 1799) kommt, sind keine Wege gepflastert. Ja, der Sand reduziert die ganze Umgebung der Stadt laut Beyle zu einer Wüste. Die Allgegenwart des Sands ist so überwältigend, daß er zu einer Metapher wird für die ganze Stadt. Madame de Staël gelingt es, dem Sand einen positiven Aspekt abzugewinnen, als sie um 1810 im Kapitel über Preußen scharfsinnig bemerkt: „in diesen Sandwüsten, wo der Boden nur Fichten und Heidekraut hervorbringt, besteht die Kraft des Menschen in seiner Seele".[3] Auch der märkische Adlige Achim von Arnim wünschte sich (laut der über seiner Grabstätte in Wiepersdorf angebrachten Tafel) „Den Hügel Sand im lieben Vaterland". Als er Savigny nach Berlin zu locken versuchte, versicherte er, daß ihm „auch unser Sand endlich gefallen" werde, denn „es giebt viel gutes Volk hier, mit dem sich ehrlich und behaglich umgehen läst".[4] Allerdings hatte Alexander von Humboldt seine Heimatstadt anders in Erinnerung, als er 1804 seinen Bruder dringend bat, ihn um jeden Preis vor der „Sandwüste" Berlins zu bewahren.[5]

Endlich erhebt sich Berlin mit seinen Turmspitzen wie eine Oase aus der Wüste, und der Reisende erblickt mit Erleichterung die neue, 16 Kilometer lange Akzisenmauer aus verputztem Ziegelmauerwerk, die seit 1802 den alten hölzernen Palisadenzaun ersetzt und die in einer Höhe von 4,2 Metern und von vierzehn Toren (und zwei Wassertoren) unterbrochen die Stadt umrahmt. Auf dem „Communication" genannten Weg, der an der Mauer entlangläuft, kann man in vier Stunden die ganze Stadt bequem umwandern (im Vergleich etwa zu Paris, wo man sieben Stunden für einen Rundgang benötigt). Man darf aber nicht vorschnell aufatmen. Denn wenn man nicht gerade von der eleganten Friedrichs-Vorstadt her durch eins der drei Prunktore im Westen die Stadt betritt – das Brandenburger Tor mit seinem „Quarré", das Potsdamer Tor mit seinem Octagon oder das Hallesche Tor mit seinem Rondell –, dann weht einem keine Oasenfrische, sondern laut Friedrich von Cöllns Bericht „ein pestilenzialischer Geruch" entgegen, denn die Berliner laden ihren ganzen Unrat nahe vor den Toren ab. An der Straße aus Richtung Frankfurt (Oder) hat dazu noch der Schinder seine Werkstatt aufgeschlagen. „Jeder kann sich also vorstellen, welch ein liebliches Gemisch von Gestank die Exkremente von Berlin und das Aas seiner krepierten Haustiere dem Reisenden hier entgegenduften." Wenn man durch das Kottbuser Tor einfährt, stößt man auf einen Damm, dessen total zerfahrenes Pflaster auf beiden Seiten von gekappten Weidenbäumen gespenstisch bewacht wird.

„Diese ganze Strecke blieb im Sommer wegen des tiefen Sandes, in den anderen Jahreszeiten des grundlosen Schlammes halber schwer zu begehen."[6] Auch die Berliner, die im Sommer zum Dorf Tempelhof, einem beliebten Vergnügungsort, strömen, müssen durch tiefen Sand stapfen (wie das Willibald Alexis am Anfang seines Romans *Ruhe ist die erste Bürgerpflicht* schildert). Der Reisende, der seinen Weg durch die öde und wüste Umgegend der Stadt macht, begreift nur allzu schnell, warum Berlin die Bezeichnung der „Sandstreubüchse des Heiligen Römischen Reiches" verdient.[7]

Hat der Reisende die Überprüfung durch die Zollbeamten überstanden, so findet er sich – wenn er nicht gerade durch die Repräsentationstore der Friedrichstadt eingefahren ist – immer noch nicht in einer residenzwürdigen Umgebung, sondern fährt noch eine Zeitlang zwischen den Hütten, Wiesen und Feldern der locker bebauten Vorstädte hindurch, die die Akzisenmauer umfaßt, bevor er die eigentliche Stadt erreicht. Sogar in unmittelbarer Nähe der großen Prunkalleen herrschen noch fast ländliche Zustände. Als die neuvermählten Achim und Bettine von Arnim 1811 ihr Häuschen im Garten des Gräflich Vossischen Palais in der Wilhelmstraße beziehen, ist die junge Ehefrau entzückt. „Ich wohne hier in einem Paradies! Die Nachtigallen schmettern in den Kastanienbäumen vor meinem Schlaffenster, und der Mond, der nimmer so hell geschienen, weckt mich mit seinen vollen Strahlen", schreibt sie begeistert an Goethe. „Philemon und Baucis könnten nicht ruhiger leben!"[8] Die jetzige Dorotheenstraße heißt noch aus ganz pragmatischen Gründen „Letzte Straße", und die Georgenstraße, die nur ein Haus besitzt, ist „ein wahrer Sumpf, in dem man die Katzen ersäufte, so daß die Straße nicht anders als ‚der Katzenstieg' hieß".[9] Jede Brise wirbelt den Staub auf, und wo nicht gepflastert ist – laut Beyle, der damals gegenüber dem Zeughaus in der zwischen Königspalais und Spree gelegenen Kommandantur wohnte –, „watet man bis an die Knöchel im Sand".

Der Reisende, der so weit gekommen ist, kann dann in einem der 38 Gasthöfe der Stadt, von denen elf zur ersten Klasse gehören, absteigen.[10] Bald kann er sich endlich in einem der 53 Kaffeehäuser oder in einer der vielen Wein- und Bierstuben von den Strapazen der Reise erholen. Um 1810 gilt Berlin – mit seiner Prunkallee Unter den Linden, mit seinem grandiosen Gendarmenmarkt, mit den prachtvollen Gebäuden seines Forum Fridericianum, mit seinem Schloß und Lustgarten – als eine der schönsten Städte Europas, deren Vorteile in allen Reisebüchern und in vielen Gedichten gelobt werden. Im Jahr 1764 notierte James Boswell in seinem Reisejournal (am 23. Juli), Berlin sei mit seinen breiten Straßen und wohlgebauten Häusern „the fairest city I have ever seen". Zwanzig Jahre später begann der Kopenhagener Buchhändler Karl Heinrich Krögen seine *Freien Bemerkungen über Berlin, Leipzig, Prag* mit der Behauptung: „Berlin ist ohnstreitig die schönste Stadt in Europa; diese ausgemachte Wahrheit wird noch kein Fremder, der Berlin sahe, in Zweifel gezogen haben." Und noch 1810 konnte Wilhelm Grimm begeistert ausrufen: „Berlin ist die schönste Stadt, die ich gesehen."[11]

Allerdings hat Madame de Staël wie immer ihre Einwände. Die Französin findet, daß sich in der von Friedrich dem Großen größtenteils neu gebauten Stadt nur wenige Spuren älterer Zeiten finden.

„Berlin, diese ganz moderne Stadt, so schön sie immer sein mag, bringt keine feierliche, ernste Wirkung hervor, sie trägt das Gepräge weder der Geschichte des Landes noch des Charakters der Einwohner. […] Preußens Hauptstadt gleicht Preußen selbst; Gebäude und Einrichtungen zählen nur ein Menschenalter und nicht darüber, weil sie *einen* Menschen zum Urheber haben."[12]

Aber die Eleganz ist in gewissem Maße eine Kulisse, denn die palladianischen Wohnhäuser, die Friedrich der Große zu Repräsentationszwecken an den gepflegten Plätzen und Prunkalleen seiner Residenz hatte eilig bauen lassen, sind von zweifelhafter Qualität und veranlassen einen österreichischen Besucher zu schadenfrohen Witzen:

„Berlin fällt allerdings schön in die Augen; es gleicht einer halbbegüterten Leonischen Dame, die auf der Redoute [...] ihre Naturfehler durch Schminke, durch Künsteleyen des Schneiders und ihrer Kammerzofe zu verbergen und ihren Reitz, wär es auch nur die Spitze ihres kleinen Fingers, dem Auge des Lüsternden mit Vortheil zu zeigen weis."[13]

Außerdem hat der Kalkstaub der neuerbauten Häuser die schönsten der Bäume Unter den Linden verwelken und absterben lassen.[14] Wegen des heftigen Staubs, der sich bei Reitern und Pferdewagen sogar Unter den Linden entwickelt, muß man seit dem Jahr 1800 im Sommer mit großen Spritzen und mit Wagen sprengen.[15] Aber gegenüber den Wohnstätten des Adels und der Reichen, die Unter den Linden und von der Wilhelm- zur Leipzigerstraße sich erstrecken, sind die Häuser des Bürgerstandes laut einem Zeitgenossen „von karger Einfachheit".[16]

Die Menschen

Hinter den Kulissen dieser Potemkinschen Stadt leben in den 133 Straßen, den 91 Gassen, an den 18 Plätzen und Märkten und dichtgedrängt in den 7000 Häusern Berlins – die seit 1799 Hausnummern haben: Schilder mit goldfarbenen Zahlen auf blauem Grund über der Haustür – die fast 50000 Arbeiter der Fabriken und Manufakturen der protoindustriellen Stadt (also ein Drittel der Einwohner, die nicht zum Militär gehören), die größtenteils in der Textilbranche tätig sind. Im Jahre 1803 waren 1400 Personen allein im Lagerhaus beschäftigt – dem bedeutendsten frühindustriellen Unternehmen in Berlin und Europas größter Tuchmanufaktur.[17] Die Trostlosigkeit des Kasernenlebens der Soldatenfamilien war kaum besser, so wie es Karl Friedrich Klöden in seinen Jugenderinnerungen dargestellt hat. Auch Julius von Voss, der Verfasser von *Neu-Berlin,* beschreibt „das empörende, grauenerweckende Elend“, das 1811 in den Kellerwohnungen, Bodenkammern und finsteren Hofstübchen zu finden war, wo der arbeitslose Fabrikarbeiter, der entlassene Handwerksgesell, die nicht beschäftigten Maurer und Zimmerleute, die trostlosen Witwen, die verführten Mädchen mit ihren Kinden ihre Unterkunft suchen mußten.[18]

Im Hinblick auf die Textilfabriken, die Gold- und Silbermanufakturen, die Tabak- und Lederfabriken, die Zuckerraffinerien, die Bierbrauereien und Branntweinbrennereien behauptet ein zeitgenössicher Statistiker, Berlin sei „im eigentlichsten Verstande ein Fabrikort“.[19] Ein anderer Beobachter rekapituliert: „Berlin ist Hauptstadt, Residenz, Manufaktur-, Handels- und Landstadt, Dorf und Meyerey – alles in einer Ringmauer zusammen“.[20] Neben den Arbeitern gibt es fast 10000 registrierte „Stadtarme“ sowie die Bettler, die sich besonders seit der Schlacht von Jena und Auerstedt in Berlin in großer Zahl eingefunden haben. Zur Zeit Friedrichs des Großen hat es so gut wie keine Bettler gegeben,[21] aber „der Krieg hat nun völlig hierüber entschieden, und alle öffentlichen Plätze, Brücken und Spaziergänge sind mit Bettlern garnirt“.[22] Abgeholfen wird der Not zum Teil dadurch, daß sämtliche bemittelten Einwohner seit 1810 aufgefordert werden, monatliche Beiträge zur Armenversorgung zu entrichten.[23] Heute wird geschätzt, daß rund 30 Prozent der Berliner Bevölkerung am Rande des Existenzminimums lebten, während sich 2 Prozent eines weitgehend sorgenfreien Lebens erfreuten[24] – eine Schätzung, die 1811 durch einen zeitgenössischen Beobachter bestätigt wird: „Jetzt haben wir sehr spärliches Hochleben und unerhört verbreitetes Elendleben. Des mittleren Wohllebens ist nicht viel."[25] Der rhetorische Gemeinplatz des Gegensatzes von Hütte und Palast wird von zeitgenössischen Besuchern regelmäßig bemüht, um den Kontrast zwischen etwa der Eleganz des Gendarmenmarkts und dem Elend der Stralauer Vorstadt zu beleuchten. „Hier [in Hütten von Holz] wohnen die arbeitsamen Unglücklichen, die dem Bewohner der Palläste in der Stadt das Brod verdienen."[26] Oder etwa der bekannte Sozialkritiker G. F. Rebmann in seinen *Kosmopolitischen Wanderungen durch einen Theil von Deutschland* (1793):

> „Blicke noch einmal zurück auf jene Paläste, blicke auf die geputzten Spaziergänger und dann schnell, ohne die Augen zu wenden, hieher! Hieher auf die jämmerlichen Hütten, die den halbnackten Bewohnern den Einsturz drohen, auf Menschen, die unter schnarrenden Strumpfwirkerstühlen mit Mühe durch ununterbrochene sitzende Arbeit sich vom Hungertode zu retten vermögen [...]".[27]

(Dreißig Jahre später fanden Bettine von Arnim und der junge Karl Marx in der industrialisierten Großstadt Berlin noch schlimmere Verhältnisse vor.) Es waren nicht zuletzt die zunehmend trostlosen Zustände unter den Arbeitern – Verringerung des Reallohnes, elende Wohnverhältnisse, erniedrigende Arbeitsbedingungen –, die zu dem enormen Anwachsen von Bettelei und Prostitution führten.[28]

Im Jahr 1810 leben etwa 145 000 Zivilpersonen in Berlin – nach London, Paris, Wien, Amsterdam und Petersburg die sechstgrößte Stadt Europas.[29] Kurz vor dem Desaster von Jena hatte die Residenz eine Bevölkerung von fast 180 000 (einschließlich der Angehörigen des Hofes und des Militärs), aber nach der Niederlage folgten etwa 10 000 Bürger dem Hof und der Armee über Oder und Weichsel ins ostpreußische Exil. Nach der Rückkehr des Hofs im Dezember 1809 erreichten die Bevölkerungszahl und die Garnison erst allmählich wieder ihre frühere Stärke. Es ist nicht uninteressant zu bemerken, daß die Zivilbevölkerung – jedenfalls vor 1813 – aus unverhältnismäßig vielen Kindern und Jugendlichen bestand (etwa 35%). „Berlin war also um 1800 eine Stadt der jungen Leute."[30]

Bereits an der Wende des 18./19. Jahrhunderts hatte Berlin – im Gegensatz zu dem die Stadt umgebenden Land Preußen – ein multikulturelles Antlitz, das bereits 1785 dem Reisenden Krögen in seinen *Freien Bemerkungen über Berlin, Leipzig und Prag* aufgefallen ist: „Berlin nimmt durch die Menge von Fremden, die täglich dahin kommen, ungemein zu" (S. 9). Und Ähnliches bemerkt der Verfasser von *Neu-Berlin* (1811) in seinem Kapitel über die „Bevölkerung von Berlin". Daß in der Garnison- und Hofstadt eine ausgeprägte bürgerliche Kultur sich entwickelte, war vor allem den Religionsflüchtlingen und Zuwanderern aus anderen Ländern zu verdanken[31] – auch wenn die märkischen Junker sie immer noch herablassend als „Fremde" betrachteten. Neben den Deutschen machen die französische und die jüdische Gemeinde etwa 3 Prozent bzw. 2,4 Prozent der Gesamtbevölkerung aus; ihr Anteil entspricht also ungefähr dem des Adels. Dazu kommt noch eine kleinere böhmische Kolonie mit etwa 0,3 Prozent der Bevölkerung. Auch unter den Deutschen findet man in Zivil- und Militärposten „eine Menge von Ausländern",[32] wie etwa den Nassauer Stein, den Hannoveraner Hardenberg, den Sachsen Fichte und den Dänen Niebuhr. Dank dem Prinzip der Toleranz, die in Preußen lange schon die Regel war, sind auch die verschiedensten Religionen und Sekten in der Stadt vertreten: Krögen zählte 1785 unter anderen Herrnhuter, Gichtelianer, Separatisten, Arianer, Unitarier und Mennoniten.[33] Außerdem bietet Berlin der Tätigkeit der Juden eine so günstige Grundlage, daß Julius von Voss ironisch fragt, was „die drohende Judenherrschaft" auf jedem Gebiet der Geschäfts, der Künste und der Wissenschaften abwenden kann, und er kommt zu dem Schluß: nichts als Mischehen.[34] Neben der großen Zahl an Religionen erstaunt den Beobachter aber auch der „Unsinn von Vorurteilen, Aberglauben, Gespenstergeschichten, Kobolden und Wahrsagerinnen in dieser so aufgeklärten Stadt".[35] Dieselbe Neigung zu Mystizismus und Aberglauben – gefördert unter König Friedrich Wilhelm II. durch das Religionsedikt des Justizministers und königlichen Günstlings Wöllner – findet sich um 1810 nicht nur in den Dichtungen der Romantiker wie Arnim, Brentano und Hoffmann; auch um den Tod der Königin Luise windet sich ein Schleier von Legenden und Aberglauben, die auch von den vernünftigsten Intellektuellen der Stadt wiederholt und weitererzählt werden.

Neben den 150 000 Zivilpersonen (einschließlich des Hofstaats von über 700 Menschen und der ca. 3 600 Beamten) leben in der Garnisonstadt auch ca. 13 500 Offiziere und Soldaten, die größtenteils in den zwölf großen Kasernen der Stadt wohnen. Weil die meisten Soldaten nicht verheiratet waren – 1801 lebten nur 5000 Soldatenfrauen in Berlin –, entstand ein reger Bordellbetrieb, wofür die Stadt lange berüchtigt war und der ihr in Schriften der Zeit häufig die Beinamen „Hure Babylon" oder „Sodom" einbrachte. „Es fehlt nur noch, daß man den *Coitum* auf öffentlichen Plätzen zur Mittagszeit exerzirt", bemerkte 1808 Friedrich von Cölln, „und die Frauen, welche sich in Berlin der Wollust hingeben, sind so indezent, daß die Wiener Freudenmädchen modest gegen sie erscheinen."[36] Das bekannte, 1790 von König Friedrich Wilhelm II. erlassene „Lusthausreglement" hat den üblichen Betrieb einigermaßen geregelt, aber kaum eingeschränkt. Zwar meint der Verfasser von *Neu-Berlin* (1811) etwas überoptimistisch, daß sich die Zahl der „öffentlichen Tempel" um mehr als die Hälfte verringert habe. Aber er ist realistisch genug zu begreifen, daß polizeiliche Strenge unwirksam sei, weil „die Wollust durch die ihr aufgelegte eingezognere Heimlichkeit nur einen höhern Reiz empfängt".[37] Allerdings versuchten die Behörden noch 1800, diese „Venustempel" wenigstens aus der Umgebung der fünf Gymnasien zu verlegen.[38]

Laut Gesetz sollen sich die offiziell registrierten „galanten Frauenspersonen" der über 50 öffentlichen Häuser in ihren Wohnungen aufhalten, sich wöchentlich ärztlich untersuchen lassen und sich zur Kennzeichnung ihres Berufs auf der linken Schulter mit einer roten Nestel oder Schleife schmücken. Aber die Regelungen sind genauso wirkungsvoll wie das Gesetz gegen das Rauchen auf der Straße. Die „Hurenwirte" haben „Connexionen" und wollen ihre „Kinder" nicht immer „visitieren" lassen.[39] Neben den registrierten Prostituierten gibt es auch Freudenmädchen, die in den Tabagien vor den Toren ihrem Beruf nachgehen, wie es der Kopenhagener Buchhändler bereits 1785 beschrieb:

> „Die Mädchen wohnen, spinnen, nähen, stricken, singen oder gehen spazieren, solange es nämlich Tag ist; bricht die Nacht herein, so gehen sie auf Verdienst aus, und da ist denn die Lindenallee, der Lustgarten, der Schloßplatz und der Tiergarten ihre Hauptpromenade. Ihre Losung ist gewöhnlich: ‚Guten Abend, lieber Junge, so allein?' Folgt nun eine günstige Antwort, so ist der Handel bald geschlossen, und der Preis beläuft sich selten über zwei Groschen preußisch Kurant."[40]

Bei solchen Verhältnissen verwundert es kaum, daß zwischen den Buden auf der Schleusenbrücke, die die Soldaten unterwegs vom Dienst im Schloß zu den Bordellen und Tabagien passieren, eine Frau öffentlich Kondome feilbietet.[41] Obwohl verschiedene Beobachter meinen, daß die Bordells und

Tabagien „mehr der Sammelplatz liederlicher Ausländer als Berliner“ seien,[42] hat Berlin laut Friedrich von Cölln „den Grad von Verdorbenheit erreicht, in deren Schlamm es jetzt begraben liegt“ (S. 100). Bei seinem ersten Besuch im Jahre 1804 war Brentano „indigniert“ über die „Unzucht“ der Stadt, wo in dem Schaufenster eines Buchhändlers die schön gestochene Abbildung einer „nackigten Madam Baranius“ ausgehängt war, „die die Beine auseinander reißt, und die geheimsten Theile in schändlicher Deutlichkeit zeigt“.[43]

Der moralischen Verkommenheit entspricht der Schmutz in den Straßen, wo der Reisende trotz der wiederholt erlassenen Straßenreinigungsordnungen ungedeckte, stinkende, zwei und mehr Fuß tiefe Rinnsteine findet, in die man „die Nachtstühle und allen Unrath der Küche“ ausleert, sowie „crepirte Hausthiere, die einen unleidlichen Gestank verbreiten“.[44] Das Pflaster ist von der elendesten Art, und für den Fußgänger ist nicht gesorgt: „geht er in der Mitte der Straße, so läuft er Gefahr, gerädert zu werden; geht er an den Häusern, so muß er immer über tiefe Rinnsteine setzen, und hat oft das Unglück, im Finstern hineinzufallen“. (Erst 1824 wird Berlin das erste, mit Granitplatten belegte Trottoir bekommen, und zwar am Gendarmenmarkt vor dem Haus des Weinkellers Lutter und Wegener.) Friedrich von Cölln empfiehlt dem Reisenden, die Nase im Schnupftuche zu verbergen, „denn gegen Morgen duften noch die Ausbeuten der erst in die Rennsteine ausgeleerten Nachtstühle Dir entgegen, oder ladet erst ein Dorfbewohner den gesammelten Mist eines Hauses auf“ (Wien und Berlin, S. 128). (Neben den Menschen, die dort leben, gibt es in Berlin etwa 5000 Pferde, 4500 Stück Rindvieh und 4600 Schafe, die innerhalb der Stadtmauer gehalten werden.[45]) Vor allem bei Nacht sind die Wege prekär, denn die Öllaternen sind sparsam aufgehängt, besonders in den einsamen Gegenden, haben schlechtes Glas und werden nachlässig unterhalten. Um nach Abzug der französischen Truppen Geld zu sparen, läßt der Polizeipräsident die Laternen nur im Winter (ab 1. Dezember) und nur bis Mitternacht brennen. In Nächten mit Mondschein werden die Laternen nicht einmal angezündet, und man vernimmt „die gespentischen Hörnertöne der Wächter".[46] Allerdings ist die Prunkallee Unter den Linden glänzend erleuchtet, aber dort wetteifern die Freudenmädchen und Bettler, um dem Reisenden sein Geld abzunehmen. Wenn der Reisende in einem Gasthof wohnt, darf er das Zimmer keine Stunde offenlassen, ohne daß es von Dieben ausgeräumt wird.

Andererseits gelingt es sogar dem bissigen Friedrich von Cölln, sicher kein vorurteilsloser Beobachter, Berlin seine schönen Seiten abzugewinnen. Wenn auch das Essen im Hotel fast zweimal so viel kostet wie in Wien, ist die Mahlzeit in solchen Gasthöfen wie Zum goldenen Adler, Stadt Paris und Zur Sonne weit angenehmer als das einsame Essen in Wien, weil alle an gemeinschaftlichen Tischen sitzen und an der gemeinsamen Unterhaltung teilnehmen.[47]

Kultur und Gesellschaft

Schon Krögen fand 1785, daß der Hang zur Musik „vielleicht in keiner Stadt so groß" sei wie in Berlin,[48] und diese durch alle Schichten des Volkes verbreitete Liebe zur Musik wurde 1791 durch die Gründung einer Singakademie und 1809 durch Zelters Liedertafel, an der Bürger aus jeder Schicht begeistert teilnahmen, bestätigt. Karl Friedrich Klöden erinnerte sich an die damalige Beliebtheit der Gitarre. „Zu jener Zeit, als die Gitarre in voller Mode war, hörte man viele Lieder auf Spaziergängen, Landpartien, auf dem Wasser und als Ständchen in der Stadt singen, die jetzt alle verstummt sind, weil man das Fortepiano nicht mitnehmen kann."[49] Auch *Der*

Freimüthige meldet am 22. September 1810, daß „sich auch fast täglich die Zahl der Lieder für die Gitarre mehrt". Mehrere Anstalten der Stadt rechtfertigen um 1810 immer noch die Bezeichnung „Spree-Athen", die hundert Jahre früher, kurz nach Gründung der Akademie der Künste und der Akademie der Wissenschaften (1700), geprägt worden war. Viele Reisende finden bei den Berlinern auch ein weitverbreitetes Interesse an Büchern, und die Stadt hat viele gute Bibliotheken, die dieser Leselust entgegenkommen. Die etwa 15 Berliner Leihbibliotheken, namentlich die Kralovskysche, enthalten einen Schatz von lesenswerten Büchern neben allen deutschen gelehrten Zeitungen und Zeitschriften. In dem von Kleist benutzten Leseinstitut seines Freundes Rudolph Werckmeister liegen 174 Journale und Zeitungen in deutscher und französischer Sprache, die man für ein jährliches Abonnement von 12 Reichstalern täglich von 9 bis 20 Uhr lesen kann. Es gibt um 1800 daneben 34 Buchhandlungen und 32 Druckereien, zu denen solch bekannte Firmen wie Litfaß, Spener und Nicolai gehören. Auch das Bildungssystem verdient Lob. Unter den fünf Gymnasien der Stadt zählen das Joachimsthalsche und das Graue Kloster zu den besten Schulen im Land.[50]

Ein regsames Theaterleben, befördert durch die Theaterliebe des Königs und vor ihm seines Vaters, wird vor allem dem unermüdlichen Einsatz Ifflands zugeschrieben, der die stümperhaften Verhältnisse, die er 1796 bei seiner Ankunft vorfand, beseitigt hat und dessen Bedeutung als Direktor von vielen Seiten gelobt wird (wenn auch nicht von Kleist und seinen Freunden). Sein Lob besingt 1811 der Verfasser von *Neu-Berlin*, der das 1802 von Carl Gotthard Langhans neugebaute Nationaltheater am Gendarmenmarkt „Thaliens schönsten Prachttempel in Deutschland, auf gewisse Weise sogar in Europa" nennt.[51] Nicht nur in bezug aufs Theater läßt sich Berlin mit Wien vergleichen; auch Singspiel und

Oper überraschen mit ihrer Qualität sogar die „verwöhnten Kenner" aus Paris.[52] Allerdings besteht das Theaterrepertoire weitgehend aus Stücken heute weniger bekannter Autoren und nicht aus Werken derjenigen, mit denen wir heute die Periode der Hochklassik und Romantik assoziieren. In der Liste der 139 Autoren, deren Werke unter Ifflands Leitung 1796–1814 gespielt wurden, steht zwar Schiller an zweiter Stelle nach August von Kotzebue. Dann müssen wir jedoch elf weitere meist (abgesehen von Iffland und Molière) unbekannte Namen überspringen, bis wir an vierzehnter Stelle – trotz des in den Salons grassierenden Goethe-Kults – auf Goethe und an siebzehnter Stelle auf Shakespeare stoßen.[53] Was die gespielten Stücke betrifft: Schillers *Die Jungfrau von Orleans* steht mit 137 Aufführungen an erster Stelle, und seine Popularität wird weiter durch Aufführungen von *Maria Stuart* (47), *Wilhelm Tell* (39), *Die Braut von Messina* (36) und andere Stücke bestätigt. Goethe steht aber – nach verschiedenen Stücken von Kotzebue, Iffland, Zschokke, Hensler und anderen mehr – mit 14 Aufführungen des *Götz von Berlichingen* erst an 134. Stelle.[54] Laut der *Vossischen Zeitung* wurde ausgerechnet an Goethes Geburtstag, dem 28. August 1810, *Iphigenie auf Tauris* vor leeren Logen und einem fast leeren Parterre gespielt. Kleist, Tieck, Arnim und Brentano kommen überhaupt nicht vor, obwohl die Frühromantik mindestens einmal durch drei Aufführungen von A. W. Schlegels *Ion* vertreten ist.

Mit den musikalischen Aufführungen im Opernhaus sieht es etwas besser aus: Mozart steht mit 272 Aufführungen von sieben Werken an erster Stelle (vor allem *Die Zauberflöte* und *Don Giovanni*), Gluck mit 119 Aufführungen von vier Werken an sechster Stelle (vor allem *Armide* und *Iphigénie en Tauride*), und bekannte Namen wie Johann Friedrich Reichardt, Antonio Salieri und Luigi Cherubini finden sich auch unter den „Top ten" der Periode.[55]

Besonders gepriesen wird die soziale Hilfsbereitschaft der Berliner. Die Armenfürsorge und Sozialeinrichtungen der französischen Kolonie, deren Lebensstil Chodowiecki, dessen Mutter Französin war, so liebevoll gezeichnet hat, waren besonders berühmt; ja, ihre „wohlthätigen Anstalten" wurden noch in den *Berliner Abendblättern* gelobt und den deutschen Gemeinden als Muster vorgehalten.[56] Von Anfang an war es seit dem 17. Jahrhundert das Prinzip der französischen Kolonie, daß kein Franzose zum Betteln gezwungen sein sollte: Ging es jemandem schlecht oder war er krank, so konnte er sogleich von allen Seiten mit der tätigsten Hilfe rechnen. Diese Praxis der Wohltätigkeit hat sich auch bei den deutschen Einwohnern rasch verbreitet.[57] Zu den verschiedenen öffentlichen Anstalten, die häufig gerühmt werden, gehören das königliche Lazarett, die Charité, und das Invalidenhaus, das nördlich der Stadt in einer angenehmen Gegend liegt, „wo viele zum Kriegsdienst unbrauchbare Leute einen guten Unterhalt und eine gemächliche Ruhe genießen".[58] Überhaupt wird die Gastfreundschaft der Berliner gelobt. „Kommt ein Fremder in ein Haus, so wird er mit aller möglichen Sorgfalt bewirtet; man beobachtet genau den Humor des Gastes und ist mit ihm nach Beschaffenheit fröhlich und traurig."[59] Gerade ihr freier Sinn und ihr frohes Herz, meint Krögen, unterscheiden die Berliner von den anderen Norddeutschen.[60]

Verwaltet wird die Stadt seit Frühjahr 1809 von den neuen, zusammen mit einem Oberbürgermeister gewählten Stadtverordneten. Berlin hatte seit der Zeit Friedrich Wilhelms I. aufgrund der Bevormundung durch den Staat beziehungsweise der Kontrolle der kommunalen Organe durch die zentralen staatlichen Behörden kein Bedürfnis und keine Gelegenheit gehabt, ein Gefühl von politischer Verantwortung und Eigenständigkeit zu entwickeln. (Dies führte unter anderem zu der von Fichte verpönten „Selbstsucht", die die Bürger charakterisierte.) Aufgrund der neuen Städteordnung, die von dem damaligen Staatsminister, dem Freiherrn vom Stein, und seinen reformfreudigen Mitarbeitern ausgearbeitet war und am 19. November 1808 Gesetzeskraft erlangt hatte, wurde dem Magistrat der Hauptstadt weitgehende Selbstverwaltung zugestanden, obwohl Gerichtsbarkeit und Polizeiverwaltung noch immer dem Staat unterstanden. Vom 18. bis 22. April 1809 wurden an Wahllokalen in 22 Kirchen Berlins von der Stadtgemeinde die ersten 102 Stadtverordneten und ihre 33 Stellvertreter gewählt, deren Namen am 25. April in den Tageszeitungen bekanntgegeben wurden. Zwar ist dies noch weit entfernt von einer Demokratie im modernen Sinn des Wortes: nur 8 Prozent der Bevölkerung – die 12 862 Bürger, die Hausbesitzer sind oder über ein Jahreseinkommen von mehr als 200 Talern verfügen – dürfen sich an den Wahlen beteiligen; die übrigen werden nach wie vor laut der Städteordnung von 1808 (Tit. II, § 5) als „Schutzverwandte" ohne Wahlrecht und volles Bürgerrecht angesehen. Aber es war nicht zuletzt diese völlig neue politische Entwicklung, die zur Entstehung des neuen Sinns von *communitas* und Öffentlichkeit beitrug.

Als Oberbürgermeister hat der König am 8. Mai den von den Stadtverordneten vorgeschlagenen Leopold von Gerlach bestätigt, der sich bereits 1807 als Zivilkommissar entgegen den Forderungen des französischen Militärs für die Bevölkerung der Stadt eingesetzt hatte. Am 6. Juli 1809 wurde die feierliche Amtseinführung der neuen Stadtbehörde in der Nikolaikirche zelebriert. Die Sitzungen des Magistrats – des Oberbürgermeisters und des Bürgermeisters zusammen mit neun besoldeten und 15 unbesoldeten Stadträten – fanden zweimal wöchentlich im Berliner Rathaus statt. Die ganze Stadtverordnetenversammlung tagt zunächst – allein 102 Sitzungen im ersten Jahr! – im Prinz Heinrich-Palais, das sie jedoch 1810 bei Einzug der Universität in das Gebäude verlassen muß, wonach sie sich zuerst in Wohnhäusern und dann 1814 in der alten Börse am Lustgarten versammelt. Für Sicherheit und Ordnung in der Stadt sorgt neben den zurückgekehrten preußischen Truppen eine uniformierte Bürgergarde von 2000 Mann, die 1806 auf Anordnung Napoleons gebildet und erst 1825 wieder aufgelöst wurde. Das Benehmen des Militärs ruft wie vor 1806 immer noch Empörung bei der Bevölkerung hervor, denn viele Offiziere scheinen aus der Niederlage bei Jena und Auerstedt nichts gelernt zu haben und zeigen die bekannte Arroganz. So hört man etwa von betrunkenen Ulanen-Offizieren, die 1809 im Komödienhaus zu Pferde bis an die Kasse geritten sind, um sich Karten zu holen. Überhaupt bemerkt man, „daß der Bürgerstand sich langsam, aber sicher ganz von aller Gemeinschaft mit dem Militär zu entfernen und wiederum zu isolieren sucht, da sonst durch die Schillschen Truppen und ihr musterhaftes hiesiges Benehmen die gewünschte Annäherung schon bewirkt war".[61]

Das ist der sozialgeschichtliche Hintergrund, vor dem sich die Ereignisse des Jahres 1810 abspielen. Die Bedrückung der Berliner Bevölkerung in den Jahren der französischen Besatzung und die dumpfe Resignation des Volkes waren für den Moment durch die Rückkehr des Königspaars und des Hofes aus dem ostpreußischen Exil am 23. Dezember 1809 überwunden worden; die öffentlichen Feierlichkeiten aus diesem Anlaß wurden in allen Tageszeitungen ausführlich beschrieben. Aber kaum zwei Monate später wurde der geplante nationale Feiertag am Geburtstag der Königin am 10. März durch verstärkte politische Spannungen mit Frankreich überschattet. Am 9. März war der preußische Vertreter von Verhandlungen in Paris über die Zahlung der Kriegsschulden ergebnislos zurückgekehrt.[62] „Still, geräuschlos ging der gestrige Tag – der Geburtstag unserer angebeteten

Monarchin – vorüber", meldete *Der Freimüthige;* „aber in den Herzen der patriotischen Bewohner Berlins, die so laut für ihre Königinn schlagen, wurde er auf das feierlichste begangen".

Dazu kamen andere Schläge: der Aufruhr in Spanien und der von Andreas Hofer in Tirol hatten Hoffnungen für einen Aufstand gegen die Franzosen erregt – Hoffnungen, die aber durch den Tod des Volkshelden Major von Schill am 31. Mai in Stralsund enttäuscht wurden. Allerdings ließ sich der König im Juni überzeugen, den Freiherrn von Hardenberg als Staatskanzler einzustellen, damit die von Stein begonnenen Reformen weitergeführt werden konnten. So begann der Sommer in Berlin in einer gedämpften Stimmung der Gleichgültigkeit und Machtlosigkeit. Wir begreifen also die Gefühle des verbitterten Reichsfreiherrn vom Stein, der am 22. Juli 1810 aus seinem böhmischen Exil an seinen Freund Reden schrieb:

> „Überhaupt ist das jetzige Geschlecht verweichlicht, selbstisch, eifrig und behende im Tadeln und Anklagen anderer, langsam und flau im Selbsthandeln, unfähig auszuharren – es verdient nichts anderes als zertreten zu werden – hol es der Teufel, daß man nur unter dem Hunde-Zeug leben muß."

Der Reichsfreiherr hatte noch nicht vom Tod der Königin drei Tage zuvor erfahren, der schlagartig die Gesinnung des Volkes verwandeln sollte.

ÄSTHETISIERUNG DES TODES

Der Leichenzug der Königin

Seit drei Tagen lastet eine drückende Hitze auf Berlin. Aber die große Menschenmenge, die sich am Freitag, dem 27. Juli 1810, gegen Abend Unter den Linden und im Tiergarten versammelt hat, sucht nicht wie üblich Kühlung unter den Bäumen oder Erfrischung in den Coffeewirtschaften in den Zelten, noch will sie die populäre Camera obscura des Mechanikus Winckler vor dem Brandenburger Tor bewundern. Heute tragen alle Trauerkleidung und blicken wehmutsvoll vor sich hin. Berlin erwartet leidvoll und mit Spannung die Rückkehr des Leichnams seiner jungen Königin, die vor neun Tagen auf dem Lustschloß ihres Vaters in Hohenzieritz bei Neustrelitz – also „im Ausland" – plötzlich verstorben ist und deren Tod in derselben Nacht in Berlin durch einen Kurier gemeldet wurde und als Trauerbotschaft an der Mauer des Schlosses zu lesen war. Auf dem staubigen Exerzierplatz (dem jetzigen Platz der Republik) – wegen seines sandigen Untergrundes die „Sahara von Berlin" genannt[1] – im Tiergarten stellen sich in erwartungsvoller Stille die hohen Hof-Chargen auf, die Dom-Geistlichkeit zusammen mit der Geistlichkeit aller Konfessionen, die Königlichen Adjutanten, die Staatsminister und Geheimen Staatsräte, aktive und inaktive Generale und Staats-Offiziere sowie Deputationen der Ministerien und anderer Kollegien.

Am Rande des Exerzierplatzes stehen unter den Bäumen zwei ernste Herren, die, wie für Zivilpersonen vorgeschrieben, in tiefste Trauer gekleidet sind: mit schwarzen, wollenen Strümpfen und schwarzen Handschuhen, schwarzen

Trauerkleidern und Pleureusen,* schwarz bezogenen Degen und Schnallen und einem bis auf die Knie herunterhängenden Flor am Hut. Der neuernannte Staatskanzler Karl August von Hardenberg und der ausscheidende Chef der Sektion für Kultus und öffentlichen Unterricht, Wilhelm von Humboldt, – beiden war die Königin, trotz ihres spannungsreichen Verhältnisses zueinander, als Idol der Reformpartei am Hof besonders zugetan – beobachten, wie die Gruppen und Equipagen sich nach der vorgeschriebenen Ordnung aufstellen, und unterhalten sich dabei leise über die mysteriösen Vorzeichen, die aus Sicht des abergläubischen Volks von Berlin dem unerwarteten Tod der jungen Königin vorausgingen.[2] Den ganzen Winter hindurch habe sich die weiße Frau – der schuldbeladene Geist der Gräfin Agnes von Orlamünde, die ihre zwei Kinder ermordete und die sich seit 1486 immer wieder dort zeigt, wo jemand vom Hause Hohenzollern sterben soll – im Berliner Schloß sehen lassen.[3] Ja, man munkelt sogar, daß die weiße Frau drei Wochen vor Luises Tod dem Kronprinzen erschienen sei und ihn so erschreckt habe, daß seine Hofmeister ein Mädchen verkleideten und ihm damit beweisen wollten, die erschütternde Erscheinung wäre auf diese Art zu erklären.[4] Ferner wird geraunt, daß in Potsdam eine Woche vor dem Tod der Königin die Orgel der Stadtkirche in der Nacht Trauerlieder gespielt habe. Man versucht dies so zu erklären, daß der Wind bei offenstehender Tür die Töne hervorgebracht habe oder aber die Fledermäuse sich auf die Tastatur geworfen hätten. Noch ein halbes Jahr später werden die *Berliner Abendblätter* (5. Januar 1811) melden, daß am 10. März zum ersten Mal seit ungewöhnlich langer Zeit eine Mondfinsternis stattfinden wird: am Geburtstag der verstorbenen Königin. „Kurz, man sucht zu erklären, was man nicht

* Trauerbesatz an der Kleidung.

ableugnen kann“, meldet Humboldt am 31. Juli 1810 seiner in Rom weilenden Frau.

Laut den offiziellen Zeitungsberichten ist die erst 34jährige Königin an einer Lungenentzündung beziehungsweise an organischen Störungen der Lunge und des Herzens gestorben, aber die Berliner wissen es besser: die zu ihrem Idol gewordene Luise ist an einem zerbrochenen Herzen zugrunde gegangen. „Allgemein schrieb man den Tod der Königin der unglücklichen Lage des Landes zu“, erinnerte sich Henrik Steffens. „Der Feind“, sagte man, „habe die Schutzgöttin des Volkes getötet.“[5] Als die Verkörperung des preußischen Geists – „Germaniens tapfre Fürstentochter“ laut der Geburtstagsode, die ihr einige Monate zuvor der preußische Finanzrat Friedrich August von Stägemann widmete[6] – hat sie 1806 unter der Erniedrigung bei Jena und Auerstedt gelitten, unter der Schmach der Flucht aus Berlin und dem baltischen Exil des Hofs, unter den entehrenden Witzen der Franzosen und der herablassenden Behandlung durch Napoleon, der sie als „den Völkern Preußens so verderblich wie es Helena den Trojanern“ war, bezeichnete,[7] und unter den rücksichtslosen Bedingungen des Tilsiter Friedens, durch den Preußen nur noch als Rumpfstaat erhalten blieb. Auch die gefeierte Wiederkehr des Hofs nach Berlin im Dezember 1809 war – weil von dem verhaßten Napoleon genehmigt und geduldet – kein wahrer Triumph. So weiß das Volk, daß die ärztliche Diagnose bloß die oberflächliche Ursache ihres Todes feststellt. Ihre Königin ist an ihrem Gram zugrunde gegangen.

Die letzte Reise der toten Königin geht nach einem sorgfältig ausgearbeiteten, vom König erlassenen und in allen Zeitungen veröffentlichten Reglement vor sich.[8] Bei der Abfahrt vom väterlichen Lustschloß in Hohenzieritz wird die „hohe Leiche“ von den dort versammelten preußischen und mecklenburgischen Hof-Cavalieren auf einen mit acht Pferden bespannten Reise-Leichenwagen gesetzt, neben welchem zwei Königliche Stallmeister reiten. (Um den Leichnam zu erhalten, hat man ihn in Tücher geschlagen, die in Spiritus getaucht sind. Nur eine Hand muß herausgelassen werden wegen der vielen Menschen, die herandrängen, um sie zu küssen.[9]) Es folgen der leere Paradewagen, den die Stadt Berlin der Königin erst ein halbes Jahr zuvor geschenkt hat und der bei dieser traurigen Gelegenheit nach Hohenzieritz geschickt worden ist, und die Wagen der Oberhofmeisterin Gräfin von Voß, die der Königin in ihren letzten Stunden beigestanden hat, sowie der anwesenden Hofdamen, Kammerfrauen und Hof-Cavaliere. An der Landesgrenze von Mecklenburg und Preußen nehmen acht Offiziere der aus Potsdam geschickten Eskadron Garde du Corps den Leichenzug in Empfang und begleiten ihn nach Gransee, wo er von einem Chor junger Mädchen mit Gesang und Blumen begrüßt wird und wo der Sarg in einem eigens für diesen Zweck gebauten Holzhaus auf dem Marktplatz mit einer Ehrenwache über Nacht bleibt. (An dieser Stelle wird 1811 das von Schinkel entworfene Luisen-Denkmal enthüllt.) Am nächsten Tag bricht man um sieben Uhr morgens auf und marschiert nach Oranienburg, wo die zweite Nacht verbracht wird. In allen Städten und Dörfern, durch die der Leichenzug führt, werden alle Glocken geläutet, sobald er sich nähert; dabei kommen der ganze Magistrat, die Geistlichkeit und die Honoratioren jedes Orts dem Zug entgegen und begleiten ihn durch die Stadt. Am dritten Tage gehen dem Zug weitere drei Eskadrons Garde du Corps bis Reinickendorf entgegen.

Als der Zug beim Vorwerk Wedding eintrifft, wird der Leichnam von vierzig in Trauermäntel gehüllten Männern empfangen, die auch „Trauerstäbe“ tragen. Vierundzwanzig Königliche Kammerherren heben in einer zu diesem Zweck gedeckten und mit Blumenkränzen geschmückten Laube den Sarg auf den Parade-Leichenwagen, der dorthin dem Zug entgegengeschickt worden ist. (Auch in der Ackerstraße vor der nördlichen Akzisenmauer haben mehrere Bewohner aus den niederen Volksklassen ihre Fenster mit Flor behängt oder Stangen mit florumwundenen Blumenkränzen vor die Fenster gestellt.[10]) Dann führen die vierundzwanzig Kammerherren den Leichenzug an, der sich um das Invalidenhaus, an der Akzisenmauer entlang zur Unterbaumbrücke (der heutigen Kronprinzenbrücke) hinzieht, wo er die Spree überquert. Zwischen 6 und 7 Uhr abends trifft der Zug wie geplant auf dem Exerzierplatz im Tiergarten ein, wo sich Hof und Militär zusammengefunden haben, um die Königin bei ihrem letzten Einzug in die Hauptstadt zu begleiten. In diesem Augenblick verkündet das dumpfe Geläut aller Glocken die Ankunft des königlichen Leichnams in Berlin.

Jetzt reihen sich auf dem Exerzierplatz die dort versammelten Gruppen zum feierlichen Einzug auf. Geleitet wird der Zug von zwei Eskadrons Garde du Corps und den Hof-Cavalieren, die den Leichnam von Hohenzieritz nach Berlin begleitet haben. Dann folgen paarweise zu Fuß der Schloß-Hauptmann mit den hohen Hof-Chargen – Obermundschenk, Oberstallmeister, Oberjägermeister, Obermarschall, Oberkammerherr unter anderen –, zusammen mit der Geistlichkeit des Doms und Geistlichen anderer Konfessionen. Danach kommt der mit acht Pferden bespannte Parade-Leichenwagen, auf dem der königliche Leichnam liegt: unmittelbar davor gehen der Vater der Königin, Prinz Karl von Mecklenburg-Strelitz, und der Oberhofmeister; zu jeder Seite zwölf der vierundzwanzig Königlichen Kammerherren – die vier ältesten halten die Zipfel der Leichendecke des Parade-Leichenwagens; die Pagen, ein Teil der Königlichen Hof-Offizianten und Dienerschaft, die Stallmeister und Rittmeister. Nach den Königlichen Adjutanten und einer halben Eskadron Garde du Corps kommen dann der leere Paradewagen, der auch mit acht Pferden bespannt ist, der Wagen, in dem die Oberhofmeisterin Gräfin von Voß mit den ältesten Hofdamen fährt, und die übrigen Wagen mit Hofdamen und Mitgliedern des Hofes. Nach dem Detachement Kavallerie der Eskadron Garde du Corps, die den Schluß macht, folgen paarweise zu Fuß die Staatsminister (zu denen Hardenberg und Humboldt gehören), Generale und Deputationen der verschiedenen Ministerien und Kollegien. Den ganzen Zug beschließt eine halbe Eskadron Garde du Corps.

Der Zug bewegt sich langsam auf das Brandenburger Tor zu, wo er von fünfzig vom Intendanten August Wilhelm Iffland dirigierten Choristen mit dem Trauergesang „Jesus, meine Zuversicht" begrüßt wird. Als eine stumme Mahnung an die Erniedrigung Preußens wirkt dabei die leere Stelle oben auf dem Tor, wo sonst die Quadriga mit der Viktoria zu erblicken war, die Napoleon nach seinem Einmarsch in Berlin im Oktober 1806 nach Paris abtransportieren ließ, und wo jetzt eine große schwarze Fahne weht. Vom Brandenburger Tor an stehen dicht gedrängt, hinter einem vom Militär und der uniformierten Bürgergarde gebildeten Spalier, das sich auf beiden Seiten der Allee bis zum Schloß erstreckt, zu Tausenden die Bürgerinnen und Bürger der Stadt, um ihrer verehrten Königin die letzte Ehre zu erweisen. Laut Bericht der *Vossischen Zeitung* begleiten „stille Wehmuth, Thränen und Schluchzen jeden Schritt des Trauerzuges". Weil der größte Teil der Residenz-Bewohner an der traurigen Feierlichkeit teilnehmen will, hat die Polizei an diesem Tag Sondermaßnahmen zur Regelung von Sicherheit und Ordnung kundgegeben. Ab Mittag dürfen keine Buden, Schragen oder Tische auf den Zugangsstraßen aufgestellt werden. Außerdem wird angeordnet, daß – aus Vorsicht gegen Diebstahl sowie gegen die in diesem Sommer wegen der außerordentlichen Dürre grassierenden Feuersbrünste – niemand seine Wohnung ohne Aufsicht lassen solle. Der Zulauf der Menschen war unglaublich, meldete Humboldt seiner Frau, „aber eine Stille, die man sich kaum vorstellt, man hörte nicht einmal das sonst bei großen Haufen fast unvermeidliche dumpfe Germurmel".

Der Leichenzug, der sich zwei Stunden lang von 7 bis 9 Uhr abends schrittweise durch die Magistrale Unter den Linden zieht, führt die tote Königin an einer Folge von Gebäuden vorbei, mit denen, aus heutiger Sicht, gleichsam eine Kulturgeschichte Berlins im frühen 19. Jahrhundert verbunden ist. In den Torhäusern am Eingang empfing der ehemalige Hofpage und preußische Lieutenant Adelbert Chamisso, wenn er Wachtdienst hatte, seine Freunde und verbrachte, wie sich Varnhagen erinnert, „halbe oder ganze Nächte in Gesprächen über Poesie oder Studien und Lebenspläne" – wobei er allerdings manchmal seine Pflichten sehr vernachlässigte, so daß etwa am 8. Dezember 1804 „die Wacht am Brandenburger Tor beim Einpassieren des Königs nicht in gehöriger Ordnung gewesen und die Honneurs nicht gemacht worden" seien.[11] Am Quarré oder Viereck (wie bis 1815 der Pariser Platz geheißen hat) stehen vornehme Häuser und das Arnimsche Palais, wo Achim von Arnim, einer der leidenschaftlichsten Verehrer der Königin und, wie Chamisso, ehemaliger Page an ihrem Hof, als Kind bei seiner Großmutter erzogen wurde. Unter den Linden kommt der Zug am ehemaligen Palais der Herzogin von Kurland vorbei, deren Salon 1804 bis 1806 einen Mittelpunkt der Berliner Gesellschaft bildete (und die wohl das Modell abgab für die russische Intrigantin in Willibald Alexis' Roman *Ruhe ist die erste Bürgerpflicht*). Hier hatte Madame de Staël 1804 in den ersten Tagen ihres aufsehenerregenden Aufenthalts in Berlin gewohnt. Das Haus Nr. 9, das „auf ganz wunderliche seltsame Weise von allen übrigen abstach", weil es nur vier Fenster breit war, wird E. T. A. Hoffmann als das „öde Haus" berühmt machen. An der Ecke Friedrichstraße – wo laut Heine (im ersten seiner *Briefe aus Berlin*) zwischen dem Halleschen und dem Oranienburger Tor immer „ein fataler Zugwind" weht – passiert der Zug den Gasthof Russischer Hof oder Hotel de Russie, wo vor Luisens Geburt (und noch unter dem Namen „Zur Goldenen Sonne") 1778 der von ihr verehrte Goethe bei seinem einzigen Besuch in Berlin abgestiegen ist und wo erst sechs Jahre zuvor der vielumworbene Schiller, der am 13. Mai 1804 bei der Königin zu Gast war, logiert hat. Auf der anderen Ecke steht die spätere Wohnung Wilhelm von Humboldts, wo 1815 von seiner Frau Caroline der erste Weihnachtsbaum in Berlin aufgestellt werden wird.

Am Ende der Lindenallee am Forum Fridericianum zieht sich der Zug an den Akademien der Wissenschaften und Künste vorbei – von Witzbolden respektlos mit der Widmung „Musis et Mulis" bezeichnet, weil sich die Räume der Akademie im ersten Stock über dem Königlichen Marstall befinden.[12] Hier hat Fichte im Winter 1807/08 seine aufregenden *Reden an die deutsche Nation* gehalten, und hier wird gerade einige Wochen nach ihrem Tod eine epochemachende Ausstellung der Kunstakademie stattfinden. Der Zug geht langsam weiter – an dem Palais Heinrich vorbei, wo in zweieinhalb Monaten die neue Universität eröffnet werden wird und wo bereits Vorlesungen gehalten werden. Vorläufig ist das Palais aber immer noch ein großes Wohnhaus, aus dessen Fenstern der junge geographische Zeichner Karl Friedrich Klöden und seine Frau den „feierlichen, tief ergreifenden Zug" beobachten. „Es war herzerschütternd, und kein Auge blieb trocken."[13] Am Königspalais vorbei, wo das Lied „Wie fleucht dahin der Menschen Zeit" ertönt, führt der Weg über die hölzerne Hundebrücke (die erst 1822 durch die steinerne Schloßbrücke ersetzt wird) auf das Schloß zu. Im

Durchgang des großen Portals wird er von Sängerinnen und Sängern des Nationaltheaters mit dem Lied „O wie seelig seyd ihr doch ihr Frommen" begrüßt.

Im Schloß erwartet am Fuß der Treppe der Hofmarschall mit anderen Bediensteten, Hof-Offizianten, und Dienerschaft die Ankunft der „hohen Leiche". Als der Leichenwagen hält, kommt der König mit seinen sieben Kindern bis an den Fuß der Treppe und geht, als der Sarg hinaufgetragen wird, sichtbar in tiefer Wehmut vor ihm her. Oben auf der Treppe sind die Prinzen und Prinzessinnen des Königlichen Hauses versammelt und schreiten nun, als der Sarg zum erleuchteten Thronzimmer getragen wird, ebenfalls vor ihm her. „Es hatte etwas Schauerliches", meinte Humboldt, „die Prinzessinnen alle in der tiefen Trauer mit Krepp und langen Flören, die meisten weinend und sehr angegriffen, in dieser halbdunklen Abendzeit zu sehen"[14] – zumal im Spiegelsaal, wo die Trauergestalten, noch schauerlicher, vervielfältigt schienen.

Die Trauerzeit

Es war die ursprüngliche Absicht, dem Publikum einen letzten Anblick des Körpers der so herzlich geliebten Königin zu gestatten. Da aber die drückende Hitze der letzten Tage, zusammen mit der Bewegung durch die Fahrt, nachteilig auf den Leichnam gewirkt hat, zeigen sich, obwohl der Leichnam in mit mineralischen Säuren getränkte Tücher gehüllt worden ist, deutliche Spuren der Auflösung.[15] (Es obliegt der Oberhofmeisterin Gräfin von Voß, jeden Tag den Zustand des Leichnams zu kontrollieren. Schon am 28. Juli zeigen sich bei der Inspizierung Zeichen der Änderung, wie sie in ihrem Tagebuch notiert, und zwei Tage später ist die Verwesung so weit fortgeschritten, daß nicht einmal der

König den Leichnam noch einmal betrachten darf.) So wird beschlossen, daß bloß der Paradesarg öffentlich ausgestellt werden soll – vom 28. bis zum 30. Juli täglich von 9–12 und 4–7 Uhr. Während dieser Stunden, da dem Publikum der Zutritt erlaubt ist, strömen die Bürgerinnen und Bürger der Stadt in großer Zahl am Sarg vorbei, der im undrapierten Thronzimmer auf einer Estrade ruht, neben welcher die zur Trauerwache befohlenen Hof-Chargen stehen. Einen erhabenen Eindruck macht laut Zeitungsberichten eine Uhr, die dem Throne gegenüber steht: Man sieht die lebensgroße marmorne Statue eines ernsten, bärtigen, geflügelten Alten als Darstellung der Zeit; mit der linken Hand schwingt er gerade eine goldene Sense, und mit der rechten zeigt er auf eine ihm zu Füßen liegende, goldene Kugel, um die sich eine Schlange windet und auf welcher die Stunden des Tages eingeteilt sind. „Hier erscheint die Zeit in furchtbar-ernster Gestalt; ihr gegenüber lag nun die edelste Blume, welche die unerbittliche Sense, in ihrer vollen Schönheit hinweggemähet hat", meldet die *Haude- und Spenersche Zeitung* vom 2. August mit großer Rührung.

Am Abend des 30. Juli gegen 8 Uhr erfolgt die stille Beisetzung des Leichnams nach einem wieder streng geregelten, aber weniger großartigen Reglement. Wilhelm von Humboldt, der als Minister den Schlüssel eines Kammerherrn ablegen mußte, hat den Sarg nicht mittragen dürfen, ging aber mit den anderen Ministern zu Fuß hinterher.[16] In feierlicher Prozession wird der Sarg vom Thronzimmer und hinunter durch das 5. Portal zum Dom hinübergeleitet, wo er im Beisein der königlichen Familie und mit einem Gebet des Hofpredigers in der Sakristei aufgestellt wird. Dort bleibt der Leichnam der Königin bis zu einer weiteren Verfügung des Königs aufgebahrt.

Zu den rührendsten Szenen dieser Tage gehörte wohl die Geburtstagfeier des Königs am 3. August. Lange vor ihrem

Tode hatte die Königin bei der Königlichen Porzellan-Manufaktur am Leipziger Platz ein besonderes Geschenk für ihren Gatten bestellt: einen siebenteiligen Aufsatz, dessen Hauptstück eine Vase mit Büsten der Königin und ihrer sieben Kinder bildet. Dieses letzte Geschenk und Andenken wird dem König an seinem Geburtstag von seinen Kindern überreicht.

Mit dem feierlichen Einzug des Leichnams am 27. Juli beginnt im ganzen Land eine sechswöchige Trauerzeit. Während dieser Periode erscheinen die Damen vom Hof in Alapin,* breiten Säumen, tiefen Flabben** und zwei Kappen.*** Die Herren tragen Pleureusen mit schwarzen Degen und schwarzen Schuhen. Die Mitglieder der Königlichen Kollegien trauern mit schwarzen Unterkleidern bei den vorgeschriebenen Uniformen, die Subalternen mit Flor um den Arm. In den Kanzleien wird sechs Wochen lang schwarz gesiegelt. Bis zum 4. August finden keine Schauspiele und Konzerte statt.

Am Sonntag, den 5. August, werden in allen Kirchen Berlins Gedächtnispredigten zum Text Jesaia 55,8–9: „Meine Gedanken sind nicht eure Gedanken", gehalten, wobei alle Kirchen laut Zeitungsberichten „mit tiefgerührten Zuhörern überfüllt waren". Allerdings finden die Predigten nicht überall Zustimmung. Ernst von Pfuel und Heinrich von Kleist sowie Adam Müller und seine Frau Sophie verteilen sich in verschiedenen Kirchen, um die Predigten von einigen der berühmtesten Redner Berlins zu hören, die zur gleichen Zeit gehalten werden: Sie hören Schleiermacher in der Dreifaltigkeitskirche bei einer Trauerfeier unter Mitwirkung der Singakademie; Ernst Friedrich Ribbeck, den Beichtvater der

* Bedruckter Baumwollstoff.
** Dreieckige Stirnbänder.
*** Umhänge.

Königin, in der Nicolaikirche; den Hofprediger Friedrich Ehrenberg in der Hof- und Domkirche, in Anwesenheit des Königs und seiner Familie; und den neulich ernannten Erzieher des Kronprinzen, Friedrich Ancillon, in der Friedrichswerderschen Kirche. „Wir waren insgesamt nicht sehr erbaut worden", meldete Pfuel.[17] „Keiner von allen hatte den Gegenstand mit der Einfachheit und Würde behandelt, welche er verlangte." Ancillons „steckbriefartige Beschreibung" der Königin läßt Pfuel „nur sehr mittelmäßig befriedigt". Müller ist „indigniert" über Schleiermacher, der zwar in kunstvollen Sätzen, aber sonst „kalt und herzlos" sprach. (Allerdings muß man die Tatsache in Betracht ziehen, daß Schleiermacher seine patriotischen Töne mit Hinblick auf französische Spione einigermaßen mäßigen mußte.) Auch die jüdische Gemeinde beweint in ihrer Synagoge mit Trauerreden und passenden Psalmen den Verlust der Landesmutter. Und am 6. August wohnt Achim von Arnim in der katholischen Hedwigskirche bei Musik von Weber, Mozart und Händel einer Seelenmesse bei, an der neben der Geistlichkeit anderer Konfessionen auch hohe Personen von Hof und Militär teilnehmen.[18]

Der Leichenzug am 27. Juli bildet als öffentliches Ereignis einen gewaltigen kollektiven Eindruck. Der Berichterstatter der *Vossischen Zeitung* konstatierte rückblickend am 21. August: „Der erschütterndste Augenblick für Berlin war wohl der Augenblick, wo die Hülle der verklärten allgeliebten Monarchin eingeführt wurde." Die Berliner Buchdrucker Ignatius Zürngibl und E. J. G. Litfaß (der Vater des „Erfinders" der Litfaßsäule) veröffentlichten farbige Bilderbogen mit kolorierten Holzschnitten des Leichenwagens Unter den Linden. Der Königliche Hof-Medailleur stach eine Medaille (für zwei Reichstaler erhältlich), und andere Handwerker mit Unternehmungsgeist fertigten Bildnisse, Abgüsse und Denkmünzen an. Die Königliche Porzellan-

Manufaktur verkaufte Tassen mit einer Allegorie auf den Tod der Königin. Insofern wirkte dieser Tag einerseits als eine gemeinschaftliche Katharsis des Volkes, wobei alle bedeutenden Intellektuellen, die sich damals in der Stadt aufhielten – neben Humboldt und Hardenberg auch u. a. Arnim, Brentano, Kleist, Müller, Pfuel, Savigny –, anwesend waren. (Zu dieser Zeit waren viele Berliner – u. a. Zelter und Fichte – gerade in die Ferien gefahren.) Andererseits stand der Tag symbolisch für einen Prozeß der geistigen Erholung, der mit ihm begann.

Die Luisen-Legende

Schon als 18jährige Kronprinzessin hatte Luise die Herzen nicht nur der Preußen, sondern der Deutschen überhaupt gewonnen. Der Prozeß der Mythisierung der „heiligen Luise", der zu ihren Lebzeiten begann, läßt sich schon 1795 im Gipsmodell von Johann Gottfried Schadows berühmtem Doppelstandbild der Prinzessinnen Luise und Friederike von Preußen erkennen.[19] Sie war ja die erste Königin seit fast einem Jahrhundert – seit Sophie Charlotte und Sophie Dorothea –, die in Preußen eine bedeutende Rolle spielte; denn in den fast sechs Jahrzehnten Regierungszeit Friedrichs des Großen und Friedrich Wilhelms II. trat, aus völlig unterschiedlichen Gründen, keine Königin in Erscheinung. Deswegen Tonfall und Wortwahl, in der *Der Freimüthige* am 20. Juli 1810 ihren Tod meldete: „Das Muster einer Fürstinn, Gattinn und Mutter – unsere Freude und unser Stolz ist nicht mehr!" Es habe keine Fürstin gegeben, die wegen ihrer Milde, ihrer rührenden Anmut und ihres Seelenadels „inniger von ihrem Volke geliebt wurde und dieser Liebe würdiger war".

Schon 1798, ein Jahr nach der Thronbesteigung des jungen königlichen Ehepaars, stellte Novalis in *Glauben und*

Liebe (Nr. 30) die Königin als Ideal der bürgerlichen Tugendhaftigkeit dar, im Gegensatz zur Lasterhaftigkeit am Hof Friedrich Wilhelms II., der im Volk als „das Bordell" berüchtigt war.

„Jede gebildete Frau und jede sorgfältige Mutter sollte das Bild der Königin, in ihrem oder ihrer Töchter Wohnzimmer haben. Welche schöne kräftige Erinnerung an das Urbild, das jede zu erreichen sich vorgesetzt hätte. Ähnlichkeit mit der Königin würde der Karakterzug der Neupreußischen Frauen, ihr Nationalzug. Ein liebenswürdiges Wesen unter tausendfachen Gestalten. Mit jeder Trauung ließe sich leicht eine bedeutungsvolle Huldigungszeremonie der Königin einführen; und so sollte man mit dem König und der Königin das gewöhnliche Leben veredeln, wie sonst die Alten es mit ihren Göttern thaten."

Andere wichtige Stadien ihrer „Kanonisation" erkennt man in den verschiedenen Darstellungen ihrer Flucht nach der Schlacht bei Jena und Auerstedt, der deprimierenden Unterredung mit Napoleon 1807 in Tilsit und der gefeierten Heimkehr nach Berlin am 22. Dezember 1809. Es gibt wohl keinen beredteren Zeugen dieser Verehrung als Heinrich von Kleist, der am 6. Dezember 1806 seiner Schwester gesteht, daß er an die Königin „nicht ohne Rührung" denken kann.

„In diesem Kriege, den sie einen unglücklichen nennt, macht sie einen größeren Gewinn, als sie in einem ganzen Leben voll Frieden und Freuden gemacht haben würde. Man sieht sie einen wahrhaft königlichen Charakter entwickeln. Sie hat den ganzen großen Gegenstand, auf den es jetzt ankommt, umfaßt; sie, deren Seele noch vor kurzem mit nichts beschäftigt schien, als wie sie beim Tanzen, oder beim Reiten, gefalle. Sie versammelt alle unsere großen Männer, die der K[önig] vernachlässigt, und von denen uns doch nur allein Rettung kommen kann, um sich; ja sie ist es, die das, was noch nicht zusammengestürzt ist, hält."[20]

Kleists Ansicht wird von vielen Zeitgenossen bestätigt. Friedrich August Ludwig von der Marwitz, der dem Königspaar nahe stand und kein Bewunderer des zaudernden Königs war, notierte in seinen Memoiren: „Bei allem stand die Königin doch wieder hoch über ihrem Gemahl. Sie hatte ein wahres preußisches Herz und wahre Regentenehre. Alles, was groß und edel war, zog sie an. Ihn aber stieß es ab, alles, womit er ohne Widerwillen zu tun haben mochte, mußte etwas Mediocres an sich haben."[21] Vor allem für die Mitglieder der Reformpartei am Hof war sie zur Heldin geworden. Wer konnte bezweifeln, daß Friedrich von Raumer in seiner Vorlesung über *Perikles und Aspasia* die Königin vor Augen hatte, als er die Frauen «höherer Natur» charakterisierte:

> „Den reinen Kreisen solcher Naturen kann das Gemeine nie nahen; ohne Mühe, ohne Belehrung, ohne vieles Thun, veredeln sie alle Umgebungen durch ihr bloßes Dasein; sie bewirken in befreundeten Gemüthern eine Erlösung von allem Bösen, eine Umkehrung zu allem Guten und Schönen."[22]

Ähnliches hatte Wilhelm von Humboldt im Sinn, als er schrieb, daß die Königin, „auch bloß als Frau betrachtet, von einer seltenen Harmonie in ihrem ganzen Wesen" war.[23] Erst auf diesem Hintergrund begreifen wir die tiefe und echte Rührung, die in den Tagen und Wochen nach dem Tod der Königin und nach ihrem feierlichen Einzug am 27. Juli die Stadt Berlin ergriff.

Literarische Verklärungen

Die Tageszeitungen veröffentlichten sofort der Königin zum Gedächtnis mehrere Gedichte, wie am 28. Juli auf der ersten Seite der *Vossischen Zeitung* die anonymen „Empfindungen bei der feierlichen Einholung des Leichnams Ihrer Majestät am 27. Juli".

„Dreimal, mit seinen Brüdern, sprach der Dom / Aus hohen Lüften zu des Volkes Menge […]“, beginnt die erste Stanze und erinnert erstens an „das Fest der Freude“ beim Einzug des neuvermählten königlichen Paars im Jahr 1793, zweitens an die „Friedensfeier“ bei der Rückkehr des Hofs aus dem Exil im Dezember 1809 und schließlich an den heutigen „Tag der allgemeinen Trauer“. Weitere literarische Werke werden angezeigt: C. F. Langes „Empfindungen am Sarge der Königin Luise“, Friedrich Delbrücks „Schmerz und Freude am Sarge der Königinn“ sowie F. W. Gubitzens „Empfinden und Ahnen. Elegie bei dem Tode der allgeliebten Königin“. Die Haude- und Spenersche Buchhandlung läßt auf einen Gedächtnisband nicht lange warten, der die Berichte über Krankheit, letzte Stunden und Tod der Königin, die Parade-Aufstellung bei den Trauerzügen, die Ausstellung des Parade-Sargs im Thronzimmer und die stille Beisetzung, außerdem Gebete, Predigten und Gedichte enthält.[24] Am 12. August erscheint Adam Müllers Prosa-Ode *Zum Gedächtnis der verewigten Königinn von Preußen*, deren hochpoetische Sprache der Trauer des Volks Ausdruck verleiht.

„Unsere Königinn ist gestorben, heißt: die Sitte, der von Gott die Kraft gegeben ist, die Gesetze zu verklären, aber auch sie zu zermalmen, hat keine Statthalterinn, keine Beschützerinn mehr in diesem Reiche. Nicht blos die Krone fortzupflanzen auf die kommenden Geschlechter, auch den Geist der Liebe und der Ehre, den eigentlichen Träger des Staats zu erhalten, war die große Bestimmung, welche *Sie* ohne alle Absicht blos durch *Ihr* glückliches Daseyn in so reichem Maaße erfüllt hat. […] *Sie* war da, *Sie* war die Königinn der Herzen, alles Bestreben hatte ein Ziel, alle Neigung eine Richtung; an den Staat ließ sich nicht mehr denken ohne wohlthätige Bewegung des Herzens, denn er war nicht blos ehrwürdig, er war liebenswürdig geworden durch *Sie: Ihr* Anblick erfrischte in den Besseren das Andenken an die gering geachtete Vorzeit; es regte sich wieder ein längst vergeßner galanter Sinn für das politische Leben; es war als sollte unter dem Wehen eines neuen Gestirns der ausgestorbene Staat wieder Blüthen treiben.[25]

Am 4. August fand im Schauspielhaus unter Mitarbeit des gesamten Personals ein *Concert spirituel* statt, wobei nach einer Ouvertüre von Gluck Mozarts *Requiem* und Händels *Hallelujah* feierlich aufgeführt wurden. Es war ein kleiner Schwindel, der von vielen als abgeschmackt empfunden wurde, daß Iffland eine Ode deklamierte, die Klopstock ein halbes Jahrhundert früher (1752) dem Tod der Königin Luise von Dänemark gewidmet hatte. Die hastig zusammengestellte Zeremonie wurde in weiten Kreisen als eine Verlegenheitslösung betrachtet. „Es war eine peinliche Sache", meldete Wilhelm von Gerlach zwei Wochen später, „diese Mischung von Wahrheit und Lüge, von Wirklichkeit und Lüge; viele Schauspielerinnen, auch Iffland, glaube ich, hatten sich geschminkt und weinten doch oder schienen's nur."[26]

Aus Rom, wo er im Begriff stand, sich zum katholischen Glauben zu bekehren, meldete sich Zacharias Werner am 4. August mit *Klagen um seine Königin Louisa von Preußen*.[27] Aber anstatt der Trauer des ganzen Volkes Ausdruck zu geben, befaßt sich der gefeierte Dramatiker egoistisch mit der Wirkung der nationalen Tragödie auf seinen eigenen Seelenzustand. „Entfernt vom Vaterlande", hebt seine Klage an, schien ihm im heiligen Rom endlich ein neuer Frieden beschieden. Aber bei der Nachricht des Todes faßt ihn eine seltsame Wehmut, die er in merkwürdig balladesken Zeilen kundgibt.

„Beklemmet vom Schmerz, dem bängsten,
Blick' ich nach Rom's Ruinen,
Den klaren: aber auch ihnen
Säuselt's: ‚Es schwand dein Stern!' –"

In seinen holprigen Versen scheint sich Werner nur mehr um die eigene Enttäuschung zu kümmern, weil ihn der Königin Tod in Rom um die eigene Seelenruhe gebracht hat.

„Der Zier der Königinnen,
Die allen Reiz verdunkelt,
Ach meiner Sonn' entfunkelt
Nicht mehr das warme Licht. –"

Er gratuliert sich, daß er aus dem „Sturmestoben" des Lebens zur „hohen Saronsrose" der wahren Religion den Weg gefunden habe. In der zweiten Hälfte des Gedichts fällt ihm ein, daß er mit seinen Gefühlen nicht allein ist.

„Doch was will ich noch klagen,
Wo so viel Herzen zagen,
Wo meines Volkes Jammer,
Wo jede Tugend klagt?"

Die himmlischen Gewalten schilt er nicht, wenn sie „das zurück verlangen, / Was ihnen ward entwandt". Nein, nicht die große öffentliche Tragödie füllt ihn „mit Grämen", sondern nur die ästhetische Irritation: „Zertreten werden, / Das ist, zum Loos auf Erden, / Der Schönheit auserseh'n." So soll Louisa denn „den Schlummer schmecken".

„Und mir, der dieß gesungen
In mitternächt'gen Stunden,
Rufst Du, die überwunden:
‚Vergebens floß kein Blut!'"

In der letzten Strophe findet Werner schließlich ein Wort des Trosts für den König und den Kronprinzen („Habt Demuth, habet Muth!"). Auch die Preußen, seine Brüder, haben „den Kern des Schmerzes kennengelernt": *„Es zählt, wer wägt, die Zähren!!! / Mächtig ist Märt'rerblut!!!"*

Wieviel aufrichtiger und rührender wirkt im Vergleich mit Werners Machwerk Fouqués volksliedartiges *Brandenburg-*

sches Erntelied, das am 18. August in der *Vossischen Zeitung* gedruckt wurde und das seinen Effekt durch den jahreszeitgemäßen Kontrast von Ernte und Tod erzielt.

„Die Halm' und Ähren winken
Uns reich und mild,
Die hellen Sensen blinken,
Die Garbe schwillt!

Da wollen wir beginnen
Den Erntesang,
Ach, aber mitten innen
Schallt Glockenklang!

Die Trauerglocke läutet
Vom Dorfe her.
Wir wissen, was es deutet:
Sie ist nicht mehr!

Zwei Augen ruhn im Grabe,
So fromm und blau,
Und auf die Gottesgabe
Fällt Tränentau."

Der patriotische Dichter Max von Schenkendorf, der an die Zukunft seines Landes denkt, nimmt den Tod der Königin als Gelegenheit, in der Stunde der nationalen Trauer den Landesherrn aufzumuntern. Die drei ersten Strophen seines Gedichts *„Auf den Tod der Königin"* richten sich an die Königin, die „schöne Königsrose", die jetzt auch der Sturm getroffen hat und die in Schlummer sinken und Ruhe finden soll. Dann wendet sich der Dichter an den zurückgebliebenen König, der bei den Siegeshymnen sich trösten und der „an den Herzen seiner Völker [...] seine Schmerzen ausbluten" lassen soll.

„Herr und König, schau' nach oben,
Wo Sie leuchtet gleich den Sternen,
Wo in Himmels weiten Fernen
Alle Heiligen sie loben."[28]

Die großartigste künstlerische Entgegnung auf den Tod der Königin war aber zweifellos die Nachtfeier, die am 18. August im Großen Saal des Opernhauses unter Mitarbeit der Königlichen Kapelle, der Singakademie und des Personals des Nationaltheaters aufgeführt wurde und als Hauptstück Achim von Arnims Kantate *Nachtfeier nach der Einholung der hohen Leiche Ihrer Majestät der Königin* bot.

Poet der Öffentlichkeit

Achim von Arnim wohnte während dieser Monate mit seinem Freund Clemens Brentano in der Mauerstraße 34 (Ecke Behrenstraße) im Haus von Arnims Studienfreund, dem Geheimen Postrat Carl Pistor, und dessen Frau Charlotte, Stieftochter des Komponisten Johann Friedrich Reichardt. In der Erdgeschoßwohnung hatte Brentano die stille Stube hinten mit einem Fenster auf den Hof, das der Dichter, der unter übermäßigem Licht und Lärm litt, zugehängt hatte, so daß nur eine Scheibe frei blieb und das Zimmer tagsüber dunkel war.[29] In der Eckstube, die Arnim bewohnte, herrschte eine solche Unordnung, daß sogar der alles andere als bürgerlich saubere Brentano darüber klagte und alle drei Tage versuchte, die Bibliothek aufzuräumen.

„Die Commode war mit Röcken, Wäsche, Büchern pyramidenförmig aufgehäuft, alle Schubladen waren herausgezogen, in den Ecken waren Gewehre aller Art aufgepflanzt, die zwei vorhandenen Stühle waren besetzt mit Büchern, Briefschaften, Hausgeräth, z.B.

Gläsern, Messern, wozwischen rothe Tücher als Friedensfahnen heraushingen und Ruhe unter dem verschiednen Zeug hielten."

Brentano meinte einsichtsvoll, das Chaos sei symptomatisch: „diese Unordnung in seinen Büchern [er meint vor allem den gerade veröffentlichten Roman *Gräfin Dolores*] ist dieselbe, wie in allen seinen Geschäften, wie in seiner Stube, und könnte er sie überwinden, so stände er unter den Höchsten, durch die er jetzt bloß durchspaziert".[30]

Das dritte Zimmer vorne zur Straße, das „Prunkgemach", wurde als Gästezimmer in Anspruch genommen, wenn Freunde in Berlin zu Besuch waren, und diente sonst dem Hausherrn, einem gutmütigen und geistreichen Astronomen und Erfinder, als Arbeitsraum, wo er eine große Elektrisiermaschine baute.[31] (Gerade in diesen Wochen war Brentanos Schwager, der Rechtsgelehrte Friedrich Carl von Savigny, der kurz zuvor einen Ruf an die Universität angenommen hatte, zur Wohnungssuche in Berlin.) Ein lebendiges Bild dieser *vie de bohème* bietet Joseph von Eichendorff in seinem Tagebuch.

„Arnim in der dunklen Vorstube mich empfangend u. bald zu Brentano ins Nebenzimmer führend, der bei Versen, tabakschmauchend hinterm Tisch an der spanischen Wand (mitten durch die Stube) saß. Chaos von Guitarren, Büchern etc: Durchaus treuherzig. Gespräche über Görres [...] über Schlesien. Arnim dabei auf dem Ofen sitzend."[32]

Hier saßen also die beiden Freunde inmitten von Arnims Kupferstichen und der großen Sammlung von wertvollen Büchern aus vielen Jahrhunderten,[33] in die er sein Exlibris eingeklebt hatte:

Ludwig Achim von Arnim
Tempora tempore tempera
Mauerstraße 34.

Hinter dem Haus hatte der Hausherr eine Kegelbahn bauen lassen, wo Arnim manchmal spielte, und im Garten mit der schönen Lindenlaube in der Mitte hatte er sich auch ein Spargelbeet angelegt.[34]

Völlig verschiedene Wege hatten die beiden Freunde in Berlin zusammengeführt. Arnim, der ein fast zehnjähriges Wanderleben hinter sich hatte und noch lange nicht als der märkische Gutsherr von Wiepersdorf auftrat, war erst vor anderthalb Jahren in die Heimatstadt, gegen die er lange ein Vorurteil gehegt hatte,[35] zurückgekehrt. Geboren wurde er allerdings in Berlin, und zwar im nahe gelegenen Haus seiner Großmutter am Quarré vor dem Brandenburger Tor.[36] Da seine Mutter am Tage, an dem der neugeborene Sohn in der Marienkirche getauft wurde, gestorben war und weil sein Vater sich überhaupt nicht um seinen Nachwuchs kümmerte, nahm die Großmutter, die formidable Caroline von Labes, Arnim und seinen etwas älteren Bruder Carl zu sich. Nach mehreren Jahren Privatunterricht kam Arnim auf das Joachimsthalsche Gymnasium, wo er mit seinem Klassenkameraden Friedrich von Raumer besonders befreundet war. (Während dieser Jahre und oft danach hat er die Königin Luise „in Jubel und Pracht hier einziehen" sehen.[37]) Nach Ende der Gymnasialzeit, während der sich Arnim als glänzender Schüler hervortat, gingen die Freunde im Mai 1798 nach Halle. Obwohl Arnim als *studiosus iuris* immatrikuliert wurde, widmete er sich vor allem der Mathematik und der Physik und veröffentlichte 1799/1800 mehrere Abhandlungen über Elektrizität und Magnetismus, die Goethes Aufmerksamkeit erregten. Während seiner beiden Hallenser Jahre wurde er auch mit dem Komponisten Johann Friedrich Reichardt und dessen Familie auf dem Giebichenstein bekannt und besuchte Aufführungen in Goethes Lauchstädter Sommertheater.

Mit der Übersiedlung im Frühjahr 1800 nach Göttingen veränderte sich sein Lebensplan. Denn dort wurde er, während Raumer sich mit Adam Müller anfreundete, mit dem Kommilitonen Clemens Brentano bekannt und beschloß unter dem Eindruck von dessen Persönlichkeit, Schriftsteller zu werden – ein Entschluß, der seine praktisch gesinnte preußische Großmutter keineswegs erfreute. Trotzdem zeigte sie sich willens, eine dreijährige „Kavalierstour" zu finanzieren, welche Arnim von Herbst 1801 bis Spätsommer 1804 über Süddeutschland, Prag, Wien in die Schweiz, nach Norditalien, Paris und England führte. Wichtig, aber auch typisch für die Verhältnisse in der damals noch kleinen Welt der europäischen Intelligenz sind die menschlichen Begegnungen, die er überall anknüpfte: Zu nennen ist nicht nur in Frankfurt bei Brentano die erste Bekanntschaft mit dessen Schwester Bettine, an die er noch lange nicht als zukünftige Frau dachte, sondern sind auch die Begegnungen mit Madame de Staël in Genf, mit Dorothea und Friedrich Schlegel in Paris; zahlreiche Bekanntschaften ergaben sich zudem unterwegs.

Nach Arnims Rückkehr 1804 besuchte ihn Brentano in Berlin, wo sie den Plan zu einer gemeinsamen Volksliedersammlung faßten. Im Laufe der folgenden Monate sammelten die Freunde die Texte, die dann in Zusammenarbeit in Heidelberg und Frankfurt zum ersten Band von *Des Knaben Wunderhorn* gestaltet wurden. Nach der erfolgreichen Veröffentlichung des Buches im Spätherbst 1805 wollte Arnim 1806 den Freund in Heidelberg besuchen, wobei unterwegs und kurz vor der Schlacht bei Jena und Auerstedt eine charakteristische Episode stattfand: Beim Vorbeimarschieren der preußischen Truppen in Göttingen wurde Arnim so erregt, daß er seine auf billigem Papier gedruckten Kriegslieder an die verdutzten Soldaten verteilte. Der Zivilist Arnim trug sich noch mit dem Gedanken, dem Militär irgendwie nützlich zu sein, aber die Niederlagen der Preußen bei Jena und Auerstedt nötigten ihn, diese Pläne zu ändern. Vor allem der Tod des Prinzen Louis hat ihn erschüttert.

„Das Unglück ist geschehen, die Opfer sind gefallen, meine einzige Hoffnung, daß der gute Mut und Sinn der unsern im Momente hoher Tätigkeit über die Altersschwäche unsrer Kriegseinrichtung und Kunst siegen könnte, sie in dem Momente verjüngen könnte, ist verschwunden."[38]

Immer noch den Gedanken hegend, dem Staat irgendwie zu dienen, entschloß sich Arnim, mit dem Hof nach Ostpreußen zu fliehen, wo er mit Kleist, Stein, Stägemann und den Reformern Kontakt aufnahm und mehrere patriotische Aufsätze schrieb. Arnim blieb bis Herbst 1807 in Königsberg, denn er hatte sich dort in die charmante, wenn auch kühl berechnende Kaufmannstochter Auguste Schwinck heftig verliebt. Erst nach Monaten der vergeblichen Mühe, ihren „kalten Marmor zu erwärmen",[39] gab er die Hoffnung auf und kehrte – tief enttäuscht, weil seinen politischen Bemühungen der Erfolg versagt blieb – nach Berlin zurück.

Jetzt faßte er mit Brentano bei einem Besuch auf dem Giebichenstein den Plan, zwei weitere Bände des *Wunderhorns* herauszugeben, und begab sich 1808 nach Heidelberg, um die Veröffentlichung zu beaufsichtigen. Hier, wo er mit Brentano in einem luftigen Zimmer am Schloßberg mit Aussicht über Stadt und Landschaft wohnte, lernte er Joseph Görres, Joseph von Eichendorff und den zukünftigen Berliner Professor August Böckh kennen und gab von April bis August die *Zeitung für Einsiedler* heraus (wobei er in einen Konflikt mit Johann Heinrich Voß geriet, der ihn später beruflich geschädigt hat[40]). Aber die idyllischen Monate der Heidelberger Romantik gingen rasch vorüber. Im November reiste er mit mehreren Aufenthalten – in Kassel bei den Grimms und in Weimar bei Goethe – nach Berlin zurück, wo er am 28. Dezember ankam.

Erst jetzt, nach Jahren des Reisens, das ihn, von kurzen Aufenthalten abgesehen, immer wieder von der Residenz weggeführt hatte, begann Arnims eigentliche Berliner Zeit.

Weil er es bei seiner Großmutter nicht aushalten konnte – das Haus, „ewig voll Qual, Streit und Unruhe", war ihm kaum erträglich[41] –, bezog er im April die Wohnung in der Mauerstraße. Die rege Geselligkeit, die er während dieser Monate pflegte – er nahm unter anderem an der „lesenden Gesellschaft" des Verlegers Reimer und an der paramilitärischen „schießenden Gesellschaft" im Charlottenburger Schützenhaus teil –, wird in der Rahmenerzählung der autobiographisch geprägten Novellensammlung *Der Wintergarten* geschildert, die in einem Landhaus im Tiergarten spielt. (Es handelt sich vermutlich um die Villa Friedrich August Wolfs, die Arnim bereits am 15. Januar 1809 in einem Brief aus Berlin an Bettine erwähnt; die Sammlung, die Goethe bewunderte, ist mit ihren neun Erzähltagen nach dem Muster von Boccaccios *Decamerone* und Goethes *Unterhaltungen deutscher Ausgewanderten* aufgebaut.) Aber er war zugleich so mittellos, daß er sich manchmal nicht einmal das Mittagessen leisten konnte.[42] Denn seine Großmutter, die seine Lebensart nicht billigte und ihn zu einer geregelteren Existenz anhalten wollte, hielt ihn finanziell sehr knapp. So verhandelte Arnim um eine Stelle im Staatsdienst, vor allem mit Wilhelm von Humboldt, der im Februar zum Direktor der Sektion des Kultus und öffentlichen Unterrichts im Ministerium des Innern ernannt worden war. Humboldt fand Arnims familiäre Beziehungen nützlich, denn es lag ihm bei der Errichtung der neuen Universität sehr daran, Savigny als Direktor der juristischen Fakultät zu gewinnen, und er wußte, daß Arnim der Familie Brentano, mit der Savigny durch Heirat verbunden war, nahestand. Humboldt vertraute ihm also mehrere Details der Verhandlungen an, weswegen Arnims Briefe an Savigny ab 15. Januar 1809 von Gehaltsfragen und Universitätspolitik förmlich wimmeln. Aber Humboldts Vertrauen reichte nicht so weit, Arnim selbst für den Staatsdienst zu empfehlen. Denn der struppige Kerl, der in diesem außerordentlich harten Winter durch die Straßen Berlins von Gesellschaft zu Gesellschaft streunte, war anscheinend nicht mehr derselbe Adonis, dem laut Eichendorff eine geistreiche Heidelberger Dame begeistert nachseufzte: „Ach im Arm ihm".[43] Schon Ende Februar vertraute er seiner Frau an, daß es in Berlin, was Staatsgeschäfte betrifft, „mit den jungen Leuten ein Jammer" sei. „Auch an den Achim v. Arnim, den Wunderhornmann, der wirklich in Dienst gehen will, habe ich gedacht. Allein er hat so grobe Streitigkeiten mit Voß und Jacobi, und geht in solcher Pelzmütze und mit solchem Backenbart herum, und ist so verrufen, daß nicht daran zu denken ist."[44] So zieht Armin den Gürtel enger, legt im Garten seine Spargelbeete an und schreibt an seinem Stehpult in der Mauerstraße seinen Eheroman *Armut, Reichtum, Schuld und Buße der Gräfin Dolores*, der im Frühjahr 1810 erscheint.

Im September 1809 kam Brentano nach Berlin und bezog das zweite Zimmer in Arnims Wohnung, wobei er sich laut Arnim die Zinsen von früher verliehenen Talern „abwohnen" sollte, „die ich Dir der Teufel hol mich noch nicht erstatten konnte".[45] Im Frühjahr 1810 erhoffte sich Arnim nach dem Tode seiner Großmutter, die nach einer langen und schmerzvollen Krankheit am 10. März, dem Geburtstag der Königin Luise, gestorben war, eine finanzielle Erleichterung seiner Verhältnisse; und er erhielt allerdings gleich 2000 Taler. Aber die schlaue Frau von Labes kannte ihre Enkel allzu gut, als daß sie ihnen ihr erhebliches Vermögen unmittelbar überlassen hätte. Das Testament enthielt eine sogenannte „Fideikommißeinrichtung", gemäß welcher Arnim die Erbschaft bloß zum Besten seiner eventuellen Kinder verwalten durfte. In dieser verdrehten Welt, meinte er verbittert, habe ihn seine Großmutter „meinen Kindern, die ich noch nicht habe, aufgeopfert".[46] Mit anderen Worten: er mußte heiraten, wollte er von dem Nutzen der Erbschaft profitieren.

Bis zu diesem Zeitpunkt hatte Arnim in seinem Junggesellenleben kaum ans Heiraten gedacht. Nach dem Debakel mit Auguste Schwinck hatte es keine ernsthafte Liebe in seinem Leben gegeben. Die Schwester seines Freundes Brentano war bisher vor allem eine vertraute Kameradin, mit der er seit 1802 Briefe gewechselt hatte. Aber jetzt galt es, ernst zu werden. Bei seinen Versuchen, Savigny nach Berlin zu locken, hatte der Hintergedanke eine Rolle gespielt, daß die Freundin Bettine, die in Landshut bei Savignys lebte, mitkommen würde. Aber nach der Eröffnung des Testaments seiner Großmutter reifte der Gedanke einer *mariage de convenance* mit Bettine heran. Gemäß den Bedingungen des Testaments brauchte er rechtmäßige Kinder. „Da brauchte es nicht langer Zweifel, ich wußte niemand auf der Welt, von der ich so gern ein Ebenbild besessen hätte [...] und auch keine, mit der ich auch ohne diese Verdoppelung so gern mich erfreut, gestritten, gewacht und geschlafen hätte, als Dich."[47] Zwar erfuhr er von Brentano, daß Bettine gerade in diesen Monaten in ein leidenschaftliches Verhältnis zu Max Procop von Freyberg-Eisenberg, einem Schüler Savignys, ernsthaft verwickelt war. Aber er ließ sich von seinem Einfall nicht abbringen. Im Juni fuhr er zum Brentanoschen Familiengut Bukowan in Böhmen, wo Bettine sich gerade aufhielt, und trug ihr seine Absichten vor. Er beteuerte, daß er sogar in den Zeiten seiner Leidenschaft zu Auguste Schwinck immer nur an sie gedacht habe. „Ich habe es Dir nie gesagt, und doch ist es wahr."[48] Ihm wurde aber zu verstehen gegeben, es hätte sich vieles verändert, er könne nichts verlangen; was er sich einbilde. Nach seiner Rückkehr, und nicht zuletzt durch die maliziösen Berichte Brentanos in seiner Enttäuschung bestätigt, verzichtete er auf seine Heiratspläne. „Wenn Du mich nicht heiraten willst", schrieb er ihr noch am 22. Juli, „so glaube ich nicht, daß ich je eine Frau nehme." Dann erhielt er Bettines Antwort auf den entmutigten Brief vom 10. Juli, in der sie ihm ihre Liebe erklärte. In den leidenschaftlich bewegten Tagen nach dem Tod der Königin Luise war es endlich soweit. In seinem beglückten Schreiben vom 29. Juli warnte er sie allerdings davor, zuviel Herrliches in ihm zu sehen: „ich weiß am besten, wie viel ich gewollt und wie wenig ich getan habe". Aber was nutzte es, länger zu warten? „Ich habe lange geharrt, daß mir die Seligkeit kommen sollte von selbst, ohne mein Zutun." Jetzt hieß es zuzugreifen. Und ganz unvermittelt: „Ich meine, wir heiraten uns, wann und wo es sei, nur bald. An Mobilien brauchst Du so nicht viel, wenn Du ein Fortepiano hast, ich hab mein Schreibpult." Mit diesem merkwürdigen Heiratsantrag leitete er also die folgende Periode seines Lebens ein, die in einer richtigen Verlobung am 4. Dezember und dann in einer geheimen Ehe am 11. März 1811 gipfelte.

Mitte August kam Bettine mit Savignys nach Berlin und richtete sich in der Wohnung am Monbijouplatz ein, die sich Savigny ausgesucht hatte. Arnim fand es allerdings schade, daß die Wohnung so fern lag von der Mauerstraße: „es ist eine Reise bis dahin".[49] Aber er tröstete sich mit dem Gedanken, daß sie im Schloßgarten Ball spielen und Erdbeeren pflücken könnten. Vor allem: sie war rechtzeitig da, um in diesen Augusttagen der großen Aufführung von Arnims Kantate im Opernhaus beizuwohnen und so den neuen Verlobten in aller Herrlichkeit zu sehen.

Arnims Kantate zur Nachtfeier

Der Zuschauer, der für einen Platz in der 1. Abteilung seinen Taler oder in der zweiten 16 und in der Galerie 12 Groschen bezahlt hatte, betrat (laut dem Bericht in der *Vossischen Zeitung* vom 21.08.1810) einen von Schadow verzierten Saal, wo der Orchesterraum schwarz behangen und mit Silberflor drapiert war. An den Wänden standen Trauerweiden und Zypressen, und im Hintergrund befand sich eine verdeckte Nische. Eröffnet wurde das Programm durch die Ode eines „gefühlvollen Dilettanten", die in mit dem Chor alternierenden Strophen Herr Grell von der Zelterschen Liedertafel „mit seinem gewohnten Ausdruck" vortrug. Dann hörte man den rührenden Ton einer schönen Phantasie auf der Harmonika, vom Musiker Pohl gespielt, die zu Arnims Kantate überleitete.

Arnim war von dem königlichen Kammermusikus Georg Abraham Schneider aufgefordert worden, für eine Nachtfeier, die ursprünglich gleich am Abend nach der Einholung des Leichnams der Königin aufgeführt werden sollte, den Text zu liefern. (Schneider – laut Brentano „ein unendlich elender Musikant"[50] – hatte sich der Sache angenommen und nicht, wie zu erwarten gewesen wäre, Zelter, weil sich der Komponist und Leiter der Singakademie zur Zeit bei seinem Freund Goethe in Karlsbad und Teplitz aufhielt.) Weil der Text in wenigen Stunden und noch vor dem Einzug des Leichnams der Königin verfertigt wurde, wie Arnim in seiner Anmerkung „An die Leser" später erklärte, bezog er sich auf das veröffentlichte Reglement und versuchte, die Empfindungen der Öffentlichkeit bei der Verklärung der Königin bei geöffnetem Sarg wiederzugeben – eine Situation, die aus den bereits erklärten Gründen nicht stattgefunden hatte. „Es drückt die Volksgesinnung am nächsten aus" und versucht sowohl einen „fremdartigen Kirchenstil" als auch jegliche „poetische Eigentümlichkeit" zu vermeiden.

Arnim hat seine Kantate zu einer Duodezoper dramatisiert, welche die drei Stadien eines klassischen Epicediums (Leichenrede) benutzt: Lob, Klage und Trost.[51] Eröffnet wurde die Kantate mit einem vom Königlichen Schauspieler Herrn Beschort gesprochenen Prolog in Blankversen, der angesichts der gegenwärtigen Trauer an vergangene Tage erinnert.

„Ihr liebreich Bild, woran der Blick gewöhnet,
Ist herrlicher als aller Künste Pracht.
Nach diesem Wort, das unsern Sinn gedeutet,
Sei euch enthüllt das Bild der hohen Toten."

Bei diesen Worten wurde der schwarze Vorhang vor der Nische zurückgezogen, um eine Büste der Königin zu enthüllen – vermutlich das marmorne Brustbild nach Schadows Doppelstandbild. Nach einigen weiteren Worten, die an den letzten Besuch der Königin im Opernsaal am Karfreitag bei der traditionellen Aufführung von Carl Heinrich Grauns Oratorium vom *Tod Jesu* erinnerten,[52] schildert der Sprecher „den ersten Tag, als diese große Stadt / Der hohen Leiche schwarz entgegenwallte", und den Leichenzug Unter den Linden. Nach diesem Prolog wurde die Kantate von den Mitgliedern der Singakademie gesungen.

Die Kantate besteht aus einem Wechselgesang zwischen einzelnen Stimmen, die Ereignisse darstellen, und dem Chor, der Betrachtungen darüber anstellt. Die erste Stimme beklagt die Unglücksjahre in Ostpreußen, „als Sie an unserm Meeresstrande weilte"; aber eine andere Stimme – „als Kind ging ich mit buntem Fähnlein Ihr entgegen" – erinnert an die schöneren Tage, da die Prinzessin als Braut „durch die geschmückten Pforten zog" und später als Königin die Huldigungen der Stadt entgegennahm. Es folgte „der wilde Krieg".

„Wenig Tage hatten uns vernichtet,
Ferne war Sie uns in diesen Tagen,
Doch die Hoffnung war zu Ihr geflüchtet [...]."

So war ihre Wiederkehr 1809 ein Friedenszeichen, aber allzu rasch kam der Tod und der Einzug der toten Königin, den Arnim rührend und präzis beschreibt, wie er ihn selber beobachtet hat.

„Vor wenig Monden kam Sie segnend
In jenem hochgeschmückten Wagen,
Den Sie von Ihrem Volke gnädig angenommen,
Der heute Ihrer Leiche leer gefolgt.
Der Schmerz riß mich bei diesem Anblick nieder.
Ich höre noch der Glocke Ton,
Der durch die Abendröte traurig Sie begrüßte.
Sie hörte nicht den lauten Klang,
Sie hörte nicht der Sänger klagend Lied,
Sie hörte nicht den dumpfen Trauermarsch der Krieger,
Sie lag vom engen Sarg umschlossen.
Es glänzte über Ihr der Linden grünes Laub,
Sie sah es nicht.
Ein schwarzer Teppich hatte Sie mit Nacht bedeckt,
Sie sah uns nicht."

Nach dieser Lobpreisung drückt der Chor seine Trauer über den Verlust der Königin aus, die „zu Ihrem Vater heimgegangen" ist. Einzelne Stimmen beschreiben das Zagen der „Meister in der Heilkunst" und „den letzten Lebensblick", der dem Gatten gilt, der „noch vor der Schreckensstunde" nach Schloß Hohenzieritz geeilt ist.

„Und Ihre Kinder legen sich die kalten Hände
Noch segnend auf die Stirnen
Und streuen Rosen auf Ihr Bette;
Ihr Anblick scheuchet noch der Schmerzen Bitterkeit hinweg."

Dann wird erzählt, wie der Leichnam der Königin vom König in Berlin empfangen wird.

„Ich sah ihn heut mit hohem Mut
Im schwarzen Eingang seines Schlosses,
Im Kreise seiner Kinder,
Ihr lang zurückgehaltnes Weinen unterbrach
die feierliche Stille.
[…]
Er stand nach seines Hauses ernstem Brauch,
Empfing die Tote,
Die langsam dumpf herangerollt,
Wie er die Lebende so oft empfangen;
Er ging voran dem Sarg zum Trauersaale […].“

Auch „die hohen Häupter dieser Erde“ sind versammelt, um die Tote zu ehren. Dann öffnet sich das Tor des Schlosses, und das Volk strömt die Stufen hinauf.

„Es hört das tiefbewegte Ohr
Des Volkes Ruf an Grabes Stufen,
Der Sarg sich öffnet unserm Rufen,
Sie hört uns milde wie zuvor.“

Bei der Uraufführung am 18. August endete die Kantate mit den Trostworten eines Engelchors: „Bald vorüber ist das Scheiden, / Nahe ist das Wiedersehn.“

Seine kathartische Wirkung scheint dieser „Gesang der Trauer und des Trostes“ getan zu haben. Jedenfalls war der Erfolg so überwältigend, daß die Kantate am 25. August mit gewissen Änderungen wiederholt werden mußte. Nach dem Schlußgesang des Engelchors trat jetzt die verklärte Königin selber auf (in der Person der später von Kleist gerühmten Kammersängerin Auguste Schmalz) und begrüßte ihre drei verstorbenen Kinder, die sie mit Engelsstimmen willkommen hießen. Dann verabschiedete sie sich von ihrem vielgeliebten Mann, von ihren süßen Kindern, von ihrem treuen Volk und von der „Heimatflur". Während die Königin zum Himmel hinaufschwebte, erkannten die Zurückgelassenen ekstatisch, daß „die dunkle Nacht" der Trauer verschwunden sei: „Sie lebt, Sie wachet über euch, / Wird euer Schutzgeist sein." (Allerdings klang bei der Aufführung die Kantate erst nach 72 Takten „Halleluja" endlich aus.)

Der Rezensent der *Vossischen Zeitung* („F. H." am 28. August) meinte, die Kantate sei in Zukunft als ein „National-Eigenthum" zu betrachten. „Wir müssen sie nicht zum letztenmal gehört haben; sie löse mit ihrem herzschmelzenden Zauber auch den wiederkehrenden Schmerz; sie werde unsre Jahresfeier, unser jährliches Thränenopfer." Allerdings macht er einige Vorschläge für Besserungen: der Prolog sei in Zukunft unnötig; der Schluß gehe zu rasch; einzelne Wortwendungen seien zu verbessern. Aber im allgemeinen erlebte die Kantate einen glänzenden Erfolg. „Die tiefe Trauer der plötzlich verarmten Liebe weckt die heiße Sehnsucht; diese reißt zu Ahndungen, die Ahndungen zu Triumphen fort. Und mit diesen schließt würdig feiernd das Ganze." Unter den 134 Subskribenten des ersten Drucks fanden sich neben dem König, dem Kronprinzen und mehreren Prinzen und Prinzessinnen die prominentesten Koryphäen von Hof und Gesellschaft.

In dem späteren Vorwort „An die Leser" meinte Arnim in aller Bescheidenheit, sein „musikalisches Gelegenheitsgedicht" sei in solcher Eile geschrieben worden, „daß es sehr bald von mehreren Gedichten übertroffen worden" sei. Aber das einzige gleichwertige, wenn auch völlig andersartige Gegenstück zu Arnims Werk bietet Clemens Brentanos *Kantate auf den Tod Ihrer Königlichen Majestät Louise von Preußen.*

Schon in Heidelberg waren Eichendorff die beiden Freunde wie „ein seltsames Ehepaar" vorgekommen, wobei für ihn der ruhige Arnim mit seinem hohen Wuchs dem Mann und der kleine, bewegliche Brentano mit seinen schönen Augen dem weiblichen Part entsprach.[53] Als die beiden Freunde sich 1801 in Göttingen kennenlernten, hatte der ältere Brentano bereits ein bewegtes Leben hinter sich.[54] Die Zerrissenheit seiner Persönlichkeit scheint in der familiären Herkunft als Sohn des nüchternen italienischen Kaufmanns Peter Anton Brentano und der um zwanzig Jahre jüngeren – und von Goethe geschätzten – Maximiliane von La Roche bereits vorgezeichnet. Geboren am 9. September 1778 in Ehrenbreitstein im Haus der schriftstellernden Großmutter Sophie von La Roche, wurde das temperamentvolle Kind bereits im Alter von sechs Jahren mit der Schwester Sophie zu einer Tante in Koblenz geschickt, die seine Zuchtlosigkeit bändigen sollte. Nach einem kurzen Aufenthalt in einem Pensionat bei Heidelberg besuchte er 1787 bis 1790 das Jesuitengymnasium in Koblenz, wo er den Mitschüler Joseph Görres kennenlernte. 1791 zog er dann für zwei Jahre nach Mannheim und lebte in einem nach Basedowschen Prinzipien geleiteten Erziehungsinstitut. Nach dem Tode der Mutter im November 1793 rebellierte er gegen das bürgerliche Philistertum des Vaters und wurde Student der Mineralogie und Bergwissenschaften in Bonn, kehrte aber nach einem einzigen Semester nach Hause zurück und arbeitete 1794 bis 1796 als Lehrling im väterlichen Kontor und dann im Kontor eines Geschäftsfreunds des Vaters in Langensalza. Als allen endlich klar wurde, daß der undisziplinierte Achtzehnjährige keineswegs für einen kaufmännischen Beruf taugte, kam er zunächst zum Onkel, dem Bergrat Carl von La Roche in Schönebeck bei Magdeburg, um sich auf das weitere Studium der Bergwissenschaften vorzubereiten, das er nach dem Tod des Vaters 1797 in Halle fortsetzte. (Der Tod sicherte seine Existenz, da er nun von den Zinsen der Erbschaft leben konnte.)

Gerade in diesem Jahrzehnt waren die Bergwissenschaften zu einem romantischen Modefach geworden.[55] Aber nach einem Jahr sattelte der ruhelose Student um und immatrikulierte sich als Student der Medizin an der Universität Jena. Hier, in der fiebrigen Atmosphäre des Schlegelkreises – August Wilhelm und Friedrich mit ihren Frauen Caroline und Dorothea, Tieck, Novalis, der Physiker Ritter, der Naturphilosoph Steffens neben vielen anderen –, wurde sich Brentano zum erstenmal seiner dichterischen Berufung bewußt und begann seinen „verwilderten Roman“ *Godwi*. Bei einem Mittagstisch im Haus des Professors Mereau wurde er mit dessen Frau Sophie bekannt und verliebte sich bald in die acht Jahre ältere, unglücklich verheiratete und vielumschwärmte „Grazie“ von Jena, die als Schriftstellerin auch von Goethe und Schiller geschätzt wurde. Während Brentano durch seine romantische Satire *Gustav Wasa* (1800) und den Roman *Godwi* (1801) bekannt wurde, setzte sich das Verhältnis zu Sophie Mereau, immer zwischen emotionalen Extremen pendelnd, fort, bis sie im Sommer 1800 den Kontakt abbrach. Bald darauf zog Brentano mit Savigny, dem Verlobten seiner Schwester Kunigunde, nach Marburg, wo auch nach dem frühen Tod der Schwester Sophie der Briefwechsel mit seiner Schwester Bettine begann, die er erst um diese Zeit – wegen ihrer Aufenthalte im Mädchenkloster und im großmütterlichen Haus – wirklich kennen- und als Spiegel der eigenen Persönlichkeit schätzen lernte.

Im Mai 1801 ging der ruhelose *studiosus*, der sein Studienfach so oft wechselte wie die Universität, nach Göttingen, wo er sich diesmal als Student der Philosophie einschrieb. Aber im dem Maße, wie ihm die Dichtung zentral wurde, verschwand sein allenfalls begrenzter akademischer Ehrgeiz: er langweilte sich in den Vorlesungen des Philologen Heyne und des Historikers Heeren. Der unstete Brentano, der es selten länger als einige Monate an einem Ort aushielt, brauchte die Stabilität der Freundschaft sogar noch mehr als die Sicherheit der Frauenliebe, und hier lernte er beim Empfang Goethes durch die Göttinger Studentenschaft den Freund seines Lebens kennen: Achim von Arnim. Als Arnim Göttingen verließ, um seine Bildungsreise zu unternehmen, zog Brentano wieder zu Savigny und pendelte 1802 zwischen Marburg und Frankfurt, während er das Singspiel *Die lustigen Musikanten* und das Lustspiel *Ponce de Leon* verfaßte. (Als Arnim unterwegs einen Abstecher nach Frankfurt machte, verführte ihn Brentano zu einer Rheinreise, wie sie in Brentanos Leben als Symbol am Anfang fast jeder Freundschaft stand.) Inzwischen war in Weimar die Scheidung von Sophie Mereaus Ehe ausgesprochen worden, und Brentano nahm den Briefwechsel mit ihr wieder auf – eine Werbung, die im November 1803 zur problematischen und – wegen unrealistischer Erwartungen beiderseits – krisenreichen Ehe der beiden temperamentvollen Menschen führte. Das Ehepaar zog nach Heidelberg, wo, während Brentano mit dem Freund Arnim den Plan zu *Des Knaben Wunderhorn* faßte und ausführte, 1804 und 1805 zwei Kinder gleich nach der Geburt starben und die dritte Geburt 1806 auch zum Tod der unglücklichen Mutter führte.

Nach Sophies Tod blieb Brentano noch lange genug in Heidelberg, um zusammen mit seinem Freund Görres, dem Mythenforscher, die Philistersatire *BOGS der Uhrmacher* zu vollenden. Eine kurze Reise über Amsterdam führte ihn dann wieder nach Frankfurt, wo er sich in seiner emotionalen Verlassenheit unvermittelt in die sechzehnjährige Bankierstochter Auguste Bußmann vernarrte, die er im August 1807 zur Entrüstung beider Familien heiratete. Es war die denkbar unvernünfigste Verbindung, die er hätte eingehen können: sinnlich, verwöhnt, hemmungslos bis zur Hysterie, bot Auguste alles andere als die Ruhe und Stabilität, die Brentano brauchte. Das neue Paar zog nach Kassel, wo Brentano mit Arnim an der Fortsetzung des *Wunderhorns* arbeitete und mit den Brüdern Grimm verkehrte. Aber er sah den Irrtum dieser Ehe fast sofort ein und dachte früh an eine Scheidung von der hysterischen jungen Frau, die ihm Szenen machte und mit Selbstmord drohte. 1808 ging Brentano für einige Monate nach Heidelberg, um an der *Zeitung für Einsiedler* mitzuarbeiten, und reiste dann im Herbst mit Auguste nach Landshut zu Savigny, der inzwischen mit seiner Schwester Kunigunde verheiratet war. Er machte verzweifelte Versuche, sich vor Auguste zu verbergen – in München, in Stallwang bei Landshut –, bis sie endlich in eine Trennung einwilligte und Landshut verließ. Die endgültige Scheidung der Ehe im Jahr 1812 – nach einer Anklage, daß ihr Mann sie „böslich verlassen" habe[56] – hat bei Brentano eines der fürchterlichsten Gedichte in deutscher Sprache ausgelöst:

„Wohlan! so bin ich deiner los
Du freches lüderliches Weib!
Fluch über deinen sündenvollen Schoß
Fluch über deinen feilen geilen Leib,
Fluch über deine lüderlichen Brüste
Von Zucht und Wahrheit leer,
Von Schand' und Lügen schwer,
Ein schmutzig Kissen aller eklen Lüste."[57]

Nach der Trennung von Auguste unternahm Brentano im Sommer 1809 die Reise zu Arnim nach Berlin – eine gemächliche Reise, die durch Besuche bei Gotthilf Heinrich Schubert und Hegel in Nürnberg, bei Goethe in Jena, bei Steffens und den Brüdern Grimm in Halle unterbrochen wurde. Am 16. September kam er mit einem verrenkten Bein in Begleitung von Wilhelm Grimm in Berlin an, wo sich die beiden Freunde bei Arnim in der Mauerstraße einrichteten. Der Besuch, anfangs für drei Wochen geplant, erstreckte sich schließlich über zwei Jahre.

Zu ihrer Tischgesellschaft – dem „Freßkollegium", laut Brentano[58] – gehörten neben Kleist und dem Generalintendanten Hans Moritz Graf Brühl andere Gäste, die von Zeit zu Zeit auftauchten: unter anderen Graf von Loeben („Isidorus Orientalis") und die Brüder Eichendorff. Darüber hinaus führte sie der gesellige Arnim unermüdlich – und trotz Brentanos verrenktem Bein – in alle Gesellschaften. In seinem Brief von Mitte Februar 1810 an Wilhelm Grimm beschreibt Brentano eine solche Gelegenheit bei dem „alle Jahr einmal verrückten Buchhändler" Johann Daniel Sander, der ihn bei Adam Müller kennengelernt und „sich leider so in mich verliebet, daß ich endlich seinen Einladungen nicht mehr widerstehen konnte". Bei dem ihm zu Ehren veranstalteten Abendschmaus waren Bernhardi, Fouqué, Kapellmeister Weber, Pistor, Kleist und Adam Müller unter anderen zugegen. Brentano erzählt, wie der Gastgeber sich zu ihm und Weber an einen Tisch setzte, an dem sie allein saßen: Während der übrigen Gesellschaft nur drei Flaschen Medoc vorgesetzt wurden, ließ er für sich und die beiden Bevorzugten an seinem Tisch sechs Flaschen Rüdesheimer, „den die andern, wie er sagt, nicht verstünden", ‚aufmarschieren'.

Die zwei Berliner Jahre gehören zu den produktivsten und glücklichsten von Brentanos bisher unstetem, zerrissenem und von viel Unglück erfülltem Leben. Allerdings fühlte sich Brentano einigermaßen ernüchtert durch den Fleiß des „großen Fabrikanten in der Eckstube",[59] der seine literarischen Produkte unaufhörlich – und nicht zuletzt aus Geldnot – hervorbrachte: das Trauerspiel *Halle und Jerusalem*

„in einem Gusse“ von zwei Monaten,[60] die Novellensammlung *Der Wintergarten*, den zweibändigen Roman *Gräfin Dolores* neben einer Reihe von Rezensionen, Essays und Gedichten. Aber auch Brentano war tätig: Neben seinen *Rheinmärchen* widmete er sich vor allem seinen *Romanzen vom Rosenkranz*, die nach acht Jahren Schaffens 1812 unvollendet liegengelassen wurden. Gerade im Jahre 1810 beschäftigte er sich intensiv mit diesem seinem vielleicht großartigsten Werk, das – trotz des szenischen Chronotops von Bologna um 1250 – viele Anklänge an zeitgenössische Ereignisse in Berlin 1810 aufweist.

Brentanos Kantate auf Luisens Tod

Wie Brentano den Brüdern Grimm berichtete, hat er seine Kantate in der Hinterstube „aus Kuriosität“ geschrieben, um festzustellen, wie er sich „bei gleichem Stoff“ von dem Freund unterscheide.[61] (Die Kantate, von Johann Friedrich Reichardt vertont, wurde erst Anfang 1811 aufgeführt.) Anders als Arnim, der als Preuße die Königin von Kindheit an verehrt und bewundert und der am 22. Juli seine Erinnerungen an sie in einem Brief an Bettine geradezu „ausgeschüttet“ hatte, schreibt der zugewanderte Katholik weniger patriotisch und eher christlich-ekstatisch; aber er paßt sich mit einem virtuosen Einfühlungsvermögen der Mentalität der geborenen Berliner an. Obwohl Brentano erst Anfang September – das heißt, nach dem Leichenzug und der Domprozession – seine Kantate beendet hat, befaßt er sich weniger mit der erlebten Wirklichkeit und nimmt die Gelegenheit als Stoff und Anregung für poetische Exkursionen, die durch die üblichen Brentanoschen Variationen und Wortspiele charakterisiert sind sowie durch Bilder, die die Wirklichkeit in Impressionen wiedergeben. Vor allem ist ersichtlich, daß Brentano mittels der Kantate seine Gefühle durch den Tod seiner eigenen Frau Sophie Mereau Brentano zum Ausdruck bringen will.[62]

Die Kantate, die keinen Wechselgesang, sondern eine einzelne Stimme hat, beginnt mit dem Ausruf: „O Herr! Sie ist bei dir, Sie ist bei dir!“, und gibt der allgemeinen Trauer Ausdruck.[63]

> „Aber wir dürfen weinen,
> Weinen um Sie!
> Uns gehöret die Erde noch
> Und das Leid und die Trauer!“

Der Gesang erinnert an die Todesnachricht – „Wie schallet erschreckend einer Posaune Schall / An die Tore der Stadt!“

> „Und wie wir auch bitter trauren
> Tränen zu den Tränen gießen
> Wachsen nur des Todes Mauren
> Die Sie ewig uns verschließen.
> Unerbittlich, unerschütterlich
> Ein kaltes Felsenhaus
> Stößet das Grab die Klage zurück.“

Der Gesang schildert die Herrlichkeit der Königin, die auf der hohen edlen Stirne neben der „goldnen Königskrone“ auch „eine süße Blumenkrone“ trug. Aber die Kronen wurden zerdrückt vom Tod, vor dem die Geister beben. Der Gedanke an den Tod führt Brentano dann zum Gedanken an Jesus, der des Todes eisernen Riegel zerbricht: „Und mein Herz ist hoch erheitert, / Wenn der Schmerz es so erweitert.“

In der neuen Stimmung gedenkt er der Königin in ihrer Blüte, wie sie als Braut zum ersten Mal nach Berlin gekommen. Aber:

„Stille, stille!
Rede von Freude nicht,
Singe mir heute nicht,
Von der verlorenen, schimmernden Zeit."

Er rekapituliert aus eigener Beobachtung, wie die „schwarze Trauerfahne" auf dem Brandenburger Tor weht und wie „der Schüler Trauerchor" auf dunklem Gerüst singt.

„Was wir liebten,
Was wir ehrten,
Was wir alle lieben lehrten,
Was wir ewiglich begehrten,
Ist entwichen, ist verblichen,
Und es bringt ein dunkler Wagen,
Was der Erde ist, getragen."

Die Bürger der Stadt geleiten die Königin jetzt, zusammen mit den Kriegern, „die zur Schlacht Sie führte / Und denen Sie die Fahne gab", zum Grab. Aber die Königin wird ewig leben:

„Ist Sie nicht der Zeit geblieben,
Hat Sie uns doch Kraft gegeben,
Daß wir Sie auf ewig lieben."

Das Volk drängt sich zum Schloß, um ihre Krone und ihr Zepter (aber nicht, wie irrtümlicherweise bei Arnim, den geöffneten Sarg) zu bewundern. Aber die Tausende müssen schließlich vom dem Sarg weichen: „Denn es nahet Ihr der Nächste, / Weinet seine Tränen aus."

Die Trauerstunde des Königs wird durch mehrere Gethsemanemotive mit dem Leiden Christi verglichen, der seine Freunde bittet, bei ihm zu bleiben und mit ihm zu wachen.

„Mein Vater, ist es möglich,
So gehe dieser Kelch von mir,
Doch nicht, wie ich will,
Sondern wie du willst."

Der Sänger beobachtet dann die Überführung des Leichnams vom Schloß zum Dom.

„Des Landes Herrn,
Ich sah ihn weinen,
Des Herzens Stern
Will nicht mehr scheinen,
Er steigt des Domes Stufen
Er folget Ihr, Sie gieng ihm einst zur Seite
Im Frieden und im Streite."

Die Rührung des Augenblicks wird noch erhöht, als ihre Kinder dem Leichenzug folgen, wobei der Sänger ihrer drei Kinder gedenkt, die der Königin im Tod vorausgegangen sind. Die Kantate schließt mit dem tröstlichen Gedanken:

„Selig die Unmündigen,
Bunte Blumen und Flitterglanz,
Schimmern im Totenkranz,
Und ihr weinet und lächelt,
Denn ihr versteht, ihr Unschuldige
Das unsterbliche Leben!"

Wenn auch Brentanos Kantate vom rein poetischen Standpunkt vielleicht tiefer ist als Arnims, so zeigt sich die ehrlich empfundene patriotische und weniger subjektive Klage des preußischen Freundes als wirksamer für den Anlaß der nationalen Trauer. In beiden Fällen wird die öffentliche Wirklichkeit zu verschiedenen Zwecken poetisierend umgestaltet.

Literarische Nachspiele

Ein überraschendes literarisches Nachspiel haben die Umstände von Luisens Tod gehabt. Aus verschiedenen Gründen – vor allem aufgrund sein gespannten Verhältnisses zum „Entrepreneur“ Iffland – war Heinrich von Kleist, der Bewunderer der Königin, an den offiziellen Zeremonien nicht beteiligt. Aber daß er davon nicht unberührt blieb, zeigt eine kleine Anekdote, die er einige Wochen später schrieb. Nach einer Tradition in der Familie von Pfuel heißt es, daß Kleists Quelle für seine Erzählung *Das Bettelweib von Locarno*, die am 11. Oktober in seinen *Berliner Abendblättern* veröffentlicht wurde, eine Anekdote seines Freundes Ernst von Pfuel gewesen sei: ein ähnliches Abenteuer soll nämlich dessen Bruder Friedrich passiert sein. Auch wenn das der Fall war, liegt es nahe anzunehmen, daß Kleists Interesse an der Anekdote von einem weiblichen Gespenst, das im Schloß – allerdings „dem Blick unsichtbar“ – bei Nacht umherspukt, durch die Gerüchte um die weiße Frau im Berliner Schloß angeregt wurde.[64] Denn der Vorfall hatte ja außerordentliches Aufsehen erregt, wie aus den anfangs erwähnten Berichten Humboldts und Arnims hervorgeht, und wir wissen, daß Kleist sich für solche mysteriösen Phänomene lebhaft interessierte und in seinen *Berliner Abendblättern* mehrere Berichte von Merkwürdigkeiten derselben Art abdruckte, wie etwa den dreiteiligen Aufsatz über *Geistererscheinungen* (15./18./19. März 1811).

Viel näher liegt aber die Assoziation zu einem anderen Werk, an dem Kleist in diesem Jahr gerade arbeitete. Zwar wurde *Prinz Friedrich von Homburg* erst 1821 gedruckt und in Wien und Dresden aufgeführt. Aber schon im März 1810 hat Kleist das Werk zum ersten Mal erwähnt, als er noch die Absicht hatte, das Stück der Königin zu widmen[65] – ein Hinweis, der an sich schon eine enge Verbindung zu Luise suggeriert. Das Werk wurde aber erst im Sommer 1811, ein Jahr nach dem Tod der Königin, fertiggestellt und am 3. September der Prinzessin Amalie Maria Anna, Gemahlin des Prinzen Wilhelm von Preußen, mit einer Widmung überreicht. Die Zeitgenossen, die das Stück 1811 im Manuskript kennenlernten, hätten ohne Schwierigkeit die vielen Hinweise auf die kürzlich verstorbene Luise herausgehört. Denn beide weibliche Hauptgestalten, die Kurfürstin sowohl wie die Prinzessin Natalie von Oranien, weisen deutliche Merkmale der Königin auf.

Wenn im ersten Akt die Kurfürstin zusammen mit Natalie am Abend vor der großen Schlacht in Fehrbellin auftritt, mußten die Zeitgenossen sich daran erinnern, daß Luise ihren Gatten vor der Schlacht bei Jena zum Hauptquartier der Armee begleitete – worüber Napoleon Witze machte – und am Vorabend der Schlacht, als sie von Weimar nach Auerstedt aufbrach, vom Oberbefehlshaber der preußischen Armee persönlich wegen höchster Gefahr zurückgeschickt wurde – genau wie im Schauspiel der Kurfürst seine Gattin unter Begleitung von Kürassieren in Sicherheit bringen läßt. Im selben Auftritt (I/5) erscheint Natalie im Reisekleid mit ihrem rechten Handschuh, wobei sie den linken, den ihr der Prinz zuvor beim Schlafwandeln abgezogen hatte, vermißt. Bei dieser wirkungsvollen Pantomime mußten viele Leser an Wilhelm Ternites bekanntes Gemälde von Königin Luise im Reitkleid (1810) denken, auf dem sie in der behandschuhten rechten Hand ihren linken Handschuh hält.[66]

Ein drittes Beispiel begegnet im vierten Akt, wo Prinzessin Natalie ausdrücklich als Chef eines Regiments auftritt. Den Zeitgenossen war ja bekannt, wie stolz Luise war auf ihren Rang als Chef des Regiments „Königin Dragoner". Sie ließ sich das bekannte Reitkleid in Farben des Regiments machen, setzte sich, wenn die Gelegenheit gegeben war, in ihrer Equipage an seine Spitze und führte es durch die Stadt.

„Hinter dem Brandenburger Thor ließ die Königin halten, und das Regiment marschirte an seinem hohen Chef vorbei."[67] In dieser Rolle erscheint nun Natalie, als ihr Graf Reuß die Bittschrift zugunsten des Prinzen überreicht, die der Obrist im Namen des Regiments erstellt hat. Als Natalie fragt, warum ihr die Bittschrift gebracht wird, antwortet Graf Reuß:

> „Mein Fräulein, untertänigst Euch zu fragen,
> Ob Ihr, als Chef, den ersten Platz, der offen,
> Mit Eurem Namen gleichfalls füllen wollt." (IV/2)

Nachdem sie einige kluge und informierte Fragen über andere Regimenter gestellt hat, unterschreibt Natalie die Bittschrift und übernimmt wie Luise offiziell Pflichten und Verantwortung ihres militärischen Rangs.[68]

Kleists Schauspiel wurde aus verschiedenen Gründen von der Hofgesellschaft abgelehnt. Es wird häufig angenommen, daß seine Darstellung des schlafwandelnden, verliebten Prinzen, der voreilig handelt und dann vor dem Anblick des eigenen Grabes zurückschreckt und flehentlich um sein Leben bittet, trotz seiner großen Rede über die Verherrlichung des Kriegsgesetzes durch einen freiwilligen Tod keineswegs mit dem Ideal preußischer Tugend übereinstimmte. Noch 1822 wußte Heine (im zweiten seiner *Briefe aus Berlin*, denen als Motto ein Zitat aus dem Drama vorangestellt ist), daß Kleists Schauspiel immer noch nicht auf der Berliner Bühne erscheinen durfte, „und zwar, wie ich höre, weil eine edle Dame glaubt, daß ihr Ahnherr in einer unedeln Gestalt darin erscheine". (Es handelte sich um die Prinzessin Amalie Maria Anna von Preußen, eine geborene Homburg, die bis 1828 zu verhindern wußte, daß das Werk in Berlin aufgeführt wurde – und dann geschah dies in einer verharmlosenden Bearbeitung.) Es ist aber auch möglich, daß der Hof nicht an die Kritik an der Unschicklichkeit von Luisens militärischem Verhalten – die nicht nur in französischen Karikaturen vorkam – erinnert werden wollte. So hatte etwa Karl Julius Lange in *Der Telegraph* vom 1. November 1806 geschrieben:

„[...] unsere Königin, bis dahin sanft und bescheiden, ganz den zärtlichen Sorgen und den häuslichen Pflichten einer Gattin hingegeben, mischte sich nun in die Angelegenheiten des Staats und der Armee, und wir sahen mit Aergerniß eine junge Prinzessin, bald als Oberst an der Spitze eines schweren Dragoner-Regiments, bald debattierend im Kriegsrath, dann auf unseren Machtparaden, und am Ende nicht einmal mehr erröthend, weder über die Licenz eines Haupt-Quartiers, noch über die Unsittlichkeit und Indecenz eines Lagers."[69]

Jedenfalls waren die noch unerwünschten Anspielungen auf das militärische Benehmen der verstorbenen Königin so deutlich, daß Kleists Stück zehn Jahre auf seine Uraufführung warten mußte – wobei es dann zuerst im Ausland gezeigt wurde –, und erst allmählich gewann es seinen Ruf als vaterländisches Festspiel und als Bestandteil des Luisenmythos.

Schließlich kann man die ausführliche Darstellung von „Rosarosens Leichenzug" in Brentanos *Romanzen* (XIX.) kaum lesen, ohne an den Leichenzug erinnert zu werden, den Brentano kurz vor der Niederschrift dieser letzten Episode selber gesehen und dichterisch geschildert hat.

„O Bologna, deine Zinnen,
Die gelacht im Sonnenstrahl,
Seh ich bösen Schmuck gewinnen:
Schwarze Flaggen überall!

Alle Buden sind geschlossen,
Trauertepp'che hängen aus,

Durch die Straßen weit ergossen
Reget sich ein Volksgebraus.

Aber mitten durchs Gedränge
Gehet eine freie Bahn,
Und es wirft die rege Menge
Blumen auf den offnen Plan.

Vor dem Konsularpalaste
Auf des Marktes weitem Raum,
Der viel tausend Bürger faßte,
Bildet Wache einen Saum."

Verschiedene Details der mittelalterlichen Bologneser Szene hat Brentano zwar älteren italienischen Quellen entnommen, aber die zitierten und viele andere Einzelheiten weisen unzweideutig auf den Berliner Leichenzug vom 27. Juli 1810 hin, der also nicht nur direkt in den beiden Kantaten, sondern auch indirekt in anderen Dichtungen der Zeit gewürdigt wurde.

Das Leben geht weiter

So erschütternd der Tod der Königin auch war und so aufrichtig die Trauergefühle des Volkes und der Schriftsteller: das Leben in Berlin mußte weitergehen, die zwölf Seiten der dreimal wöchentlich erscheinenden Zeitungen mußten mit den Ereignissen des Tages ausgefüllt werden. So las man polizeiliche Warnungen vor einer Bande, die mit Bettelbriefen betrog, und las über falsche Tresorscheine zu 50 Reichstalern, die in Umlauf gekommen waren. Am 2. August fand die öffentliche Prüfung angehender Militärärzte in der Pépinière statt; am 11. August wurde ein Edikt über die allgemeine Prüfung der Schulamts-Kandidaten erlassen; gegen Ende des Monats wurde das Lotterie-Edikt aufgehoben wegen der nachteiligen Einwirkungen auf die Moralität der minder begüterten Klassen; und am 28. August wurde im Nationaltheater Goethes *Iphigenie auf Tauris* vor einem leeren Haus aufgeführt.

Der Geburtstag des Königs am 3. August wurde diesmal wegen der Trauerzeit in aller Ruhe zur Kenntnis genommen (im Gegensatz zu den sonst öffentlichen Feiern, wie sie in den ersten Kapiteln von Alexis' *Ruhe ist die erste Bürgerpflicht* dargestellt werden). Die *Vossische Zeitung* berichtete nur, daß von einem Zögling des Französischen Gymnasiums in lateinischer Sprache eine Rede über die Dankbarkeit des Volkes gegenüber seinem Regenten gehalten wurde. Aber bereits am 7. August konnte Humboldt seiner Frau melden, daß die Dinge wieder nach und nach ihren alten Gang nähmen. „Der König hat den ganzen Hofstaat der Königin, wie er war, bei sich behalten und die Gräfin Voß zur Oberaufseherin der Erziehung aller Prinzessinnen und des kleinen, in Königsberg geborenen Prinzen Albrecht gemacht." Mittlerweile beschäftigte sich der König in seinen freien Stunden mit den Plänen für das Monument für seine verstorbene Gattin. Es ist sogar wahrscheinlich, daß er am 24. August ein beliebtes Berliner Volksfest besuchte, das dieses Jahr wie üblich einen großen Zulauf hatte. Arnim schildert die Szene in seinem Gedicht *Der Stralauer Fischzug*. [70]

„Hoch will ich den König preisen,
Der bei seines Volkes Rufen
Steigt herab des Thrones Stufen,
Frohen freundlich sich will zeigen,
Wie die Sonn' aus Wolken bricht,
Jedem strahlt und wärmt ihr Licht."

Nach einer ausführlichen und lebendigen Darstellung des bunten Festes läßt der Dichter dann auch die verstorbene Königin als Traum aufsteigen.

„Jeder atmet stolzer wieder,
Wenn er hört vom fremden Munde,
Auf dem ganzen Erdenrunde
Ist kein König also bieder,
Selbst aus diesem Wellenschaum
Steigt die Kön'gin wie ein Traum."

Am 1. September ließ endlich der König seine Berliner Sorgen und Geschäfte hinter sich und reiste für zwei Wochen nach Schlesien, um der außerordentlichen Hitze dieses Sommers zu entkommen. (Für den 28. August berichteten die Zeitungen von 24 Grad Reaumur um 3 Uhr nachmittags im Schatten und von 43 Grad in der Sonne.)

Noch während der Sarg im Thronsaal aufgebahrt lag und drei Wochen vor der Aufführung seiner Kantate, war Arnim bereits mit anderen Gedanken befaßt. Am 29. Juli schrieb er seinen bereits erwähnten merkwürdigen Liebesbrief an Bettine Brentano. Ist es undenkbar, daß ihn der Gedanke an die menschliche Sterblichkeit, der durch den Tod der jungen Königin angeregt wurde, bewegt hat? Am 30. Juli reiste Savigny nach Bukowan zurück, um seine Familie nach Berlin zu holen, wo sie Mitte August eintrafen und eine Wohnung am Monbijouplatz bezogen. Mitte August verließ Humboldt Berlin, um seinen Posten als Gesandter in Wien aufzunehmen. Auch Heinrich von Kleist war, trotz der drückenden Hitze dieses außerordentlich warmen Sommers, nicht untätig gewesen...

JOURNALISIERUNG DER KUNST

Eine Zeitung für Berlin

Am Montag, dem 1. Oktober, zwischen 17 und 18 Uhr stiegen die Bürger Berlins im Haus Hinter der Katholischen Kirche, Nr. 3 (gegenüber der östlichen Seite der Hedwigskirche) zwei Treppen hoch zum Verleger Julius Eduard Hitzig, um das erste Exemplar einer neuen Zeitung gratis zu erhalten. (Später sollte ein einzelnes Blatt 8 Pfennige und ein vierteljährliches Abonnement 18 Groschen kosten.) Die öffentliche Neugierde war schon seit Tagen groß. Am 25. September hatte die *Vossische Zeitung* eine Anzeige für die *Berliner Abendblätter* veröffentlicht: „Unter diesem Titel wird sich mit dem 1. Oktbr. d. J. ein Blatt in Berlin zu etablieren suchen, welches das Publikum, insofern dergleichen überhaupt ausführbar ist, auf eine vernünftige Art unterhält."[1] Unter den Linden und an den Straßenecken konnte man auch Anschlagzettel mit ähnlichen Ankündigungen lesen.[2]

Schon der Titel des neuen Journals wies auf seine Besonderheit hin. Es handelte sich zunächst – im Gegensatz etwa zu der zwölfseitigen *Vossischen Zeitung* in Quartformat – um ein flugschriftartiges vierseitiges Blatt in Oktavformat. Ungewöhnlich war ferner die Tatsache, daß das Blatt abends ausgegeben wurde.[3] Die späte Ausgabe hing mit der dritten Besonderheit zusammen: mit der im „Extrablatt" – einer gelegentlichen Beilage – zur ersten Ausgabe kundgegebenen Tatsache, daß die Zeitung durch den Berliner Polizeipräsidenten Karl Justus Gruner in den Stand gesetzt wurde, „über Alles, was innerhalb der Stadt, und deren Gebiet, in polizeilicher Hinsicht, Merkwürdiges und Interessantes vorfällt, ungesäumten, ausführlichen und glaubwürdigen Bericht abzustatten". Eine solche „fortlaufende Chronik" der Stadt Berlin, die über die Vorkommnisse des Tages berichtete, war etwas bisher Unerhörtes im deutschen Zeitungswesen, denn die meisten Zeitungen dieser Zeit brachten überhaupt keine Lokalnachrichten, geschweige denn offizielle Nachrichten über das, was am selben Tag vorgefallen war. Es handelte sich also wörtlich und präzis um abends ausgelieferte Blätter für die Berliner Öffentlichkeit. Dazu kam schließlich die das kleine Format erklärende Tatsache, daß die *Abendblätter* – im Gegensatz zu den beiden anderen, privilegierten Zeitungen Berlins, der *Vossischen Zeitung* und der *Haude- und Spenerschen*, die dreimal wöchentlich herausgegeben wurden – täglich außer sonntags erscheinen sollten. (Nur die sogenannten *Intelligenzblätter*, welche Anzeigen, aber keine Nachrichten enthielten, wurden auch täglich veröffentlicht.)

Bereits die erste kostenlose Ausgabe zeigte den Bürgern Berlins, was sie von dem neuen publizistischen Organ, dessen Programm auf der ersten Seite in einem *Gebet des Zoroaster* kundgegeben wurde, zu erwarten hatten. Das Gebet, angeblich „aus einer indischen Handschrift", aber deutlich von einer zeitgenössischen Hand geschrieben, lobt das „freie, herrliche und üppige Leben", das Gott dem Menschen bestimmt hat. Dann stellt es mit rousseauistischer Entrüstung fest, daß der Mensch „von unsichtbaren Geistern überwältigt" und „von Irrthum geblendet" „in Ketten und Banden" liegt. Mit kantischer Ironie bemerkt der Verfasser, daß der Mensch sich sogar in diesem Zustand gefällt. Aber von Zeit zu Zeit läßt Gott – hier hört man auch den Ton und die Logik von Kants Aufsatz *Beantwortung der Frage: Was ist Aufklärung?* – einen einzelnen Menschen erwachen, „daß er die Thorheiten und Irrthümer seiner Gattung überschaue". Auch ihn, fährt der neue Zoroaster fort, habe der Herr zu dieser Rolle ausersehen und „mit dem Gefühl des Elends, in welchem dies Zeitalter darnieder liegt", durchdrungen sowie

„mit der Einsicht in alle Erbärmlichkeiten, Halbheiten, Unwahrhaftigkeiten und Gleisnereien, von denen es die Folge ist". In Gestalt des Zoroaster bittet der noch anonyme Herausgeber schließlich um die Kraft, die Verderblichen niederzuwerfen, die Lasterhaften zu schrecken, die Irrenden zu warnen und die Toren zu necken. Weil die neue Zeitschrift sich als Unterhaltungsblatt annonciert hat, um die Zensur einer politischen Zeitung zu umgehen, kündigt der Herausgeber die Absicht an, seine Gesellschaftskritik weiterhin in allegorische Form zu verkleiden.

Es folgt ein zweiseitiges *Fragment eines Schreibens aus Paris* vom 6. September, das zuerst über einen Auftritt Napoleons und seine Besichtigung einiger Monumente und öffentlicher Arbeiten berichtet, um dann eine typische Pariser Straßenszene darzustellen – „ein satyrisches Stück, das den Charakter der Nation schildert", der „auf die sonderbarste Weise absticht gegen den Charakter unsers einfältigen deutschen Verkehrs". Das erste Blatt schließt mit einigen kleinen „Tagesbegebenheiten" – der knappen Wiedergabe eines Warschauer Stadtgerüchts, das ökonomische Fragen in Polen betraf, sowie einer Privatnachricht aus Riga – und einer geschäftlichen Notiz der Redaktion.

Das Besondere an der neuen Zeitung wird vor allem im erwähnten Extrablatt, das „Extracte aus den Polizei-Rapporten" bringt, sichtbar: es handelt sich diesmal ausschließlich um Berichte über Brandfälle in Berlin und den nahegelegenen Dörfern – eine hochaktuelle Angelegenheit, da es seit einigen Wochen in diesem außerordentlich trockenen Herbst in Berlin und Umgebung eine Reihe von Brandstiftungen gegeben hatte. (So aufsehenerregend waren die Randale der Bande des berüchtigten Johann Christoph Peter Horst, daß sowohl Kleist als auch Arnim etwas später für die *Berliner Abendblätter* Beispiele von älteren Mordbrennereien als historische Analogien beschrieben.[4]) Zum Schluß meldet die Redaktion zur Beruhigung des Publikums, daß am selben Tag in Schöneberg ein Landstreicher festgenommen worden sei, bei dem Gegenstände gefunden wurden, die einem «abgebrannten» Schulzen in Schönberg und einem «abgebrannten» Wirt in Steglitz gehörten; und dadurch hoffe die Polizei, den Brandstiftern auf die Spur zu kommen.

Die Redaktion der *Abendblätter* hielt sich anfangs anonym, aber bereits am Ende der ersten Woche vermutete man, daß es sich um Heinrich von Kleist und Adam Müller handelte, denn eine *Ode auf den Wiedereinzug des Königs im Winter 1809*, die am 5. Oktober veröffentlicht wurde, wurde mit „H. v. K." unterzeichnet und die *Literarischen Merkwürdigkeiten* im selben 5. Blatt mit „A. M." Um diese Verwirrung aufzuklären, entschloß sich Kleist am 22. Oktober, „aus der Masse anonymer Institute herauszutreten" und sich als alleinigen Herausgeber der neuen Zeitung zu erkennen zu geben. Er nahm die Gelegenheit dieser „Erklärung" auch wahr, um die Leitprinzipien der neuen Zeitschrift zu bestätigen: erstens „Unterhaltung aller Stände des Volkes" und zweitens „Beförderung der Nationalsache".

In der Tat zeigt die erste Nummer der Zeitung den Herausgeber in seinen verschiedenen Rollen als Dichter, als Tagesschriftsteller und als Redakteur, denn sämtliche Beiträge – das *Gebet des Zoroaster*, das *Fragment eines Schreibens aus Paris*, die Eigenmeldungen von „Tagesbegebenheiten" und sogar die Redigierung der Polizeirapporte – stammen von seiner Hand. Es ist wahrscheinlich, daß sich Kleist in dem von ihm benutzten Werckmeisterschen Leseinstitut mit zwei Büchern über Zoroaster beschäftigt hat;[5] das „Gebet" enthält ferner deutliche Hinweise auf seine frühere Beschäftigung mit Rousseau und Kant. Das „Fragment" aus Paris beginnt mit einer privaten Mitteilung und fährt dann fort mit Beobachtungen, die auf Kleists eigene Erlebnisse in der französischen Hauptstadt von 1801 und 1803 zurückgehen.

Die Auswahl aus den Polizeinachrichten verrät den Wunsch des Herausgebers, die aktuellen Interessen und Ängste der Bevölkerung zu befriedigen, und zugleich Kleists eigenen straffenden Prosastil. Überhaupt zeigt diese erste Nummer das Schema, nach dem der Herausgeber forthin gearbeitet hat. Denn im ersten Quartal – neben Beiträgen der regelmäßigen (33%) und gelegentlichen Mitarbeiter (13%), Berichten aus ausländischen Zeitungen, die Kleist selber aus den im Werckmeisterschen Museum vorliegenden Zeitungen bearbeitete und übersetzte (10%), übernommenen Aufsätzen (6%) und Polizeinachrichten (7%) – hat Kleist allein weitere 26% aller Beiträge geliefert.[6]

Die neuartige Boulevardzeitung zur Unterhaltung des Volks war anfangs ein großer öffentlicher Erfolg: Bereits am 5. Oktober mußte die Redaktion melden, daß sich die Örtlichkeit Hinter der Katholischen Kirche „bei dem außerordentlichen Andrange von Menschen“ als zu eng erwies. So werde die Zeitung künftig ab Montag in der Kralowskyschen Leihbibliothek in der Jägerstraße 25, Parterre, ausgegeben – immer noch abends von 5 bis 6 Uhr, wobei die Blätter vom vorigen Tag auch von 8 bis 12 Uhr und von 4 bis 6 Uhr im selben Haus zu haben seien. Die Zeitung wurde so eifrig gelesen, daß eine „Wache nöthig war, um das andringende Publikum vom Stürmen des Hauses des Verlegers abzuhalten. Diesen Reiz giebt ihm [dem Blatt] die Aufnahme der Polizeinachrichten, die der Polizeipräsident aus Freundschaft suppeditirt“.[7] So groß war die Wirkung der neuen Zeitung – vor allem durch das kleine Format, das tägliche Erscheinen und das Neuartige der Polizeinachrichten –, daß in vielen ausländischen Zeitungen – in Hamburg, Breslau, Leipzig, Weimar, Nürnberg, Tübingen, Wien und Königsberg – darüber berichtet wurde.[8] Es ist keine Übertreibung zu sagen, daß die Zeitung im Laufe dieses Berliner Herbstes nicht nur selbst zu einem öffentlichen Ereignis wurde, sondern auch das publizistische Organ war, in dem sich die öffentlichen Ereignisse der Stadt auf literarischer Ebene abspielten. Wichtig waren vor allem die Berichte über aktuelle kulturelle Ereignisse in Berlin sowie über ökonomische und gesetzliche Maßnahmen der Regierung und die literarischen Beiträge Kleists und seiner Mitarbeiter, weniger die Nachrichten aus dem Ausland – aus Paris und Fontainebleau, von den Kriegen in Spanien und Portugal, aus England mit den Berichten über die Krankheit des Königs Georg III., aus den nordischen Ländern und Italien, vom russisch-türkischen Krieg und aus Deutschland.[9]

Kleist als Berufsjournalist

Wie kam Kleist darauf, *Berliner Abendblätter* zu veröffentlichen? – Berlin war ihm keine fremde Stadt.[10] Der Sprößling einer distinguierten preußischen Offizierssippe wurde am 18. Oktober 1777 in Frankfurt an der Oder geboren, aber bereits 1788 wurde er nach dem Tod seines Vaters als Elfjähriger zur Erziehung nach Berlin geschickt und trat 1792 in Potsdam in das Garderegiment als Gefreiter-Korporal ein. 1793, im Todesjahr der Mutter, nahm der Korporal am Rheinfeldzug gegen die revolutionären Truppen Frankreichs teil. Trotz seiner Erfolge – er wurde 1797 zum Leutnant befördert – konnte eine militärische Karriere den Ehrgeiz des jungen Kleist immer weniger befriedigen. Mit den Freunden Otto August Rühle von Lilienstern und Ernst von Pfuel machte der begabte Klarinettenspieler Musik und unternahm eine Harzreise. Mit der sechzehn Jahre älteren Kusine Marie von Kleist verband ihn eine tiefe Freundschaft, die bis zum Ende seines Lebens dauern sollte. Und während er seine mathematischen und naturwissenschaftlichen Studien betrieb, reifte in ihm der Gedanke, sich zum Gelehrten auszubilden. Im März 1799 nahm er trotz der Verblüffung seiner Familie seinen Abschied vom Militär und kehrte nach Frankfurt an der Oder zurück, wo er drei Semester lang an der kleinen (und wenig bedeutenden) Universität Jurisprudenz studierte und sich mehr oder weniger standesgemäß und den Erwartungen entsprechend mit Wilhelmine von Zenge, Tochter des Ortskommandanten, verlobte – in einem seltsamen Verhältnis, in dem die Verlobte eher Gegenstand der Erziehung als geliebt war. Im Herbst 1800, nach einem zweimonatigen Aufenthalt in Würzburg aus nicht näher bekannten gesundheitlichen Gründen wurde Kleist im preußischen Finanzamt unter Altenstein als Volontär angestellt. Aber der Staatsdienst befriedigte ihn ebensowenig wie früher der Dienst beim Militär. Am 13. November gestand er seiner Verlobten, daß er kein Amt übernehmen wolle. „Ich soll tun, was der Staat von mir verlangt, und doch soll ich nicht untersuchen, ob das, was er von mir verlangt, gut ist. Zu seinen unbekannten Zwecken soll ich ein bloßes Werkzeug sein – ich kann es nicht."[11]

Im März 1801 kehrte er Berlin und der Frankfurter Verlobten den Rücken und reiste – der Verlauf seines Lebens zeigt hier merkwürdige Parallelen zu Arnim – in den nächsten Jahren unruhig in Deutschland, der Schweiz und Frankreich umher; zugleich arbeitete er – jetzt entschlossen, sich als Dichter zu bilden – an frühen Fassungen seiner Dramen *Robert Guiskard* und *Der zerbrochene Krug* sowie an der Erzählung *Die Verlobung in St. Domingo* und veröffentlichte die Tragödie *Die Familie Schroffenstein.* Im Herbst 1804 kehrte er nach Berlin zurück, wo er wieder in den preußischen Staatsdienst eintrat und sechs Monate später als Diätar der Domänenkammer* nach Königsberg geschickt wurde. Hier arbei-

* Diätar der Domänenkammer: ein auf Zeit angestellter Assistent im Amt für staatliche Güter.

tete er an den Erzählungen *Michael Kohlhaas* und *Die Marquise von O.* sowie den Dramen *Amphitryon* und *Penthesilea*. Aber wieder hielt er es im Status des Beamten nicht aus. Im August 1806 gab er seine Stelle auf, blieb aber vorläufig in Königsberg, wo er das militärische Debakel der Preußen und den damit verbundenen Umzug des Hofes nach Ostpreußen erlebte. Bei seinem Versuch im Januar 1807, nach Berlin zurückzukehren, geriet er in französische Gefangenschaft und mußte mehrere Monate in Frankreich verbringen. Nach seiner Rückkehr lebte er diesmal in Dresden, wo inzwischen der ihm noch unbekannte Adam Müller sein Stück *Amphitryon* herausgegeben hatte und wo er in der Gesellschaft der Künstler- und Intellektuellenkolonien zweieinhalb produktive Jahre verbrachte: Dort wurde *Penthesilea* vollendet, *Die Hermannsschlacht* verfaßt und *Das Käthchen von Heilbronn* begonnen. In dem Kunstjournal *Phöbus*, das er zusammen mit Adam Müller vom Dezember 1808 bis Februar 1809 herausgab, wurden *Die Marquise von O.* sowie Teile von *Michael Kohlhaas* veröffentlicht. Nach dem Untergehen des Journals und dem Auseinandergehen der Dresdner Freunde, das dem erneuten Krieg zwischen Frankreich und Österreich folgte, machte sich Kleist Ende April mit Friedrich Christoph Dahlmann auf den Weg nach Wien. Auf dem Weg dorthin besuchten die beiden Freunde nach der Niederlage der Franzosen in der Schlacht bei Aspern (am 21./22. Mai) das Schlachtfeld, wo sie von österreichischen Soldaten als französische Spione verdächtigt wurden. Dahlmann berichtet, wie Kleist – in einer Episode, die an Arnims Verteilung seiner Kriegslieder an die preußischen Truppen in Göttingen erinnert – seine Gedichte aus der Tasche gezogen habe, die er den Soldaten als Beweis seiner Unschuld vorlesen wollte.

Von den verblüfften Österreichern entlassen, kehrten sie um nach Prag. Dort wollte Kleist, der sich bereits durch seine Kriegslyrik als politischer Schriftsteller hervorgetan hatte, eine politische und antifranzösische Zeitschrift mit dem Namen *Germania* herausgeben, aber sein Projekt wurde nicht genehmigt. Tief deprimiert durch die Enttäuschung seiner Hoffnungen auf schriftstellerischen Erfolg – und vor allem auch auf Geld –, reiste Kleist im November 1809 zurück nach Frankfurt an der Oder, wo er – in finanzieller Not – auf seinen Anteil (von einem Fünftel) am Hausbesitz der Familie zu 6% Zinsen ein Darlehen von 500 Reichstalern aufnahm. Dann kehrte er Ende Januar nach Berlin zurück, wo er vorläufig im Hotel de Prusse Unterkunft fand.

Inzwischen hatte sich in den literarischen Kreisen in Berlin das Gerücht verbreitet, der „Phöbus Kleist" – wie ihn Brentano bezeichnete – sei in der Schlacht von Wagram verwundet worden und dann im Kloster der barmherzigen Brüder in Prag gestorben. Jetzt fand er sich plötzlich wieder von Freunden umgeben – von Künstlern und Intellektuellen und nicht wie früher von Beamten und Offizieren – und war von neuer Hoffnung erfüllt. Bei Adam und Sophie Müller lernte er schon am 15. Dezember bei einem kurzen Besuch die Brüder Eichendorff und den dichtenden Grafen Loeben kennen. Beim Buchhändler Sander traf er bald darauf den Schriftsteller Fouqué, Tiecks Schwager Bernhardi, den Komponisten Carl Maria von Weber, den Geheimen Postrat Pistor und Clemens Brentano, auf den er als „ein sehr kurioser, guter, grober, bornierter, dummer, eigensinniger, mit langsamem Konsequenztalent herrlich ausgerüsteter Mensch"[12] wirkte. Mitte Februar meldete Arnim, daß Berlin geradezu von Poeten wimmele,[13] und berichtete von einem Mittagessen mit dreißig Gästen, unter ihnen Kleist, das der Verleger Hitzig Fouqué zu Ehren gegeben hatte. Einige Tage später schrieb Graf von Loeben in seinem Tagebuch von einem „Tee und Souper" bei Dr. Karl Christian Wolfart, einem Berliner Arzt und Dichter; neben Kleist, Arnim, Müller und Eichendorff waren auch der

Schauspieler Heinrich Eduard Bethmann und der Pfarrer Theremin zugegen.

Am Anfang hatte auch Kleist, der inzwischen gegenüber Arnim und Brentano in der Mauerstraße 53 eine Wohnung gefunden hatte, einige Erfolge. Am 10. März, bei einer Feier zu ihrem Geburtstag, durfte Kleist der Königin ein Sonett überreichen – die dritte Fassung eines ursprünglich viel längeren und lockereren Gedichts –, „das sie, vor den Augen des ganzen Hofes, zu Tränen gerührt hat".[14]

„Erwäg ich, wie in jenen Schreckenstagen,
Still deine Brust verschlossen, was sie litt,
Wie du das Unglück, mit der Grazie Tritt,
Auf jungen Schultern herrlich hast getragen,

Wie von des Kriegs zerrißnem Schlachtenwagen
Selbst oft die Schar der Männer zu dir schritt,
Wie, trotz der Wunde, die dein Herz durchschnitt,
Du stets der Hoffnung Fahn uns vorgetragen:

O Herrscherin, die Zeit dann möcht ich segnen!
Wir sahn dich Anmut endlos niederregnen,
Wie groß du warst, das ahndeten wir nicht!

Dein Haupt scheint wie von Strahlen mir umschimmert;
Du bist der Stern, der voller Pracht erst flimmert,
Wenn er durch finstre Wetterwolken bricht!"

Dank seinem Gedicht erhielt Kleist von der Königin für die nächsten Monate eine kleine Pension von 25 Reichstalern, und eine Woche später wurde sein Schauspiel *Das Käthchen von Heilbronn* in Wien uraufgeführt. Um diese Zeit beschreibt ihn Brentano als einen „sanfte[n], ernste[n] Mann von zweiunddreißig Jahren, ohngefähr von meiner Statur",[15] und Arnim schildert ihn in lebhaften Worten:

„er ist der unbefangenste, fast zynische Mensch, der mir lange begegnet, hat eine gewisse Unbestimmtheit in der Rede, die sich dem Stammeln nähert und in seinen Arbeiten durch stetes Ausstreichen und Abändern sich äußert, er lebt sehr wunderlich, oft ganze Tage im Bette, um da ungestörter bei der Tabakspfeife zu arbeiten."[16]

Aber das Glück verschwand ebenso schnell wie sein Geld. Eine (wohl voreilig) geplante Aufführung seines Schauspiels *Prinz Friedrich von Homburg* am Privattheater des Prinzen Radziwill hat dann doch nicht stattgefunden. *Das Käthchen von Heilbronn* wurde trotz des Wiener Erfolgs nicht von Cotta zum Druck angenommen, und eine Berliner Aufführung des Stücks wurde von Iffland schroff abgelehnt. Nach dem plötzlichen Tod der Königin wurde im August seine kleine Pension nicht erneuert. Der Verleger Georg Andreas Reimer hatte zwar die Veröffentlichung des *Käthchen* sowie auch eines Bands von Kleists Erzählungen übernommen, welche beide im September zur Michaelis-Messe erschienen. Aber am 4. September 1810 wendete sich Kleist an Reimer mit einer gesonderten Bitte um Geld, „denn meine Kasse ist leer". In einer solchen Situation entwarf Kleist das Projekt einer neuen Zeitung, die ein „Volksblatt" sein sollte, „ein Blatt für *alle* Stände des Volks".[17] Im Unterschied zum *Phöbus*, aber auch zu solch bekannten Zeitschriften wie Schillers *Horen* oder dem Schlegelschen *Athenaeum* sollte es sich hier um kein Kunstjournal handeln, das sich alle paar Monate an einen erwählten Kreis von Gleichgesinnten richtete, sondern um die Tageszeitung eines Berufsjournalisten, der sich mit Nachrichten und Unterhaltung an das Berliner Volk wandte.

Der problematische Mitarbeiter

Es war nicht zuletzt das lebendige geistige Leben von Berlin mit der Gegenwart von vielen möglichen Beiträgern, das Kleist zu seinem Unternehmen ermutigte; denn das Projekt, das er vorhatte, verlangte Mitarbeiter. Zu diesen gehörte wohl Adam Müller, der ehemalige Mitherausgeber des *Phöbus*, als erster. Müller und Kleist waren 1809 in Dresden nicht unter den besten Bedingungen auseinandergegangen: Wegen der finanziellen Abrechnungen beim Einstellen der Zeitschrift war es aus komplizierten und nicht völlig durchsichtigen Gründen zu solch schweren Auseinandersetzungen und Beleidigungen gekommen, daß im April 1809 Müller Kleist zum Zweikampf herausforderte.[18] Durch die Vermittlung der gemeinsamen Freunde Rühle von Lilienstern und Ernst von Pfuel konnte das Duell verhindert werden, und als Kleist einige Monate später nach Berlin zurückkehrte, wurde er sofort von Müller freudig aufgenommen und in seine Kreise eingeführt.

Müller stammte aus einer preußischen Beamtenfamilie: Sein Vater war Kalkulator beim Königlichen Oberkonsistorium. 1779 in Berlin geboren, begann Adam Müller dort sein Studium an der Königlichen Realschule und übersiedelte 1795 auf das Gymnasium zum Grauen Kloster. Um diese Zeit lernte er den um 15 Jahre älteren konservativen Staatswissenschaftler Friedrich Gentz kennen, der die intellektuelle Bildung seines Protegés tief beeinflussen sollte. Schon auf dem Gymnasium erkannten seine Lehrer seine intellektuelle Begabung sowie seine lebhafte Einbildungskraft. „Der Sieg über Launen und Einfälle ward ihm schwer. Er mogte [sic!] aus überspannten Selbstvertrauen lieber seinen eignen Weg gehen, als den Winken seiner Lehrer folgen."[19] In Göttingen, wo er besonders von dem Rechtshistoriker Arnold Ludwig Hermann Heeren (dem er später seine *Elemente der Staats-*

kunst widmete) und dem Juristen Gustav Hugo (Mitbegründer der historischen Schule der Rechtswissenschaft und erklärter Feind des Naturrechts) – denselben, bei denen sich Brentano gerade langweilte – angezogen wurde, studierte er die Staatswissenschaften. Aber die beiden Interessengebiete, die für sein Denken künftig charakteristisch sein sollten – die Gesellschaft und die Künste –, zeigten sich bereits jetzt in seiner Lektüre: Edmund Burke, dessen berühmte konservative Kritik der Französischen Revolution er in der Übersetzung seines Freundes Gentz las, und Goethe. In Göttingen freundet er sich auch mit dem Kommilitonen Friedrich von Raumer an, dem sein „bedeutendes, jedoch zur Sophistik sich hinneigendes Talent" auffiel.[20] Nach seinen Studien kehrte Müller im März 1801 nach Berlin und in die väterliche Wohnung am Weidendamm zurück und wurde durch Vermittlung von Gentz in die intellektuellen und literarischen Kreise eingeführt, wo er mit Schriftstellern wie A. W. Schlegel, Bernhardi und Ludwig Tieck und in den Häusern der Verleger Reimer und Sander verkehrte. 1802 bewarb er sich um eine Referendarstelle bei der Kriegs- und Domänenkammer, die er aber nach nur wenigen Monaten wieder aufgab, weil ihn der Staatsdienst von seinen privaten Studien abhielt. Im Spätherbst 1803 zog er zu einem Studienfreund auf dessen Familiengut in Polen, wo er sich seinen philosophischen und politischen Studien hingab, aus denen bald der erste (und einzige) Band seines Projekts *Die Lehre vom Gegensatze* (1804) hervorging.

Dieses in Reimers Verlag der Realschulbuchhandlung in Berlin veröffentlichte Werk, das kaum verkauft und bald eingestampft wurde, enthält den Kern von Müllers späteren geistigen Prinzipien. Müller glaubte, daß es dem Denken des 18. Jahrhunderts nur gelungen war, die Welt in eine Reihe von bipolaren und einander feindlichen Gegensätzen einzuteilen: Objekt und Subjekt, Natur und Kunst, Wissenschaft und Religion, Ich und Gegenich, Freiheit und Notwendigkeit, Ökonomie und Recht und dergleichen mehr. Mit echt romantischem Ehrgeiz wollte der Fünfunzwanzigjährige diese Gegensätze überwinden, aber nicht etwa durch eine Identitätsphilosophie nach Schelling, sondern durch einen dialektischen Balanceakt, eine Wechselwirkung im lebendigen Organismus der Welt, wie er in der Vorrede zu dieser Jugendschrift betonte:

„Wir unsernteils haben es immer für notwendig gehalten, die Ansicht beider, vor unsern Augen so unglücklich getrennten Welten in uns in gleicher Schwebung zu erhalten, und so glauben wir jetzt, daß das feindselig Geschiedene sich in unserem Innern wieder glücklich durchdrungen und vereinigt habe; daß das wüst, verworren und undeutlich Ineinandergeflossene vor uns wieder richtig geschieden in unserer Außenwelt dastehe und *daß dem Gleichgewicht geringerer Kräfte gelungen ist, was die Einseitigkeit ungleich größerer verfehlt hat.*"[21]

In Polen lernte er den Landrat Peter Boguslaus von Haza-Radlitz kennen, der ihn 1804 einlud, als Hofmeister den Söhnen der Familie Unterricht zu erteilen. Im Frühjahr 1805 unterbrach Müller seine Hauslehrertätigkeit für drei Monate, um nach Wien zu reisen, wo er den Freund Gentz besuchte und aufgrund anscheinend seit langem gereifter Überlegungen – die genauen Gründe sind immer noch rätselhaft –zum Katholizismus konvertierte. Im Herbst desselben Jahres übersiedelte er mit der Familie Haza aus der ländlichen Einsamkeit des polnischen Guts nach Dresden, wo er in den lebhaften kulturellen Kreisen der Stadt seinen politischen und literarischen Interessen nachgehen konnte. Bereits Anfang 1806 erlebte er mit seinen ersten Vorlesungen *Über die deutsche Wissenschaft und Literatur* im Hotel de Pologne einen großen Erfolg, dem andere bald folgten. Inzwischen hatten sich auch seine persönlichen Verhältnisse geändert. In den beiden letzten Jahren hatten sich Müller und Sophie von Haza, Mutter von fünf Kindern, in ein leidenschaftliches Verhältnis verwickelt. Als sich Haza 1806 durch Napoleons Eindringen in Sachsen genötigt sah, auf sein Landgut zurückzukehren, blieb Sophie bei Müller in Dresden.

In Dresden lernte Müller auch Kleist kennen, dessen *Amphitryon* er im Mai 1807 mit einer begeisterten Einleitung herausgab, die Kleists Werk über „die Frivolität des Molièreschen Amphitryon" stellte und seine *„poetische Gegenwart"* lobte, in der sich Goethes Entwurf entsprechend „das Antike und Moderne" vereinen. Diese erste Veröffentlichung eines seiner Werke begründete Kleists literarischen Ruhm und festigte die junge Freundschaft. Zusammen gaben die beiden Freunde, wie gesagt, das Kunstjournal *Phöbus* heraus, während Müller seine gut honorierten Vorlesungsreihen – *Über die dramatische Kunst* (1806/07), *Über das Schöne und Erhabene* (Winter 1807/08) und *Über das Ganze der Staatswissenschaft* (Winter 1808/09) – mit großem Zuspruch fortsetzte. Wie es Müller in seinen Vorlesungen neben dem Ästhetischen auch um das Gesellschaftliche ging, so arbeitete er neben seiner Tätigkeit für den *Phöbus* auch an *Pallas*, der Zeitschrift für Staatskunst, die sein Freund Rühle von Lilienstern redigierte. In seinem Leben wie in seinem Denken praktizierte Müller seine „Lehre vom Gegensatz".

Nach der Besetzung Dresdens im Juni 1809 durch österreichische Truppen stellte sich Müller dem österreichischen Stadtkommandanten als Schreiber von amtlichen Bekanntmachungen zur Verfügung. Als bald darauf die Sachsen die Stadt zurückeroberten, wurde der Franzosenfeind inhaftiert und bald darauf des Landes verwiesen. Im Juli mußte er also Dresden verlassen und sich zu Fuß nach Berlin begeben, wo er zunächst bei seinem Vater am Weidendamm unterkam. Nach langen und komplizierten Verhandlungen war inzwischen Sophies Ehe geschieden; sie folgte Müller nach Berlin;

und am 6. August 1809 konnten sie endlich heiraten und in eine Wohnung in der Charlottenstraße 31 ziehen.

Als Familienvater – denn es kamen bald zwei Töchter in die neue Ehe – mußte Müller jetzt versuchen, seine neue Existenz finanziell zu sichern. Als erstes gelang ihm die Veröffentlichung (im Verlag seines Vetters J. D. Sander) seiner letzten Dresdner Vorlesungsreihe unter dem Titel *Elemente der Staatskunst* (1809). Im Winter wollte er dann auch den Erfolg seiner Vorlesungen fortsetzen, was ihm von Januar bis März 1810 mit der Reihe über *König Friedrich II. und die Natur, Würde und Bestimmung der preußischen Monarchie* in hohem Maße gelang und eine gewisse finanzielle Sicherheit brachte. Was ihm aber am meisten am Herzen lag, war ein drittes Projekt, das wie die journalistische Realisierung seiner *Lehre vom Gegensatz* aussieht: Müller wollte nämlich gleichzeitig zwei Zeitungen gründen, einerseits ein offizielles Regierungsblatt und andererseits ein Oppositionsblatt. Merkwürdigerweise gewann der Plan mindestens zum Teil die Unterstützung zweier führender Staatsmänner, des Ministers Altenstein und des Finanzrats Stägemann. In einem Brief vom 25. Oktober 1809 drückte sogar der König seine Zufriedenheit über den Plan aus, „ein Blatt zur Bekanntmachung der Gesetze und Verordnungen, zur Verständigung und Belehrung des Publikums durch angemessene Auszüge aus den Verhandlungen darüber, und durch Aufsätze von Sachkundigen" zu unterstützen. Müller hatte sich auch um eine Staatsanstellung bemüht, die ihm in Aussicht gestellt wurde. Bis zu seiner Übernahme in den Staatsdienst wurde ihm ein Wartegeld von 1200 Talern gewährt. So lebte Müller, als Kleist im Winter 1809/10 nach Berlin kam, in völlig anderen Verhältnissen als zur gemeinsamen Zeit in Dresden: glücklich verheiratet, als erfolgreicher politischer Schriftsteller angesehen, als eloquenter Redner bewundert, als Journalist offiziell begünstigt und als Anwärter auf eine Stelle im

Staatsdienst gut besoldet. In den Briefen und Tagebuchnotizen dieser Monate wird er oft als geistreich, verständig, scharfsinnig charakterisiert. „Ziemlich groß, freundliche Physiognomie, galant, ausgezeichnet fein und artig, tabakschnupfend", beschreibt ihn Eichendorff.[22] Und Brentano bemerkt „einen Hang zum Anstand, zur Reinlichkeit, und was man vornehm nennt. Er besucht hier die ersten Häuser und man ist gern bei ihm, denn er ist arm und zierlich und hat ein sehr gefälliges schweigendes würdiges Talent, gescheiten Menschen zuzuhören."[23] So konnte Müller noch im Juni 1810 melden, daß er der Zukunft jetzt „mit aller Behaglichkeit" entgegenblicke.[24]

Dann wurden seine Hoffnungen im Sommer 1810 zerschlagen. Seine *Elemente der Staatskunst* wurden von der Kritik weitgehend verrissen. Das Zeitungsprojekt wurde im Sommer 1810 durch die Ablösung Altensteins durch Hardenberg vereitelt, wobei sich sein früherer Studienkamerad Raumer, der schon in Göttingen seiner „Sophistik" mißtraute und der inzwischen in Hardenbergs Regierung zu Einfluß gelangt war, als ein Gegner herausstellte. Der Ruf an die neugegründete Universität, den er sich sehnlich wünschte, stand noch aus, weil seine erzkonservativen Ansichten keineswegs mit dem liberalen Zeitgeist der neuen Institution vereinbar waren. Unter diesen Umständen begrüßte Müller, der inzwischen in die Behrenstraße umgezogen war, das Projekt Kleists zu einer neuen Zeitung für Berlin.

Die Kunstausstellung 1810

Es ist kein Zufall, daß die am 23. September eröffnete Ausstellung von Kunstwerken in der Königlichen Akademie der Künste, über welche die *Vossische* und die *Spenersche Zeitung* kein Wort verloren, in dem Kreis um die neuen *Berliner*

Abendblätter eine eifrige Diskussion hervorrief, war doch Kleists und Müllers Dresdner Zeitschrift *Phöbus* vor allem „ein Journal für die Kunst" gewesen. Die Ausstellung in den Sälen der Akademie über dem Marstall am Ende der Lindenallee war täglich, auch sonntags, von 11 Uhr vormittags bis 5 Uhr nachmittags geöffnet, und die „Entrée-Billets" sowie die Kataloge kosteten je 4 Groschen. Wie wir aus Arnims nachträglicher *Uebersicht der Kunstausstellung* (*Berliner Abendblätter* vom 12./13./14. November) erfahren, wurde die Ausstellung am 4. November geschlossen.

Die Akademie hatte seit ihrem Wiederaufleben (dank erneuerter königlicher Privilegien) im Jahr 1786 als „öffentliche Beweise ihres Fleißes" anfangs meist jährlich, ab 1798 alle zwei Jahre – sogar 1808 während der französischen Besatzung der Stadt – und unter dem besonderen Schutz Friedrich Wilhelms III., eine Ausstellung veranstaltet. Im Jahr 1810 stand die Akademie unter Leitung eines Direktors, des Historienmalers Johann Christoph Frisch, eines Vizedirektors, des bekannten Bildhauers Johann Gottfried Schadow, und eines Sekretärs, des Architekten Heinrich Gentz. Der Direktion standen in ihrer Arbeit drei Rektoren aus verschiedenen Kunstgebieten bei: der Kupferstecher Daniel Berger, der einflußreiche Landschaftsmaler Friedrich Georg Weitsch und der Historienmaler Johann Gottlieb Puhlmann, der zugleich als Inspektor der Königlichen Galerie in Potsdam wirkte. Weitere Mitglieder des Senats waren der Hackert-Schüler Peter Ludwig Lüttke, die Historienmaler Franz Jakob Schumann und Johann Gottfried Niedlich, der Porträtist Paul Joseph Bardou und der Bildhauer Emanuel Bardou, die Kupferstecher Johann Joseph Freidhof und Meno Haas sowie der Bildhauer Karl Wichmann.

Die Ausstellung des Jahres 1810 ist aus verschiedenen Gründen als öffentliches Ereignis von besonderem Interesse. Die Ausstellung sollte laut den Worten des Sekretärs in der Vorrede im „Verzeichniss der Kunstwerke" nach der trüben Zeit des Krieges und unter Vorzeichen einer besseren Zukunft – des Sekretärs Vorrede wurde offensichtlich vor dem Tod der Königin geschrieben[25] – Rechenschaft von den Bemühungen der Akademie ablegen: „theils, ihrem erhabensten Beschützer den Antheil zu bezeugen, den sie an dem Glücke des neu geschenkten Friedens nimmt, theils endlich, Ihm und dem kunstliebenden Publikum die während der Zeit des allgemeinen Drangsals verwaiseten Künste zu fernerer Pflege vertrauensvoll entgegen zu führen" (S. V).[26] Das Verzeichnis der etwa 600 Exponate – 422 numerierte Werke, von denen ungefähr fünfzig mehrere nichtnumerierte Teile mit einschließen – enthält dementsprechend neben den zu erwartenden Gemälden und Skulpturen auch noch Produkte der Königlichen Porzellan-Manufaktur am Leipziger Platz, der Königlichen Eisengießerei am Neuen Königstor, verschiedener Fabriken wie einer Ofen- und einer Fayencefabrik sowie Uhren, Musikinstrumente, seidene Kaminschirme, Pferdedecken, Säbel und ein Spinnrad. Die Liste der ausstellenden Künstlerinnen und Künstler beginnt mit den Schwestern des Königs – Auguste, Kurfürstin von Hessen, und Wilhelmine, Erbprinzessin von Oranien –, die damals in Berlin im Exil lebten und Schülerinnen des Goethe-Freundes Friedrich Bury waren, der selbst ein vielbesprochenes Doppelbildnis (Nr. 62) seiner beiden erlauchten Schülerinnen lieferte, und verzeichnet neben Mitgliedern der Akademie und Lehrern an den Provinzialkunstschulen auch noch auswärtige und einheimische Künstler, „Dilettanten", Bildhauer, Architekten, Eleven und Schüler der Akademie und mehrere Kunsthandwerker. Bemerkenswert ist der erstmalige Auftritt einiger wichtiger auswärtiger Künstler: aus Rom Bertel Thorwaldsen, Joseph Anton Koch und Gottlieb Schick, aus Dresden Caspar David Friedrich und Gerhard von Kügelgen (selbst schon ordentliches Mitglied der Akademie).[27] Unter den heute noch bekannten Gemälden befand sich Weitschs große Landschaft mit dem Chimborazzo in Südamerika, mit Alexander von Humboldt und seinem Reisegefährten Bonpland. Erwähnenswert ist auch, daß zwei Söhne Gottfried Schadows – der Bildhauer Rudolf Schadow und der Maler Wilhelm Schadow – sowie der verstorbene Maler Carl Andreas Ludewig mit Werken vertreten waren; dessen vielgelobtem Doppelporträt seiner Eltern hat Arnim in den *Berliner Abendblättern* vom 11. Oktober ein Rätsel in Sonettform gewidmet:

Räthsel auf ein Bild der Ausstellung dieses Jahres

Es spielt das Jahr in Farben wunderbar,
Es spielt die Kunst mit manchem bunten Bild,
Und manches reizt, wenn es auch nicht erfüllt,
Wenn man vorüber, weiß man was es war.

O arme Kunst, du sinkend armes Jahr,
Sagt an was künftig dauernd von euch gilt,
In meinem Herzen ernste Andacht quillt
Für alles Schöne, was unwandelbar.

Da bleibt ein Bild in meiner Seele stehn,
Ich hab's nicht mehr als andre angesehn,
Es ist nicht reizend und es ist doch schön.

Daran hat Lieb die ganze Seel gesetzt,
Der Künstler starb, er werde nicht beschwätzt,
Zum Reich der Wahrheit hat ihn Lieb versetzt.

Trotz einiger Kritik – Schadow meinte, die Ausstellung sei „gering ausgefallen",[28] und Niebuhr murrte, daß sie „wenig gewährt, unter einem ungeheuren Praß von Sachen"[29] – wurde die Ausstellung eifrig besucht: Außer dem König und dem Kronprinzen wurde sie von bekannten Persönlichkeiten wie Arnim, Brentano, Clausewitz, Kleist, Schinkel besucht. Während ihrer sechswöchigen Dauer hat die Ausstellung außerdem als öffentliches Ereignis die lebhafte Reaktion der Bevölkerung bewirkt. „Erfreulich war der zahlreiche Besuch, die allgemeine Teilnahme aller Klassen der Gesellschaft an diesem allgemein menschlichen Genusse, der oft die geschiedensten zu gemeinsamer Anerkennung und Beurteilung zusammenführte", berichtete Arnim in seiner *Uebersicht der Kunstausstellung*, „die Kunst öffnet sich eigne Wege von einem zum andern, sie macht offenherzig und vertraulich". Und am 2. November meldete Brentano den Brüdern Grimm: „In den letzten sechs Wochen hat uns und die ganze Stadt die Ausstellung der Gemälde dieses Jahres hier unterhalten".[30]

In seiner *Uebersicht* fand Arnim, daß „der Fortschritt und das Ausgezeichnete der gelieferten Werke" weit mehr als die Ausstellungen früherer Jahre das Wohlwollen und die Empfänglichkeit des Publikums erweckt hätten. Das heiße noch nicht, daß die meisten ausstellenden Künstler das Mittelmäßige übertroffen hätten und zur Meisterschaft gelangt seien. Aber er beendet seine Bestandsaufnahme mit der optimistischen Hoffnung, daß es jetzt und in Zukunft „das edelste und höchste Geschäft der Künstler [sei], nicht sowohl selbst immer das Herrlichste im einzelnen Kunstwerke hervorzubringen, als vielmehr die Kunst überhaupt glücklichern ruhigern Zeiten zu erhalten, und in ganzer mechanischen Fertigkeit zu überliefern".

Allerdings ernteten die Ausstellung sowie die ausstellende Akademie unter den jungen Romantikern auch heftige Kritik. In seinem *Brief eines jungen Dichters an einen jungen Mahler* (*Berliner Abendblätter*, 6. November 1810) tadelt

Kleist die Praxis des Kopierens, die an der Kunstakademie die Grundlage des Unterrichts bildete. In der Tat enthält die Ausstellung Dutzende von Kopien – u. a. nach Carracci, Correggio, Leonardo da Vinci, Mengs, Raffael, Guido Reni, Reynolds, Ruisdael, Andrea del Sarto und van Dyck. „Uns Dichtern ist es unbegreiflich", beginnt Kleist, „wie ihr euch entschließen könnt, ihr lieben Mahler, deren Kunst etwas so Unendliches ist, Jahre lang zuzubringen mit dem Geschäft, die Werke eurer großen Meister zu copiren." Er weiß, daß die jungen Künstler von ihren Lehrern dazu angehalten werden, betont aber, daß junge Dichter ihren Lehrern zum Trotz und, wenn nötig, sogar heimlich in der Nacht hinter verschlossenen Türen ihrer eigenen Einbildungskraft nachhingen. Sonst würde die Phantasie durch die unendliche Untertänigkeit „unerbittlich und unrettbar" zugrunde gehen. Er ermutigt die jungen Maler, aus Selbstachtung ihr „Eigenstes und Innerstes zur Anschauung zu bringen".

Wenn Kleist hier den Kunstunterricht an der Akademie bemängelt, so hat er zwei Wochen zuvor in seinem *Brief eines Mahlers an seinen Sohn* (*Berliner Abendblätter*, 22. Oktober 1810) sogar die Gesinnung eines führenden Mitglieds angegriffen. Der Sohn hat nämlich seinem Vater geschrieben, daß er eine Madonna male (ein deutlicher Hinweis auf die vielen Madonnen und sonstige religiöse Gemälde in der Ausstellung), daß ihm aber sein eigenes Gefühl „so unrein und körperlich" erscheine, daß er jedesmal, wenn er zum Pinsel greife, das Abendmahl nehmen möchte, „um es zu heiligen". Der Vater mahnt ihn, daß er an „einer falschen, dir von der Schule, aus der du herstammst, anklebenden Begeisterung" leide. In der Kunst, behauptet er, gehen „die göttlichsten Wirkungen aus den niedrigsten und unscheinbarsten Ursachen hervor". Aus Arnims *Uebersicht* (vom 12. November) erfahren wir, daß es Kleist auf die ausgestellte Madonna des Rektors und Hofmalers Weitsch abgesehen hatte.[31]

„*Weitsch* hat ein reizendes Gesicht zur Madonna gewählt, auch hat es einigen Ausdruck von Andacht, aber die Madonna muß überhaupt mehr als reizend und andächtig sein, und in einer so viel versuchten, ganz bestimmten Aufgabe, an der so ungeheure Vorarbeiter vorausgegangen, ist die Leichtigkeit zu verwundern, mit der sich gute Künstler an die Aufgabe machen, die ein ironischer Brief in diesen Blättern (B. 19) recht artig darstellte."

In einer früheren Rezension, die vom 6. bis 19. Oktober in den *Abendblättern* veröffentlicht wurde, hatte sich bereits Ludolph von Beckedorff, der schriftstellernde Anwärter auf eine Staatsposition, ausführlich als Kritiker und Theoretiker mit der Kunst der sehr beliebten und in der Ausstellung reichlich vertretenen Gattung des Porträts befaßt. (Neben der königlichen Familie und mehreren Personen des Hofes sowie vielen ungenannten Personen waren auch Goethe, Wieland, Iffland, die Zwillingsbrüder Karl und Gerhard von Kügelgen und der Kammersänger Fischer porträtiert.) „Das Porträt soll überhaupt den Menschen darstellen, wo möglich, im vollständigsten und gedrängtesten Augenblicke seines Lebens; dergestalt, daß nicht bloß der äußere Schein und Schatten seiner Züge ähnlich abgeschrieben, sondern sein ganzes Innres gleichsam eröffnet und die daurende Grundrichtung seines Wesens vernehmlich offenbart werde." Indem er sich in die zeitgenössische Kontroverse zwischen den idealisierenden und den realistischen Porträtmalern mischt, meint Beckedorff, die Porträtmaler seiner Zeit seien vor eine schwierigere Aufgabe gestellt als ihre Vorgänger.

„Das durchgängige Streben unserer Zeitgenossen nach einer äußern allgemeinen Politur, nach einem convenzionellen Scheinleben verhindert das Heraustreten und also auch das Auffassen entschiedener Eigenthümlichkeiten, und daher ist es zu begreifen, warum sinnige und bescheidene Künstler, die ihre Kunst und ihre Zeit kennen, mit Recht zu einer bedeutsamen, man möchte sagen, symbolisirenden Einkleidung und Abfassung ihrer Porträte ihre Zuflucht haben nehmen müssen." (8. Oktober)

Nicht weniger als dreimal haben sich also die jungen und angriffslustigen Mitarbeiter der *Berliner Abendblätter* mit der königlichen Institution der Kunstakademie kritisch auseinandergesetzt.

Verklärung der Königin

Unter den verschiedenen Porträts dominiert erwartungsgemäß die Gestalt der kürzlich verstorbenen Königin, wobei Arnim in seiner *Uebersicht* vor allem die noch schülerhafte Darstellung durch den kaum zwanzigjährigen Wilhelm Schadow hervorhob:

> „Allgemein war der Wunsch, das Bild der verehrten Königin von geschickterer Hand ähnlich bewahrt zu finden, unter verschiedenen, welche dieser Wunsch hervorgebracht, wurde das Bild von *Schadow* vorgezogen, ungeachtet es bloß nach anderen Bildern und nach dem Rate verehrter Angehörigen der Verstorbenen gemalt worden."

Beckedorff hat, wenn auch etwas mißbilligend, diese Meinung bestätigt: „Seine Majestät, der König, hat das Schadowsche Porträt für das ähnlichere erklärt und dadurch den Werth desselben in dieser Rücksicht bestimmt."

Außer auf den Porträts war die Gestalt der Königin noch in mehreren anderen Kunstformen dargestellt. Die große Vase mit den Profilstandbildern der Königin und ihrer sieben Kinder, welche dem König zum Geburtstag überreicht worden war, stand unter den Arbeiten der Königlichen Porzellan-Manufaktur (Nr. 232). Karl Friedrich Schinkel hat einen Entwurf für die Begräbniskapelle der Königin beigetragen (Nr. 189). In einer ausführlichen Anmerkung erklärte er seine Absicht, „die heitere Ansicht des Todes zu geben, welche allein die wahre Religion, das echte Christenthum dem ihr Ergebenen gewährt". Dafür sei, so schreibt er, der Stil, welcher der Religiosität des Mittelalters entspricht, besser geeignet als die Architektur des Heidentums. Demgemäß gestaltet der Entwurf die Außenseite des Gebäudes in hochgotischem Stil und nicht, wie der dann durch Heinrich Gentz realisierte Bau des Mausoleums in Charlottenburg, in dorischem Stil. Auch der Innenraum erreicht eine Wirkung, die von der nüchternen Atmosphäre des Gentzschen Bauwerks völlig absticht. „Vor dieser Halle ist eine Vorhalle, die von den dunkelsten Bäumen beschattet wird; man steigt Stufen hinan und tritt mit einem sanften Schauer in ihr Dunkel ein, blickt dann durch drei hochgewölbte Bogenöffnungen in die liebliche Palmenhalle, wo in hellem morgenrothen Lichte die Ruhende, umringt von himmlischen Genien, liegt."

Andere Werke porträtieren die Königin in Öl, Pastell und Marmor oder geben bekannte Szenen aus ihrem Leben wieder. In einem Kupferstich (Nr. 15) übergibt ihr die Deputation der Stadt Berlin am 23. Dezember 1809 den neuen Staatswagen (der seit dem Leichenzug wohl besonders große Rührung bewirkt hat). Eine Reiterstatuette Emanuel Bardous zeigt die Königin zu Pferd (Nr. 185), wie sie ihrem Dragonerregiment bekannt war. (Aus einem zeitgenössischen Bericht wissen wir, daß das Regiment den König gebeten hatte, sich nach der Königin nennen zu dürfen. Nach Genehmigung dieser Bitte erschien die Königin zu Pferde, „in die Farben des Regiments gekleidet, ließ sich das Offizierskorps vorstellen und lud dasselbe in Charlottenburg zu Tische". Auch den Franzosen war die Königin in ihrer Regimentsuniform ein beliebter Gegenstand der Darstellung bzw. Karikatur.[32]) Ein Gemälde von Paul Joseph Bardou zeigt die Königin, wie sie von Sternen umkränzt – nach dem Muster von Arnims *Nachtfeier* – dem himmlischen Vaterland entgegenschwebt (Nr. 351). Eine Federzeichnung

(Nr. 391) zeigt die anrührende Todesszene. Diese Darstellungen trugen zum Prozeß der Mythisierung Luisens, der seit ihrem Tod zwei Monate zuvor in Gang war, erheblich bei.

Die heilige Cäcilie

Neben der Königin wurde ein weiteres Motiv mehrmals in der Ausstellung dargestellt: die heilige Cäcilie, und zwar viermal – zweimal in Pastell, jeweils als Kopie des bekannten Gemäldes von Domenichino aus dem Louvre (Nr. 168 und 414), einmal nach Raffael (Nr. 364; Original in Bologna, aber von 1796 bis 1815 in Paris) und schließlich als eine Original-Skizze in Öl von dem verstorbenen Künstler Carl Andreas Ludewig (Nr. 204), die der König für seine eigene Sammlung erwarb. Das Motiv der heiligen Cäcilie wurde schon seit Jahren in Deutschland immer beliebter.[33] Die Verbindung der Heiligen mit der Musik beruht bekanntlich auf einem Übersetzungsfehler. In der mittelalterlichen Legende heißt es, daß die Heilige an ihrem Hochzeitstag, während die Instrumente erklangen *(cantantibus organis)*, „in ihrem Herzen allein dem Herrn sang"; aber in der Liturgie und der Volksfrömmigkeit wurde der Satz so abgekürzt, daß jetzt Caecilia selbst bei ihrem Gesang die Orgel spielte.[34] Seit dem 14. Jahrhundert wurde die Heilige in der Malerei immer wieder als Schutzpatronin der Musik abgebildet. Seit dem 16. Jahrhundert florierten in Italien, Frankreich und England musikalische Cäcilienbünde, für deren Feste Purcell seine „Cäcilienode" (nach Dryden) und Händel sein *Alexander's Feast of the Power of Musick* komponierte. Diese Bewegung dehnte sich langsam auch nach Deutschland aus.

Im Oktober 1786 bewunderte Goethe in Bologna das Bildnis der heiligen Cäcilie von Raffael, und einen Monat später (22. November) nahm er in Rom am Cäcilienfest in der Kirche Santa Cecilia teil. Allerdings ist seine Beschreibung erst 1814 bei der Veröffentlichung der *Italienischen Reise* bekannt geworden. Aber 1793 hatte Herder in seinen *Zerstreuten Blättern* (5. Sammlung) den Aufsatz *Cäcilia* veröffentlicht, in dem er seine Prinzipien für die Erneuerung der Kirchenmusik entwickelte, wobei er den Grundsatz aufstellte, der später in den kirchenmusikalischen Reformbewegungen nicht nur eine entscheidende Rolle spielen sollte, sondern auch bei der Gründung solcher Vereine wie Zelters Berliner Liedertafel: „Die Basis der heiligen Musik ist Chor."[35] Somit fand das Cäcilienmotiv nicht nur über die italienische Tradition Eingang in die deutsche Malerei – bereits 1795 wurde ein Bild der „Heiligen Cäcilie" auf der Berliner Ausstellung gezeigt –, sondern gewann auch in der Musik in Deutschland Bedeutung.

In Wackenroders *Herzensergießungen eines kunstliebenden Klosterbruders* (1797), in denen der Musiker Josef Berglinger ein Gebet an die heilige Cäcilie spricht, hört man einen neuen Ton:

> „Deine wunderbaren Töne,
> Denen ich verzaubert fröne,
> Haben mein Gemüt verrückt.
> Löse doch die Angst der Sinne –
> Laß mich in Gesang zerrinnen,
> Der mein Herz so sehr entzückt."

Hier begegnet uns Cäcilie nicht einfach als Vertreterin einer andächtigen Kirchenmusik, sondern „als Repräsentantin magischer, zauberischer Mächte, als eine Art von geistlicher Loreley – fähig, den ihr verfallenen Musiker zu verzaubern, sein Gemüt zu ‚verrücken', aber auch ihn wieder zu befreien, seine Angst zu lösen, ihn in Gesang ‚zerrinnen' zu lassen".[36] Als Friedrich Schlegel im Frühling 1804 in Paris Raffaels Darstellung der heiligen Cäcilie betrachtete, bewunderte er vor allem ihre Beziehung zur Musik: „es ist die ganze Wundertiefe und Wunderfülle dieser magischen Kunst andeutend hier entfaltet."[37] Allerdings besteht daneben immer noch das traditionelle Bild. Johann Gottfried Schadow porträtierte den 1800 verstorbenen Komponisten Karl Fasch, Gründer der Singakademie, mit einer heiligen Cäcilie und musizierenden Engeln, und in einem Gedächtnisbild für die Singakademie zeigte Wilhelm Schadow die 1806 verstorbene Sängerin Julie Zelter zusammen mit der heiligen Cäcilie und einem Engel. Im Jahr 1812 entwarf Karl Friedrich Schinkel für einen neuen Saal der Singakademie ein großes (nie ausgeführtes) Wandbild der heiligen Cäcilie. Und Herders Auffassung vom religiös-moralischen Nutzen der Musik erkennt man in den Grundsätzen wieder, die Zelters 1809 gegründeter Liedertafel zugrunde liegen. Zweck des Vereins sei laut der *Spenerschen Zeitung* vom 18. Januar 1810, „Dichtung und Musik zur Belebung und Erhöhung jeder guten Gesinnung anzuwenden und in dieser Hinsicht allgemein zu verbreiten".[38]

Die romantische, von Wackenroder herstammende Auffassung der Gestalt Cäciliens als Symbol für die Macht der Töne schlechthin läßt sich deutlich in Heinrich von Kleists Legende *Die heilige Cäcilie oder die Gewalt der Musik* erkennen. Wir brauchen nicht auf Carlo Dolcis Gemälde der *Heiligen Cäcilie*, das Kleist von Dresden her kannte und das Cäcilie in der Tat als Orgelspielerin zeigt, zurückzublicken, um eine unmittelbare Anregung für Kleists Erzählung zu entdecken.[39] Wir wissen, daß Kleist die Ausstellung wiederholt und mit intensivem Interesse besucht hat, und dort hatte er die beste Gelegenheit, die Kopien der Gemälde von Raffael und Domenichino zu studieren.[40] Zwar ist seine (unten zu erörternde) Würdigung von Caspar David Friedrichs Landschaftgemälde das bekannteste Ergebnis dieses Interesses. Aber es liegt nahe anzunehmen, daß er auch durch die vier Darstellungen der heiligen Cäcilie zu seiner Erzählung angeregt worden ist.

Die Taufe der Cäcilie Müller

Kleists Legende wurde bekanntlich als Taufgeschenk für die am 27. Oktober 1810 geborene Tochter seines Freundes und Mitarbeiters Adam Müller geschrieben. Die Taufe, die nach dem Taufregister der französischen Gemeinde am Freitag, dem 16. November, *en chambre* – das heißt, in der Müllerschen Wohnung in der Behrenstraße – von Pastor Franz Theremin vorgenommen wurde, kann in der Tat als „ein ausgesprochen glanzvolles Fest der Berliner Romantik" bezeichnet werden.[41] Von den sechzehn Gästen, die anwesend waren – zwei Taufpaten fehlten –, gehören die meisten zu den führenden Persönlichkeiten des Berliner kulturellen Lebens: Müller und seine Frau Sophie, Kleist, Arnim, Friedrich von Pfuel, Carl Ferdinand Langhans (Sohn des Erbauers des Brandenburger Tors), Ludolph von Beckedorff, Kunigunde von Savigny (Schwester von Clemens und Bettine Brentano und Frau des Rechtshistorikers) und Elisabeth Stägemann (Frau des Finanzministers). Geradezu unheimlich mutet es an, daß gemeinsam Kleist, Frau Vogel und Frau von Peguilhen da waren, an deren Mann rund ein Jahr später, am 21. November 1811, Kleist und Henriette Vogel ihren letzten Brief vor ihrem Doppelselbstmord richten sollten.

Aus politisch-praktischen Gründen hatte Müller in Berlin seine Bekehrung zum Katholizismus – 1805 in Wien – geheimgehalten und deswegen seine Tochter von seinem Jugendfreund Theremin – 1810 Nachfolger Peter Friedrich

Ancillons als Pfarrer der französischen Gemeinde an der Friedrichswerderschen Kirche, 1815 Hof- und Domprediger und 1824 Oberkonsistorialrat und vortragender Rat im preußischen Kultusministerium – evangelisch taufen lassen. Daß aber seine engsten Freunde von seiner Bekehrung zum Katholizismus wußten, beweist unter anderem die Tatsache, daß Kleist der Tochter als „Taufangebinde" ausgerechnet eine erzkatholische Legende bescherte.

Arnim hatte bereits zwei Tage vor der Taufe in den *Berliner Abendblättern* (14. November 1810) seinem Freund ein Distichon gewidmet:

Auf einen glücklichen Vater
Den 7. Novemb. 1810

Eines verlieh ich Dir gern, der Orden ersten und höchsten,
Hängt Dir die Tochter am Hals, trägst Du den schönsten gewiß.

Am nächsten Tag erschien dann die erste Folge von Kleists *Die heilige Cäcilie oder die Gewalt der Musik. Eine Legende. (Zum Taufangebinde für Cäcilie M...).* Wenn wir die erste, kurze Fassung der Legende, die in drei Folgen (15./16./17. November) veröffentlicht wurde, betrachten, dann fallen Ähnlichkeiten zu den ausgestellten Gemälden sofort auf. In der bekannteren späteren Druckform hat Kleist das Schwergewicht weitgehend verschoben: Die Ereignisse des Fronleichnamsfests, an dem angeblich die heilige Cäcilie erscheint, um das Oratorium zu dirigieren und dabei die Macht der Musik gegen die Bilderstürmer zu beweisen, sind rasch erzählt (drei Seiten); aber die Analyse der Wirkung der Musik auf die vier Brüder und die Gespräche zwischen ihrer Mutter und der Äbtissin nehmen dreimal so viel Raum in Anspruch (neun Seiten). In dieser späteren Fassung interessiert sich Kleist hauptsächlich für die makabre psychologische Situation der Brüder und die verwirrten Empfindungen der Mutter, die erst hier als Figur eingeführt wird.[42] In der früheren Zeitungsfassung beschäftigt er sich hingegen vorwiegend mit den mysteriösen Ereignissen am Fronleichnamstag: von den 211 Zeilen der Erzählung befassen sich nur 81, kaum mehr als ein Drittel, mit dem wunderlichen Nachspiel.

Nur für die erste Fassung gilt also eigentlich der Titel: *Die heilige Cäcilie oder die Gewalt der Musik. Eine Legende*, denn die zweite Fassung hat verhältnismäßig wenig mit der Gestalt der Heiligen zu tun und wirkt in den letzten beiden Dritteln eher wie eine psychiatrische Fallstudie und erscheint weniger legendenhaft. Vier Brüder, von denen drei im evangelischen Wittenberg studieren und einer in Antwerpen als Prädikant* angestellt ist, treffen sich gegen Ende des sechzehnten Jahrhunderts, zur Zeit des Bildersturms in den Niederlanden, in Aachen, um eine Erbschaftsangelegenheit zu regeln. Als sie hören, daß die Nonnen im Kloster der heiligen Cäcilie, das (entgegen den geschichtlichen Tatsachen!) vor den Toren der Stadt liegt, im Begriff sind, den Fronleichnamstag festlich zu feiern, beschließen die jungen Männer, „auch der Stadt Aachen das Schauspiel einer Bilderstürmerei zu geben". Die Äbtissin wird gewarnt, hat aber zum Schutz des Klosters nur einen siebzigjährigen Vogt mit einigen Troßknechten. Außerdem ist die Kapellmeisterin, Schwester Antonia, die das Orchester zu dirigieren pflegt, an einem Nervenfieber ernstlich erkrankt und ist nicht imstande, die „uralte, von einem unbekannten Meister herrührende, italiänische Messe" aufzuführen. So befiehlt die Äbtissin den Nonnen, statt dessen ein Oratorium von minderem Wert vorzutragen. Aber am Festtag – schon lauern

* Evangelischer Prediger.

mit den Brüdern mehr als hundert Frevler, die mit Zerstörungswerkzeugen aller Art versehen sind, im Dom, und die Nonnen schicken sich auf dem Orgelaltan an, das Oratorium vorzutragen – erscheint plötzlich Schwester Antonia, die Partitur der Messe unter dem Arm. Anstatt auf die erstaunten Fragen der Nonnen zu antworten, verteilt sie die Partitur und setzt sich „von Begeisterung glühend“ an die Orgel. Ein wunderbarer himmlischer Trost erfüllt die Herzen der Frauen und führt ihre Seelen durch alle Himmel des Wohlklangs. Die Messe wird ohne Unterbrechung und mit aller musikalischen Pracht aufgeführt. So ergriffen sind alle Anwesenden von der Macht der Musik, daß nicht einmal der Staub auf dem Estrich durch die Unruhestifter aufgewirbelt wird; das Kloster besteht bis zu seiner Säkularisierung am Ende des Dreißigjährigen Kriegs weiter. (Es stellt sich später heraus, daß Schwester Antonia in der entscheidenden Stunde immer noch krank darniederlag und bald darauf starb; niemand weiß, wer an ihrer Stelle erschienen ist, um das Oratorium zu dirigieren.) Soweit der erste Teil der Erzählung, dem dann kürzer (in der dritten Folge) oder länger (in der gedruckten Version) die Geschichte vom Schicksal der „gottverdammten“ Brüder folgt.

Es wird häufig angenommen, daß der zweite Teil der Erzählung, der von dem merkwürdigen Verhalten der vier Brüder handelt, durch einen Bericht von Matthias Claudius („Der Besuch im St. Hiob zu**“, 1784) angeregt worden sei;[43] er zeugt jedenfalls von Kleists Interesse an psychologischen Sonderfällen. Meines Wissens hat noch niemand auf die Beziehung des ersten Teils zu den beiden Cäcilien-Gemälden – Raffael und Domenichino – hingewiesen, deren Kopien zu jener Zeit in der Ausstellung zu betrachten waren. Es ist möglich, daß Kleist beide Gemälde schon in Paris gesehen hat; und eine (schlechte) Kopie der Raffaelschen Cäcilie hing nach Schlegels schon zitiertem Bericht neben

Dolcis Gemälde in der Dresdner Galerie.[44] Selbstverständlich besteht zwischen den Gemälden von Raffael und Domenichino und der Handlung von Kleists Erzählung kein direkter Zusammenhang. Aber abgesehen davon, daß es wahrscheinlich ist, daß die vier ausgestellten Cäcilien-Gemälde Kleist erst auf den Einfall brachten, die Taufe des Kindes mit einer Cäcilienlegende zu feiern, lassen sich in den Gemälden verschiedene Motive identifizieren, die in der Erzählung auch auftauchen. Was den Stoff betrifft: schon Friedrich Schlegels Beschreibung von Raffaels Darstellung nimmt die Bezähmung der Bilderstürmer durch die Gewalt der Musik vorweg. „Der wild in sich versunkne Paulus mit dem gewaltigen Schwerdt zur Linken, erinnert uns an jene alte Kraft der Melodieen, die Thiere bezähmen und Felsen bewegen konnte, aber den Menschensinn zerreißen und in wilde Begeisterung verkehren." Die Gestalt der Magdalena, die ihm gegenübersteht, erinnert an „den holden Einklang der in Ewigkeit friedlichen Geister, welcher in den Zaubertönen der irdischen Musik zwar schwächer, doch deutlich wiederklingt", parallel zu Kleists Nonnen, deren Seelen „wie auf Schwingen, durch alle Himmel des Wohlklangs" wandeln. Die Instrumente, die der Cäcilie zu Füßen liegen, erinnern ferner an Kleists Nonnen, im „Spiel jeder Art der Instrumente geübt". Und Raffaels Cäcilie selber hält, auch wenn sie nicht wie Kleists Heilige an einer Konsolorgel sitzt, der Tradition gemäß eine kleine Orgel in den Händen. (Auf Dolcis Gemälde, das Kleist vermutlich von Dresden her kannte, sitzt allerdings die Heilige wie in der Erzählung an einer Orgel.) Raffaels und Domenichinos Cäcilien blicken beide wie auch Kleists Antonia/Cäcilie ekstatisch in die Höhe, aber nur bei Domenichino begegnet das Motiv des kleinen Putto, welcher der musizierenden Heiligen eine Partitur hinhält, während eine weitere Partitur auf dem Boden liegt (die Partituren könnten Kleist wohl auf den Gedanken der im Text erwähnten „uralten [...] italiänischen Messe" gebracht haben). In der späteren Fassung hat Kleist weitere „Instrumente" aufgeführt, welche die Nonnen spielen: „Geigen, Hoboen und Bässe". In Raffaels Gemälde sind neben Trommeln und einem Triangel auch verschiedene Holzblasinstrumente und eine Laute abgebildet. Domenichinos Cäcilia hingegen spielt auf einer Baßgeige (oder spielt im Stehen Cello), während auch hier ein oboenähnliches Instrument auf dem Boden liegt. – Es ist also nicht unwahrscheinlich, daß Kleists Legende nicht nur durch die ausgestellten Kunstwerke angeregt, sondern auch in der Beschreibung von Einzelheiten von den Gemälden Raffaels und Domenichinos beeinflußt wurde.

Ein letzter Nachklang der Cäcilien-Gemälde läßt sich vermutlich noch in Brentanos *Romanzen vom Rosenkranz* erkennen. In der XI. Romanze, an der Clemens Brentano gerade um die Zeit der Ausstellung arbeitete, erblickt der geniale junge Rechtsgelehrte Jakopone seine zukünftige Frau zum ersten Mal, als er zu seiner Doktorprüfung unterwegs ist, und erbittet ihre Gebete für seinen Erfolg. Später will er sie aufsuchen, um von seinem Erfolg zu berichten, als er im Garten eines Klosters durch Gesang und Orgelspiel in die Kapelle gelockt wird:

> „Und er wurzelt auf der Schwelle;
> Rosarose schlägt die Orgel
> Singend, ohne ihn zu sehen,
> Zwischen Engelbildern golden.
>
> Auf dem kleinen Orgelwerke
> Steht das Bild der Mutter Gottes;
> Frische Rosen reicht ein Engel
> Unserm Herrn in ihrem Schoße.
>
> [...]

Und die leichten Bälge tretend
Sieht er einen goldumlockten,
Schönen Knaben freudig schweben.
Ach! er glich dem Liebesgotte, […].“

Ekstatischer Gesang, Orgel, Putto – diese ganze Szene wimmelt geradezu von Motiven, die in der Ausstellung zu sehen waren. (Vermutlich hat Brentano auch in Dresden die Darstellung Dolcis gesehen, auf der die Heilige an einer Orgel sitzt.)

Caspar David Friedrichs Landschaften

Das am heftigsten diskutierte und wohl auch (bis in die Gegenwart!) am meisten kontroverse Gemälde der Ausstellung war ohne Zweifel die Landschaft, die heute als *Der Mönch am Meer* weltweit bekannt ist. Caspar David Friedrich war in der Ausstellung mit drei Werken vertreten: zwei Landschaften ohne Titel in Öl (Nr. 339, heute *Der Mönch am Meer* und *Abtei im Eichwald*) und einer Zeichnung in Bistre (Nr. 340), die im Ausstellungskatalog erst im „Anhang später eingesandter Kunstsachen“ verzeichnet sind. Die Darstellung des Küstenstreifens der Insel Rügen ist mit aller Wahrscheinlichkeit im Jahre 1808 begonnen worden.[45] Das Gemälde wurde im Februar 1809 im *Journal des Luxus und der Moden* zum ersten Mal beschrieben und im Lauf des nächsten Jahres wiederholt erwähnt – etwa von Johanna Schopenhauer und dem Verleger K. F. Frommann –, wohl auch überarbeitet. Am 12. September 1810 hat Schleiermacher und eine Woche später Goethe das Werk in Friedrichs Atelier gesehen.[46] Aller Wahrscheinlichkeit nach war es Schleiermacher – der als Mitglied der Sektion für den öffentlichen Unterricht im Berliner Innenministerium auch für die

Kunstakademie und ihre Ausstellungen zuständig war –, der Friedrich bewog, die beiden neuen Gemälde nach Berlin auf die Ausstellung zu schicken; denn die darin zum Ausdruck gebrachten Gedanken entsprechen bekanntlich weitgehend seinen eigenen theologischen Anschauungen.[47]

In Arnims *Uebersicht* wird Friedrich als erster unter den Landschaftsmalern aufgeführt, „weil seine Kraft, ausgezeichnete Momente der Himmelskonstellation, die selbst arme Gegenden für einzelne Stunden sehr anziehend machen können, aufzufassen und seine Ungeschicklichkeit in der Behandlung der Farben, zu den widersprechendsten Urteilen hinriß“. Aber die Küstenlandschaft wird nicht namentlich erwähnt oder besprochen. Dafür hat er aber für den Essay seines Freundes Brentano – *Verschiedene Empfindungen vor einer Seelandschaft von Friedrich, worauf ein Kapuziner*, wo zum ersten Mal die Bezeichnung der kleinen Figur als Kapuziner oder Mönch vorkommt (die seitdem haftengeblieben ist) – einen abschließenden Absatz geschrieben.[48] Von Brentano, dem die Symbolik, Phantastik und dem die Arabesken Philipp Otto Runges viel näher lagen – der von Runge Illustrationen zu seinen *Romanzen vom Rosenkranz* erbat und der dem verstorbenen Künstler in den *Berliner Abendblättern* (19. Dezember 1810) ein vierseitiges *Andenken* widmen sollte –, erwarten wir allerdings keine unvoreingenommene Wertung eines Malers wie Friedrich. Seine Ausführungen beginnen mit einer kurzen Einleitung, in der er von den herrlichen Gefühlen spricht, die man habe, wenn man vor einer wirklichen Landschaft stehe und „in unendlicher Einsamkeit am Meeresufer unter trübem Himmel auf eine unbegrenzte Wasserwüste hinschaut“. Laut Brentanos romantisch-subjektiver Auffassung erkennt der Betrachter in der Landschaft seine eigenen Erlebnisse und vernimmt die eigene Stimme „im Rauschen der Flut, im Wehen der Luft, im Ziehen der Wolken, in dem einsamen Geschrei der

Vögel". Das Herz erhebt einen „Anspruch", indem der Betrachter die Sehnsucht empfindet, in die Landschaft jenseits der unendlichen See einzutreten, aber die Natur tut ihm „Abbruch", indem sie ihm diesen Eintritt verwehrt.[49] was folgt, klingt fast, als stamme es von einem modernen Rezeptionsästhetiker oder Anhänger der „reader response"-Theorie, der die Lücken des Textes mit den eigenen Gedanken ausfüllt – eine Rezeption jedenfalls, die von der frühromantischen Auffassung des Kunstwerks als unantastbar und absolut weit entfernt ist.) „Dieses aber ist vor dem Bild unmöglich, und das, was ich in dem Bilde selbst finden sollte, fand ich erst zwischen mir und dem Bilde, nämlich einen Anspruch, den mir das Bild tat, indem es denselben nicht erfüllte; und so wurde ich selbst der Kapuziner, das Bild war die Düne, das aber, wo hinaus ich mit Sehnsucht blickte, die See, fehlte ganz." Mit anderen Worten: der Betrachter im Gemälde und der Betrachter vor dem Gemälde wollen beide dasselbe, nämlich das entziffern, was vor ihnen liegt – in dem einen Fall die Seelandschaft und in dem anderen das Bild selbst. Um seinen Empfindungen zu begegnen, hört Brentano auf die Äußerungen der verschiedenen Ausstellungsbesucher, wobei das Gemälde, vor welchem „eine Handlung vorgehen muß, indem es keine Ruhe gewährt", nur mehr zu einer Dekoration reduziert wird. Es folgt dann eine Reihe von kurzen satirischen Szenen, in denen meist ahnungslose Besucher ihre Hilflosigkeit angesichts von Friedrichs Landschaft zum besten geben.[50] So spricht ein geistreicher Herr, der das Gemälde „unendlich tief und erhaben" findet, mit einer dummen Frau Kriegsrat, die alles wortwörtlich nimmt: die dargestellte See sei tief und der Kapuziner erhaben. Zwei junge Damen haben kaum weniger Wissen als zwei Kunstverständige, die nach ihnen an dem Gemälde vorbeispazieren. Den beiden „Demoiselles" mit ihrer Erzieherin fällt zum Bild nichts ein als die Kolonialwaren und die Bernsteinketten, die aus Rügen kommen. Zwei Herren, die eine junge Frau mit zwei Kindern begleiten, zeigen mehr Verständnis, indem sie begreifen, daß für Friedrich das Meer nicht bloß Staffage ist, sondern die Sache selbst: eine Landschaft, in die er die eigenen Träume projiziert „wie in einen traurigen Spiegel seiner eigenen Abgeschlossenheit". Für eine Dame und ihren Führer wirkt das Gemälde bloß als Hintergrund, vor dem sich ihr witziger Flirt abspielt. Erst nach dieser Darstellung der öffentlichen Reaktion auf Friedrichs Gemälde kommt Arnim an die Reihe, indem Brentano „einen glimpflichen langen Mann" – es handelt sich um seinen Zimmergenossen – bemerkt, der „mit einigen Zeichen von Ungeduld" den Leuten zugehört hat, die überzeugt sind, die Gemälde „ständen hier wegen eines geheimen Verbrechens am Pranger, das die Zuschauer durchaus entdecken müssen". Der Mann freut sich – in Worten, die Arnims *Uebersicht* vorwegnehmen –, „daß es noch einen Landschaftsmaler gibt, der auf die wunderbaren Konjunkturen des Jahres und Himmels achtet, die auch in der ärmsten Gegend die ergreifendste Wirkung hervorbringen".[51] Er meint aber, daß der Künstler neben seinem Gefühl zu wenig Begabung und Studium besitze und hinter den Holländern zurückstehe, die ähnliche Gegenstände behandelt haben. Zum Schluß geht der Verfasser mit dem „glimpflichen langen Mann" nach Hause – das heißt, in ihre gemeinsame Wohnung in der Mauerstraße.

Brentanos dialogisierter Aufsatz, zu dem auch Arnim im letzten Teil beigetragen hat, war für die *Berliner Abendblätter* geschrieben, aber Kleist fand den Essay erstens zu lang und zweitens zu ironisch-kritisch gegenüber einem Maler, mit dem er von Dresden her befreundet war, und einem Gemälde, das ihn faszinierte und dem er sich mit völlig anderen Maßstäben näherte als Brentano. So hat Kleist den Text für die *Berliner Abendblätter* – in denen der Beitrag am

13. Oktober veröffentlicht wurde, und zwar unter Brentanos Chiffre (*cb.*) – radikal (auf etwa ein Fünftel) gekürzt: ein Vorgehen, das Brentano zutiefst geärgert hat. Schon am nächsten Tag (14. Oktober 1810) schrieb Kleist an Arnim und bat ihn, Brentano wieder günstig zu stimmen. Er spricht von den „Widerwärtigkeiten" der Herausgebertätigkeit und von seiner eigenen „Unpäßlichkeit". Vor allem erinnert er Arnim an dessen eigene Worte – daß Kleist mit dem, was Arnim und Brentano ihm schickten, machen solle, was er wolle. In diesem Fall hätten die beiden durch ihre lustige Stimmung die Bedingung vergessen, daß ihre Beiträge kurz sein müßten. Er versichert den Freunden, daß er bei der Kürzung keine Spur von bösem Willen gehabt habe. Eine Woche später (am 22. Oktober) veröffentlichte Kleist eine „Erklärung", in der er schrieb, daß der Raum der Zeitung eine Kürzung erfordert habe, daß sich dabei aber der Charakter des Beitrags radikal verändert habe: „nur der Buchstabe desselben gehört den genannten beiden Hr.; der Geist aber, und die Verantwortlichkeit dafür, so wie er jetzt abgefaßt ist, mir".

In der Tat hat Kleists editorischer Eingriff den Beitrag erheblich verändert.[52] Bei der Kürzung, die sogar den Titel betraf, hat er sämtliche dialogischen Szenen, zusammen mit Arnims Anteil, fallenlassen und nur die knappe Einleitung beibehalten. Vor dem letzten Satz der Einleitung schob er aber einige neue Sätze ein, die den kritischen Charakter des Originals völlig verwandelten.[53] Da das Gemälde keinen malerischen Vordergrund hat, nur durch seinen Rahmen abgegrenzt wird und damit alle herkömmlichen Kategorien der Perspektive zerschlägt, scheint es Kleist, „wenn man es betrachtet, als ob einem die Augenlider weggeschnitten wären". Orientierungslos vor diesem perspektivelosen Gemälde, meint Kleist in seiner Revision des Brentanoschen Textes, habe der Maler, anstatt irgendwelche Begrenzung seiner technischen Fähigkeiten zu erkennen zu geben, „zweifels ohne eine ganz neue Bahn im Felde seiner Kunst gebrochen". Kleist gesteht seine Überzeugung, daß Friedrich „mit seinem Geiste", selbst wenn er mit märkischem Lehm malte, sogar eine Quadratmeile märkischen Sandes so überzeugend darzustellen vermöchte, daß das Bild „eine wahrhaft Ossianische oder Kosegartensche Wirkung tun müßte"[54] – so wahrhaft, daß man „die Füchse und Wölfe damit zum Heulen bringen" könnte. Und das sei, meint Kleist, „das Stärkste, was man, ohne allen Zweifel, zum Lobe für diese Art von Landschaftsmalerei beibringen kann".

In Kleists Anerkennung der schockartigen Wirkung von Friedrichs Kunst einerseits, der eher kritischen Einstellung Arnims und Brentanos andererseits ist die kunsthistorische Kontroverse der nächsten Jahrzehnte vorweggenommen. Friedrichs neuartige Kunst wurde nämlich zum Prüfstein der Temperamente und des Urteils. Bekanntlich hatte sein Tetschner Altar 1808 einen Streit zwischen Klassizisten wie Basilius von Ramdohr und den Romantikern ausgelöst. So umstritten war Friedrichs Kunst, daß er am 12. November 1810 nur mit knapper Mehrheit (fünf zu vier) zum Mitglied der Berliner Akademie der Künste gewählt wurde. Aber Arnim, Brentano und Kleist – zusammen mit Schinkel, der Friedrich hier zum ersten Mal erlebte, und den vielen Besuchern, die täglich in die Räume die Akademie strömten – waren nicht die einzigen, die von Friedrichs Gemälden gerührt und manchmal geradezu verblüfft waren.

Der romantische Kronprinz

Es gehört zur Friedrich-Legende, daß *Der Mönch am Meer* und die andere dort ausgestellte Landschaft des Malers, *Abtei im Eichwald*, auf Veranlassung des Kronprinzen Friedrich Wilhelm durch den König für 450 Taler erworben wurden. Es fällt im übrigen auf, daß alle fünf Kunstwerke, welche der König auf der Ausstellung kaufte, christlich-religiösen Gehalt hatten,[55] wie überhaupt auf der Ausstellung christliche Motive gegenüber mythologischen und historischen dominierten. Man denke etwa an die Begleitworte zu Schinkels Mausoleum-Entwurf und seine ausgestellte Lithographie *Gotische Kirche unter Bäumen*, an die vier Bilder mit dem Cäcilienmotiv und an Kleists Kritik an Weitschs Madonna. In der Kunstgeschichte wird dieser Ankauf berechtigterweise als eins von den „erstaunlichen Ereignissen auf dem Gebiet der Kulturpflege in Preußen" bewundert.[56] Es wird weniger auf die Beweggründe geachtet, die den Kronprinzen zu seiner Bitte brachten. Es läßt sich aber leicht nachempfinden, wie sich der Fünfzehnjährige in diese beiden Gemälde hineingefühlt hat.

Bezüglich des Kronprinzen sollten wir nicht an die kunstästhetischen Überlegungen der Gegenwart denken oder an die private religiöse Symbolik, welche die Kunstgeschichte bei Friedrich festzustellen glaubte. (Es ist aber wohl möglich, daß der künstlerisch begabte Jüngling die Diskussion in den *Berliner Abendblättern* verfolgt hat.) Friedrich Wilhelm, 1795 geboren, war der Lieblingssohn Luisens, die in ihm ihre eigenen problematischen Leidenschaften erkannt hat. Brillant und hochintelligent, aber zugleich kränklich, schwärmerisch, nervös, launenhaft und ohne Selbstbeherrschung, mehr Gefühl als Wille – der Prinz brauchte vor allem eine starke Hand, die seine Fähigkeiten leiten und bilden konnte. Niemand hat das besser erkannt als sein Lehrer für Kriegskunst, Carl von Clausewitz, der in seinem klugen Abschiedsbrief vom 29. März 1812 an den Kronprinzen schrieb:

„Sie sind im Besitz großer Vorzüge der Geburth, aller äußeren Vortheile des Lebens; Sie sind von der Natur ausgestattet mit vorzüglichen Anlagen des Verstandes und Gemüthes, sodaß Sie, wenn Sie Ihre Kräfte recht zu benutzen wissen, rechnen dürfen auf sich selbst. Alles dies aber ist nichts, wenn Sie nicht den festen Willen hinzufügen, ein ausgezeichneter Mensch zu werden. Sie sind in den Jahren, gnädiger Herr, wo Sie diesen Entschluß fassen müssen. Nur dieses Ziel und der feste Wille es zu erreichen, kann Ihre Kräfte, die Vorzüge Ihrer Person und Ihrer Lage geltend machen und zu einer Gesamtwirkung vereinen. Wieviel Menschen mit ausgezeichneten Eigenschaften sehen wir, die weniger sind als die gemeinen fleißigen Arbeiter mit schlichten Kräften in engem Wirkungskreise. Gerade bei einer glänzenden Geburth fehlen die äußeren Nothwendigkeiten, die jene zu einem Ziel konsequent forttreiben; die Kräfte versplittern sich in ruhelosem Treiben nach Vergnügen und Genuß oder in kleinlicher zweckloser Thätigkeit. Nur der Wille, der in starken Menschen wie ein unbeschränkter Gebiether regiert, kann es verhindern, daß außerordentliche Anlagen und Kräfte sich unter den zahllosen Erscheinungen, die jeder Tag hervorbringt, verliehren, wie ein einzelner Lichtstahl in der ungemessenen Ferne […].“[57]

Der Prinz besaß ein ausgesprochen künstlerisches Temperament. Er hatte eine „leidenschaftliche Neigung“ zum Zeichnen, wie sein Lehrer Delbrück bemerkte,[58] und hat zeit seines Lebens mit Landschaftsskizzen und architektonischen Entwürfen dilettiert. Er schwärmte für das christliche Mittelalter, das in den Dichtungen der Romantiker neu entdeckt worden war – seine Lieblingsdichter waren Tieck, Arnim und Fouqué und sein Lieblingsbuch Fouqués *Der Zauberring* –, und schrieb selber ‚exaltierte‘ Briefe an seine Geschwister sowie 1816 ein längeres Romanfragment: *Die Geschichte von Prinz Feridous und der Königin von Borneo*.[59]

Diese Neigungen unterstützte und förderte sein erster Lehrer, Friedrich Delbrück, dem der Prinz leidenschaftlich ergeben war. Delbrück hatte es als seine Aufgabe betrachtet, in seinem Zögling seine eigenen verschwommenen Ideen des Wahren, Großen, Schönen und Heiligen zu pflegen.[60] Es traf sich aber, daß der Kronprinz fast zugleich mit seiner Mutter auch seinen geliebten Lehrer verlor. Luise, die bei ihrem Sohn scharfsinnig die eigenen Neigungen und

Schwächen erkannt hatte, wußte, daß er, um später König zu sein, eine andere Art von Erzieher brauchte:

„Eine Erziehung, die den Kronprinzen nur zu einem rechtschaffenen, religiösen, moralisch guten Mensch macht, ist noch nicht genug. Er muß richtige Kenntnisse des Landes haben, er muß deutliche Begriffe der Politik haben, er muß ferner sich eine große Ansicht der Dinge zu eigen machen, die ihn fähig macht, große Taten zu unternehmen und womöglich zu vollbringen; dieses liegt nicht in Delbrück."[61]

Einige Monate vor ihrem Tode, ermutigt durch die allgemein verbreitete Ansicht, daß Delbrück seinen Zögling zu sehr ästhetisch und zu wenig militärisch erzogen habe, beschloß sie, der Mann, der dem Geist des Kronprinzen die gewünschte Richtung gebe, solle Friedrich Ancillon sein, Prediger der französischen Gemeinde in der Friedrichswerderschen Kirche und staatswissenschaftlicher Gelehrter. Über die Eignung Ancillons für seine Position als Erzieher des Prinzen sind die Meinungen der Historiker und Biographen geteilt: die Ansichten bewegen sich zwischen den Extremen des anonymen Verfassers der *Allgemeinen Deutschen Biographie* (Bd. 1, S. 424–427), der ihn bissig eine „molluskenhafte Natur" nennt, und Leopold Rankes, der Ancillon noch persönlich gekannt hatte und gegenüber seinen Schwächen blind war.

Für den schwärmerischen Fünfzehnjährigen war der Verlust des geliebten Delbrück und die Anstellung des aufgeklärten und nüchternen Ancillon, eines Erzreaktionärs und Förderers der Idee des preußischen Staates, in diesem prekären Augenblick ein schwerer Schlag. (In der Folge hatte der Kronprinz in der Tat das große Glück, solche Lehrer wie Clausewitz und Savigny zu haben.) Bereits im Dezember 1809, als ihm der Plan bekannt wurde, schrieb der Kronprinz an seinen Vater: „Wenn Sie mich, liebster, bester Vater, und meinen einzigen würdigsten Delbrück lieben, wenn Sie wünschen, daß ich wieder soll gesund werden, so trennen Sie mich nicht von ihm."[62] Trotz dieser Bitte wurde Delbrück entlassen und Ancillon im Sommer 1810 als sein Erzieher offiziell eingestellt. Gemäß seinem System, nach dem nur eine arbeitsame Jugend – „une jeunesse laborieuse, soumise, sérieuse sans tristesse"[63] – den Charakter adäquat bilden könne, hielt Ancillon den Prinzen von den Zerstreuungen des Hoflebens fern, indem er ihn nach Charlottenburg verbannte.

Stellen wir uns jetzt die Situation vor: Der Kronprinz hatte gerade den traumatischen Verlust seines Lehrers Delbrück erlitten – Ancillon wurde am 5. Juli 1810 sein neuer Erzieher –, als er mit seinem Vater nach Hohenzieritz reisen mußte, wo er am Bett seiner sterbenden Mutter kniete. In den nächsten Tagen und Wochen war er immer in offizieller Funktion dabei – an der Treppe im Schloß, um den Leichenzug der verehrten Mutter zu empfangen; im Dom bei der Bestattungszeremonie; am 3. August als Ältester, als die Kinder des Königs ihrem Vater das hinterlassene Geburtstagsgeschenk der verstorbenen Mutter überreichten; im Schauspielhaus am 4. August beim *Concert spirituel*; am nächsten Tag im Dom bei der Predigt des Hofpredigers Ehrenberg; am 18. August im Opernhaus bei der großen Nachtfeier. Die Emotionen und Leidenschaften des schwärmerischen Jungen waren also im Laufe dieser Tage aufs äußerste gespannt, als er, kaum einen Monat später – Ende September oder Anfang Oktober, jedenfalls nach der verspäteten Einsendung von Friedrichs Gemälden –, in die Ausstellungsräume trat.

Jetzt wird er plötzlich mit den vielen Darstellungen der geliebten Mutter konfrontiert und erblickt sie wieder in der Uniform, in der er sie vom Fenster des Königlichen Palais aus bewundert hat.[64] Er studiert Schinkels Text zu seinem Mausoleum-Entwurf mit dem christlich-mittelalterlichen Ideal.

Er geht bedächtig an den vielen verzückten Madonnen und religiösen Gemälden vorbei und verweilt bei den verschiedenen Darstellungen der heiligen Cäcilie. Und dann, im letzten der Räume, wo die später eingesandten Werke ausgestellt sind steht er plötzlich vor zwei Gemälden, die völlig anders sind, als alles, was er bisher in seinem jungen Leben gesehen hat: *Der Mönch am Meer* und *Abtei im Eichwald*. In dem verkappten Mönch erblickt er nicht, wie die spätere Forschung, eine Selbstdarstellung des Malers. Die kleine Figur, die in ihrer absoluten Einsamkeit vor dem unermeßlichen Raum der See und des Himmels steht – die nach einem Wort aus den *Reden über die Religion* (1799) des stadtweit bekannten Predigers Schleiermacher in die „Anschauung des Universums" versunken ist –, das ist ja niemand anders als er selbst, der einsame Prinz, der seine Mutter verloren hat und seinen geliebten Lehrer und der jetzt allein in der Welt dasteht, in einer Welt, in welcher der glatte Hofmann Ancillon nicht im entferntesten fähig ist, seine Seelenfragen zu beantworten. (In diesem imaginierten Akt der Projizierung hätte der Kronprinz übrigens kaum anders gehandelt als Brentano und Kleist, die ja auch beide meinten: „Ich ward selbst der Kapuziner".)

Kaum hat er sich von dem Anblick erholt, da faßt er das zweite Gemälde ins Auge. In dem Sarg, den die Mönche durch den entlaubten Eichenwald zur Abteiruine tragen, liegt für ihn keineswegs, wie spätere Kunsthistoriker spekuliert haben, der Mönch vom Meeresstrand oder gar der Maler selbst, sondern die Leiche, die er zuletzt gesehen hat: seine Mutter. In seiner überhitzten Einbildungskraft gesellt er sich zu den Mönchen im mittelalterlichen Habitus, die die Todeszeremonie ausführen. Durch die Ästhetisierung des Todes und seiner eigenen Trauer erreicht er mit Hilfe der Kunst, was er von seinen Lehrern und seinem Vater nie bekommen konnte: Trost über den Verlust der Mutter. Kann es noch verwundern, daß sich der schwärmerische Junge von den beiden Gemälden, die ihm soviel gegeben haben, nicht mehr trennen will? So überredet er den der Kunst weniger aufgeschlossenen Vater, der seinen eigenen Verlust in seinen königlichen Pflichten und in den Plänen für das Mausoleum zu vergessen trachtet, diese beiden hochmodernen Gemälde des heftig umstrittenen jungen Malers für die königliche Sammlung zu erwerben, damit er sie immer aufsuchen kann, wenn er sich darin verlieren will.

Literarisches Nachspiel

Zweieinhalb Jahre später, am 27. März 1813, als der Kronprinz gleich nach der Kriegserklärung Preußens gegen Napoleon zum Kriegsschauplatz in Sachsen auszog, besuchte er zusammen mit seinem Vater das Mausoleum in Charlottenburg, um von seiner verstorbenen Mutter Abschied zu nehmen. Der Kronprinz hat die Szene in seinem Tagebuch beschrieben:

„Mir war zu Muthe, als zöge ich in einen Kreutzzug, zu dem ich am Grabe der Mutter die Weihe empfange; noch tönten mir begeisternd die Klänge der Armide nach, und meine romantische Stimmung war durch Lesung des Zauberrings von la Motte Fouqué vermehrt.“[65]

Der Kronprinz hat an der allgemeinen Fouqué-Euphorie teilgenommen, war doch Fouqué einer der populärsten Schriftsteller der Zeit, geschätzt von den meisten Zeitgenossen; in diesem Punkt war Brentano fast die einzige Ausnahme. Neben seiner begeisterten Lektüre hat der Kronprinz Fouqués Erzählungen und Romane eigenhändig illustriert, und er blieb bis zu Fouqués Tod mit dem bewunderten Dichter befreundet und durch Briefe verbunden.[66] Was aber den Lieblingsroman betrifft: schon am 14. September 1812 berichtete er seinem Vater: „Das junge Charlottenburger Volk läßt sich jetzt des Abends, eine neue Geschichte vom Undinischen Dichter Fouqué, der Zauberring genannt, vorlesen".[67] Im Laufe der nächsten Monate wird der eben erschienene Roman häufig erwähnt.

Fouqués phantastischer Ritterroman läßt sich in seiner mittelalterlichen Christlichkeit fast als erzählerisches Gegenstück zu den beiden Gemälden Caspar David Friedrichs bezeichnen. Das umfangreiche Werk spielt gegen Ende des zwölften Jahrhunderts zur Zeit des dritten Kreuzzugs: am Schluß kehrt König Richard Löwenherz gerade aus seiner Gefangenschaft wieder nach England zurück. Der Burgherr Hugh von Trautwangen hat im Laufe eines langen und von Liebesabenteuern erfüllten Lebens neben seinem Sprößling Otto überall in der Welt Söhne hinterlassen – in der Normandie, in Skandinavien, in Italien sowie im Orient –, deren Schicksale sich auf den verschiedensten Schauplätzen im Kampf um den Zauberring abenteuerlich kreuzen, bis am Ende alle am Ufer der Donau versammelt sind, wo die Geheimnisse der Geburt und der Familie gelöst werden. (Im einzigen mißratenen Sohn, dem Italiener Tebaldo, läßt sich eine kaum verhüllte Karikatur von Clemens Brentano erkennen.) Auf die Einzelheiten der gut aufgebauten und spannend erzählten, wenn auch komplizierten Handlung mit ihren vielen Gestalten brauchen wir nicht einzugehen. Hier gilt es nur zu fragen, warum gerade dieser Roman den Kronprinzen so unwiderstehlich angezogen hat.

Zunächst einmal liefert die Darstellung des Mittelalters mit ihren ritterlichen Helden, holden Mädchen, hehren Frauen, der Figur des Priesters Johannes, mit dem wilden Heer, magischen Ringen und Zauberinnen und Motiven aus nordischen Sagen geradezu eine Enzyklopädie populärromantischer Motive. Ferner enthüllt sich die Sippschaft von miteinander verwandten Rittern aus mehreren Ländern – Schwaben, Schweden, Frankreich, Italien – gleichsam als eine mittelalterliche NATO, deren Kräfte sich gegen die Heiden im Norden und die Mohammedaner im Süden und Osten vereinen. Dieses unterschwellige Thema enthält eine kaum verdeckte Anspielung auf die Kämpfe des christlichen Europa gegen den gottlosen Atheisten Napoleon.[68] Wenn der Ritter Lichtenried ausruft: „Es ist eine wilde Zeit, in der wir leben", wurde der zeitgenössische Leser ohne weiteres an die Niederlage bei Jena und die folgenden politischen Wirren erinnert. Dabei erweist sich Deutschland – im Sinne von Novalis, Hölderlin, Fichte, Adam Müller und anderen – als das natürliche Zentrum eines neuen Europa. „Denn wo auch die Fremden immer herkommen mögen, so erscheint ihnen doch allzumal unser Land als ein Garten der Freude und der zuverlässigen Treuherzigkeit", heißt es auf den letzten Seiten des Romans (3. Teil, 23. Kap.), „und die mehrsten europäischen Wandrer haben es schon deshalben sehr lieb, weil es ihre gemeinschaftliche Mutter ist." (Es ist erwähnenswert im Hinblick auf die Deutsche Tischgesellschaft, daß in diesem Roman neben den Christen Heiden und Mohammedaner, nicht aber die Juden Platz finden.)

Die Szene, die den Kronprinzen wohl am tiefsten ergriffen haben dürfte, ist diejenige, die sich fast wie die Darstellung des Todes seiner Mutter und seines eigenen Abschieds von ihrem Grab im Charlottenburger Mausoleum liest. (Da der Roman 1811 entstand, ist es keineswegs ausgeschlossen, daß der Verfasser die verschiedenen Lithographien, auf denen der Kronprinz neben dem Sterbebett seiner Mutter kniete, vor Augen hatte.) „In der Höhe der Kapelle brannte fern oben eine einzige Lampe", beginnt die Stelle (1. Teil, 5. Kap.),

„das Gewölb' mit all seinen reichen Bogen, welche gleich Orgelklängen pfeilernd emporstiegen und einander umfaßten, so wunderbar erleuchtend, daß man meinte, durch Waldesäste in den offnen Himmel hinauf zu schauen, während der untre Teil des Gebäudes in zweifelhafte Dämmerung versenkt blieb, so wie es die Erde mit ihre Gebilden ja mehrst auch vor unsern blöden Menschenaugen tut."

Während Otto, der hier sich vorbereitet, auf Ritterschaft auszuziehen, niederkniet und seine Hände um seine Schwertklinge faltet, blickt er „inbrünstig" zur lichten Höhe des Gewölbes hin und denkt an seine selige Mutter, „von der er sich nur erinnern konnte, daß sie auf der Reise im freien Walde gestorben sei und ihm, dem weinenden Knaben, immer mit süßem Lächeln nach dem lichtblauen Frühlingshimmel hinauf gedeutet habe, denn sprechen konnte sie schon nicht mehr". Allmählich nimmt er dann in der Dunkelheit der Kapelle eine Gestalt wahr, die niemand anders als seine Mutter sein kann und die ihm zuwinkt.

„Da erwachte ein wunderliches Kämpfen in seinem Gemüt und ließ ihm keinen Frieden; die Mutter schien immerfort zu winken, und endlich meinte er gar die süße Stimme zu vernehmen, die aus der frühen Kindheit herauf noch oftmals durch seine Träume gegangen war, und daß sie spreche: ‚Ach, du herzlieber Sohn, ach nur den einen, einen Augenblick! Ich bin ja schon so lange tot und fern von dir. Ach, nur den einen Augenblick! Die Waffen liegen ja in Gottes Hut!'"

Daß sich später herausstellt, daß Ottos Mutter noch lebt, und zwar als Zauberin im fernen Norden, nimmt dieser frühen Szene nichts von der melancholischen Trauer, die den Kronprinzen tief rühren mußte. Dieselben romantischen Gefühle, dieselbe Liebe zum christlichen Mittelalter, dieselbe sentimentale Religiosität, die ihn an Fouqués Werken faszinierten, spielten sicherlich eine Rolle, als der Kronprinz seinen Vater bewog, die beiden Gemälde von Caspar David Friedrich für die königliche Sammlung zu kaufen, und dadurch der Kunstausstellung 1810 ihre Sonderposition in der Geschichte der Kunst und der Stadt Berlin sicherte.

Der Tod eines Künstlers

Das Freundespaar Arnim und Brentano hatte noch einmal in diesem Herbst Gelegenheit, einen Künstler öffentlich zu feiern. Zu Philipp Otto Runge standen sie bereits, wenn auch nicht persönlich, in Beziehung. Der Hamburger Maler hatte zwei Jahre zuvor für Arnims *Zeitung für Einsiedler* das pommersche Märchen *Von dem Machandelboom*[69] beigesteuert, und es gab auch gemeinsame Freunde – außer ihrem Hauswirt Pistor den dänischen Naturphilosophen Steffens und den Heidelberger Verleger Zimmer. Brentano war ferner von Runges *Tageszeiten* begeistert, speziell von dem Arabeskenstil der Gemälde, der schließlich auch für Brentanos Gedichte typisch ist: „Ich glaube, man könnte aus den Arabesken und ihrem innern Zusammenhang sehr treffende Schlüsse auf die Kunstaussicht jeder Zeit ziehen."[70] Bei Steffens hatte er auch vor dem Druck die geometrisch-symbolische Begründung dieses Stils in Runges *Farben-Kugel* (1810) gelesen.

So hatte Brentano am 21. Januar 1810 einen sehr langen Brief – präziser könnte man ihn als ein großes Bekenntnis bezeichnen – an den Maler geschrieben, in dem er den Plan und die Thematik seiner *Romanzen* beschrieb, von denen etwa die Hälfte fertig war, und fragte bescheiden, ob Runge geneigt wäre, seine Arbeit mit Randzeichnungen im Dürerschen Stil zu verzieren. „Ich wünschte, daß Sie sich keineswegs an meiner Arbeit störten, sondern nur die Empfindung allegorisierten, die sie Ihnen macht." Er stellt sich das Ganze als „eine Folge mit Arabesken da verflochtener Gemälde" vor. Brentanos überschwenglicher Brief hat den ahnungslosen (und übrigens schon seit Jahren kränkelnden) Maler anscheinend in eine gewisse Verlegenheit gebracht, und so versuchte Brentano in einem späteren (undatierten) Brief, sein Vorhaben genauer zu erläutern: der Maler solle nämlich aus den festen und irdischen Gestalten seiner Romanzen

„jene Beziehungen zu Heiligerem symbolisierend herausbilden und hindeutend erklären".[71] Am 18. März schickte er ihm die sieben ersten Teile seines „apokryphisch religiösen Gedichts". Aber schon im Juni erfuhr er von Runges tödlicher Erkrankung und schrieb ihm merkwürdige Worte des Trosts, von fast rilkeschem Gefühl: „Drum, lieber Runge, sterben Sie nicht, noch nicht, ob ich gleich glaube, daß Sie es besser und schöner können, als einer, weil Sie so schön leben können; aber die Übrigbleibenden haben ein betrübtes Nachsehen."

Runge ist am 2. Dezember gestorben, und die beiden Berliner Freunde haben umgehend des geschätzten Künstlers in Gedichten gedacht. Am 19. Dezember wurde in den *Berliner Abendblättern* Brentanos *Andenken eines trefflichen Deutschen Mannes und tiefsinnigen Künstlers* veröffentlicht. Der Beitrag beginnt mit einem zweiseitigen Aufsatz, in dem Brentano von der langwährenden Lungenkrankheit berichtet, die Runge „mit christlicher Ergebenheit" ertragen hat, und eine Übersicht seiner Hauptarbeiten gibt: die vier „Simbolischen Blätter" *(Die Zeiten)*, die *Farben-Kugel*, die vielgelobten Umschläge zu verschiedenen Almanachen, die Illustrationen zu Kartenspielen. Er betont Runges Entdeckung, „daß die Arabeske eine Hieroglyphe" sei und daß die Verknüpfung der Arabesken miteinander „eine eben so tiefsinnige Bildersprache der stummen mahlenden Poesie [sei], als das Werk der Poesie selbst eine gesprochene sein soll". Der Nachruf endet mit einem 53zeiligen Gedicht, das Runges Charakter, die traditionellen Wurzeln seiner Kunst und deren arabeskenhafte, farbenbewußte Art andeutet.

„Du Herrlicher! den kaum die Zeit erkannt,
Der wie ein schuldlos Kind
Begeistert fromm die treue keusche Hand
Nach Gottes Flamme streckte,

Der für das Eitle blind
Ohn umzuschaun zur Wiege alter Kunst
Durch neuer Lüge Götzentempel drang,
Und stillanschaund die Göttliche erweckte.
Sie lächelte und nannte dich den Ihren,
Der ihr die irrdschen Kränze so bedeutend
schlang
Und wollte dich, mit ihr zu triumphiren
Zum seelgen Born von allem Lichte führen."

In wenigen Worten läßt Brentano Gemälde wie *Der Morgen* vor unseren Augen erstehen:

„Dein Künstlerwerk, es schien ein zierlich Spiel,
Es rankte blumig auf und betend vor der Sonne
Setzst fromme Kindlein du in süßer Kelche Wonne."

Die Hinterbliebenen sollen nicht um seinen frühen Tod trauern, denn Runge war „ein Morgenroth", das den Weg zu einer künftigen Kunst weist. Aber er war zugleich „ein Abendroth, verspätet aus verlornen Paradiesen", und mahnte uns an eine bessere Vergangenheit. Das Gedicht endet mit einer Zusammenfassung, die auf die zentrale Bedeutung der Zeit in Runges (so wie auch in Brentanos eigener!) Kunst aufmerksam macht.

„Die Zeit, sie ist die Nacht, in der wir weinen,
Der Vorzeit Traum, er ists, den wir verloren,
Der Nachwelt, wird der Tag ihr einst erscheinen,
Lebt unser Freund auf ewig – mir ist er geboren."

Arnim hat das Ereignis, wie so oft, in der Form eines Sonetts „Auf den Tod des Malers Otto Runge" festzuhalten versucht, in dem er den Maler zum Rhythmus der Natur in Beziehung setzt, und namentlich zum Herbst, wo die herrlichsten Farben gerade mit dem Tod verbunden sind. Auch Arnim weist auf die arabeskenhaften Blätter und Früchte in Runges Gemälden hin sowie auf das Motiv der Zeit und die zukunftsweisende Bedeutung seiner Kunst und seiner Farbentheorie.

„Die Tage werden kurz, die Nächte lang,
Die kranke Erd' erträgt nicht mehr die Lust,
Da flammt der Baum im Herbst, sich unbewußt
Mit rotem Blatt; – uns ward vom Wunder bang!

Weil dunkle Zeit mit diesem Glanze rang,
So kreist der Saft in sich, wird sich bewußt,
Sein neues Licht verengt ihm Herz und Brust,
Er schaut's im Strom, der ihn dann bald verschlang.

Er schaut, wie durch der Blätter Farbentor
Der Regenstrom des Herbstes siegend zieht
Und seufzet mit in seinem Todeschor:

‚Wer sich erkannt, der hat hier ausgeblüht,
Lebt *einst* in Früchten, die er jetzt verlor;
Einst *lebt* die Kunst, die euch mein *Tod* erriet.'"

METAPHORISIERUNG DES WISSENS

Universitäre Festgesänge

Der 15. Oktober 1810, der Geburtstag des Kronprinzen, erscheint in einem Sinn als eine regelrechte Komödie der Irrungen. Das Sonett *Zum Geburtstag des Kronprinzen* (des dichtenden Sonderlings Friedrich von Luck), das die *Berliner Abendblätter* an diesem Tag brachten, hat weniger mit dem fünfzehnjährigen Friedrich Wilhelm zu tun als mit seiner verstorbenen Mutter, deren Andenken die Berliner noch eifrig pflegten. Es sei nur ihr „Schein“, der dem Leben entschwunden: „Das Wesen hilft den Staat der Liebe bauen“. Sie sei der Mutterfreude hier auf Erden nur deswegen entzogen worden, um (fast als Präfiguration von Goethes „Ewig-Weiblichem“) das Volk zusammen mit Vater und Sohn zu sich emporzuheben. Der Dichter meint, die Tagesfeier müsse vor allem ihrer, und nicht des Sohns, gedenken. In merkwürdigem Kontrast dazu steht das unmittelbar darauf folgende *Schreiben aus Berlin*, das meldete, der Wachstuchfabrikant Herr Claudius beabsichtige, an diesem Tag zur Feier des Geburtstags des Kronprinzen mit einem Ballon in die Luft zu steigen und „unabhängig vom Wind“ längs der Potsdamer Chaussee in Richtung Luckenwalde zu fliegen. Aber eine später angehängte Meldung mußte feststellen, der Flug sei wegen allzu mächtigen Winds nicht zustande gekommen. (Allerdings erfuhren die Leser am nächsten Tag, daß der Ballon später, und zwar ohne Passagiere, losgelassen wurde.)

Danach folgt ein mit den Initialen L[udwig] A[chim] v[on] A[rnims] unterzeichnetes Gedicht: *Der Studenten erstes Lebehoch bei der Ankunft in Berlin am 15ten Oktober*. Es handelt sich bei den vierzehn Strophen um einen Wechselgesang zwischen der Solostimme eines „Eingebornen“ und einem „Chor der Ankommenden“, die jeweils durch verschiedenen Reim und Rhythmus gekennzeichnet sind. (Anlaß des Gedichts ist die für diesen Tag geplante Eröffnung der Universität.) Der Berliner fragt die Pilger, die an diesem frohen Festtag durch die sandige Wüste Brandenburgs hierhergewandert sind, was sie in dem fernen Land suchen, wo doch kein Geld zu finden sei. Die Ankommenden haben aber aus anderen Gründen ihre Reise unternommen: „So tief, so hoch glüht fromme Lust / Nach Wissenschaft in unsrer Brust.“ Der Eingeborne heißt sie mit einem Glas Wein willkommen, während die Studenten die still vorbeifließende Spree und die helle Lindenallee bewundern. Ihr Fremdenführer zeigt ihnen dann das „Heldenschloß“, das erst kürzlich der Wissenschaft geweiht wurde. „Das deute euch den Muth, die Kraft, / Womit Sie Sich erneuet.“ Die Studenten rufen Schloß und Wissenschaft ein begeistertes „Lebehoch“ zu, worauf der Bürger sie mahnt:

„Dies Lebehoch dem König bringt,
Der ihr dies Schloß verliehen,
Der Wunsch, der frei vom Herzen dringt,
Der wird im Himmel blühen.“

Zuletzt macht er sie darauf aufmerksam, daß heute der Geburtstag des Kronprinzen, den „Wissenschaft erfreuet“, gefeiert werde. Das Gedicht endet mit einem dritten Lebehoch der neu angekommenen Studenten an den gleichaltrigen Kronprinzen:

„So tief, so hoch Begeisterung,
„So groß wird einst, wer kräftig jung,
„So kräftig, jung ruft Lebehoch,
„Dem Königssohn dies Lebehoch.“

Was dem Lied aber schon bei der Veröffentlichung einen leisen, wenn auch unbeabsichtigten Ton der Ironie verleiht, ist die Tatsache, daß die geplante und angekündigte Eröffnungsfeier der Universität nicht stattfand. Am 25. September hatte die *Vossische Zeitung* eine außerordentliche Beilage gebracht, in der die Eröffnung durch eine (laut Niebuhr) „unbegreiflich mißlungene Anzeige" bekannt gemacht wurde.[1] Am 1. Oktober meldete dann *Der Freimüthige*, daß „in der Mitte dieses Monaths dieses herrliche Institut, das gewiß einen segensreichen Einfluß auf die Kultur der Wissenschaften in unserem Vaterland äußern wird, durch zweckmäßige Feierlichkeiten eingeweiht werden" solle. Aber die Zeremonie, die an diesem Tag hätte stattfinden sollen, mußte verschoben werden – und wurde also nach Niebuhrs Erwartung entsprechend „obskur" –, weil die frisch gestrichenen Hörsäle noch nicht ganz ausgetrocknet und die Fußböden noch nicht fertig waren.[2] Außerdem waren die Studentenzahlen immer noch zu gering, um eine solch aufwendige Feier zu rechtfertigen. (Bei der ersten Fakultätssitzung am 10. Oktober meldete der neue Rektor Schmalz, daß sich vorläufig erst 61 Studenten eingetragen hätten, unter denen ein Prinz, ein Graf und zehn Adlige seien.) So wurde die offizielle Eröffnung – ohne Feier! – um zwei Wochen verschoben, und die meisten Vorlesungen begannen erst in der Woche des 29. Oktober.[3] (Allerdings wurde das Jubiläum der Eröffnung später noch jahrelang am 15. Oktober gefeiert.)

Deswegen schildert die großartige *Kantate auf den 15ten Okt. 1810* von Clemens Brentano, die unter dem Titel *UNIVERSITATI LITTERARIAE* bereits am 13. Oktober in den *Berliner Abendblättern* angekündigt worden war und mit einer Titelvignette des Prinz Heinrich-Palais in Hitzigs Buchhandlung Hinter der Katholischen Kirche zu erhalten war, Zeremonien, die geplant waren, dann aber doch nicht stattfanden. (Der Titel, und zugleich die letzte Zeile des

Gedichts, beziehen sich auf die Inschrift, die Humboldt in Goldlettern über dem Portal des Universitätsgebäudes hatte anbringen lassen.[4]) Es ist bemerkenswert, daß dieser großartige Festgesang der Universität, den Reichardt vertonte, von einem Dichter verfaßt wurde, der erstens kein Berliner und Preuße war und zweitens selbst, wie wir gesehen haben, eine problematische Studienzeit hinter sich hatte: unabgeschlossene Studien der Mineralogie, der Bergwissenschaften, der Medizin und der Philosophie in Bonn, Halle, Jena und Göttingen.

Die Kantate beginnt mit einem „Chor der Vorsteher", der räsoniert, daß das Lehramt eine göttliche Verantwortung sei, weil Jesus selbst Lehrer war:

> „Es ist ein göttlich Werk, zu lehren;
> Er selbst, er hat gelehret
> Die hohen Priester in dem Tempel,
> Da er, ein Kind noch, wandelte
> Auf seiner Erde."[5]

Nach dieser Lobpreisung der Himmlischen besingt ein „Chor der Lehrer" den König, der „ein Haus der Wissenschaft" gegründet hat; sie schwören einen Eid, daß sie „die Wahrheit treu […] lehren" werden. Danach intoniert ein „Wechselchor der Gelehrten und Bürger" einen Hymnus auf den König, weil er „mitten in dem harten Streit" den Mut hatte, das Projekt der Wissenschaft aufzunehmen.

Diesen drei ersten Strophen folgen weitere drei Strophen, in denen Deutschland (Brentano war ja, wenn auch kein Preuße, ein begeisterter Deutscher) als Land gepriesen wird, das „tief innerlich […] ein hoher Weisheitstrieb" verbindet und das neben seiner Liebe zu „Wahrheit, Glauben, Hoffnung" durch reiche Naturgaben – Eisen, Getreide, Stoffe – gesegnet ist. Ein „Chor der Bürger" lobt die „Häupter" anderer deutscher Länder, deren schönste Werke in „Eurer hohen Schulen Kreis" zu erblicken sind. Diese zweite Dreiergruppe endet mit einem „Allgemeinen Chor", der Deutschlands volkswirtschaftliche, militärische und akademische Leistungen rühmt:

„Fleiß ziert Deutschland,
    Wenn es nähret,
Treu ist Deutschland,
    Wo es wehret,
Groß ist Deutschland,
    Wenn es lehret,
Pflug und Schwert und Buch es ehret."

Nach dem Lob Gottes, des Königs und des Lands ergreifen die Musen das Wort, um Berlin, die „königliche Stadt", zu preisen, wo sich gerade „ein deutscher Musenberg" erhoben hat. Die „Stimme des Dichters" proklamiert die Ankunft der Studenten:

„Ich sehe eine sel'ge Schar
Von Jünglingen dir nahen,
Ein ernster Rausch durchweht ihr Haar [...]."

Dann heißen die Musen, die Stadt und die Bürger gleichzeitig die Universität, die Studenten und die Professoren willkommen. In einem Gesang, der von Brentanos geliebten Bergbaumetaphern geradezu wimmelt,[6] besingen die Studenten ihre Universitätsstadt:

„Glück auf, Glück auf! Viktoria!
Es ist im Vaterlande
Ein Musenberg voll Gloria
Mit Gottes Gunst entstanden.

Glück auf, Glück auf! recht in dem Kern,
Recht in des Landes Herzen,
Zu Füßen unserm teuern Herrn,
Entsprang ein Quell den Erzen.
Glück auf, Glück auf! die Hoffnung lacht,
Seid rüstig, ihr Gesellen,
Geöffnet ist ein neuer Schacht,
Wir wollen ihn bestellen.
Glück auf, Glück auf! ihr Meister all,
Die ihr den Bau gegründet,
Wir grüßen euch mit lautem Schall,
Die Lampen sind gezündet.
Glück auf, Glück auf! wir fahren ein
Nach edelem Gesteine,
Ein jeder soll gewärtig sein
Daß er es redlich meine."

Jetzt kommentiert ein „Wechselchor der Bürger" die Ankunft der „vier weisen hohen Frauen", die das Universitätsgebäude durch das offene Portal betreten: die verschleierte Theologie in violettem Gewand, mit einer Bibel in der Hand; die lorbeerbekränzte Philosophie in schwarzem Talar; in purpurnem Gewand die Jurisprudenz, mit den verbundenen Augen der Justitia und mit den Attributen von Schwert und Waage; und im scharlachroten Mantel die Medizin mit dem Äskulapstab, um den sich die Schlange windet. Dieses „göttliche Geschlecht" der Fakultäten wird von den Bürgern und von den Schülern begrüßt, die einst in „eurer Lehre ernste Hallen schreiten" wollen. Eine „Stimme aus dem Chor der Akademie der Wissenschaften" bietet den Kollegen von der Universität einen Granatapfel als Spende und als symbolisches Zeichen „Der Vielheit Einheit in der Schale Gold".

Nachdem eine „Stimme aus dem Chor der Fakultäten" sich für die Gaben bedankt hat, erinnert die „Stimme der

Vorsteher“ daran, daß Studenten und Professoren zusammen dem Staat Dankbarkeit schulden:

„So lerne Schüler fromm,
So werd’ Studente dann gelehrt,
Und Meister lehre treu,
Das ist, was ernst der Staat von euch begehrt,
Der Staat, der euch ernährt,
Der Staat, der von euch lernend, hoch euch ehrt,
Der Staat, der hohe Freiheit euch gewährt.“

Die Studenten loben die „hohe Wissensfreiheit“, die ihnen eröffnet worden ist, wobei die Lehrer versprechen, daß sie die ihnen Anvertrauten als Kollegen und nicht als Schüler behandeln werden: „Nicht Schüler seid ihr, ihr seid uns Gefährten, / Wir sind der Fahrt erfahrne Männer nur.“ Zum Schluß erbittet der „Chor der Bürger“ eine Auslegung der goldenen Aufschrift, die „an der Zinne feierlich erschien“, worauf eine „Stimme der Lehrer“ doziert:

„Der Ganzheit, Allheit, Einheit
Der Allgemeinheit
Gelehrter Weisheit,
Des Wissens Freiheit,
Gehört dies königliche Haus!
So leg’ ich euch die goldnen Worte aus:
UNIVERSITATI LITTERARIAE.“

Brentanos großartige Kantate läßt uns fast Schritt für Schritt den Gang der geplanten Zeremonien zur feierlichen Eröffnung der Universität am 15. Oktober 1810 verfolgen. Aber der aufgeweckte Leser konnte zugleich auch eine idealisierende Poetisierung der öffentlichen Diskussion heraushören, die der Gründung der neuen Institution vorausgegangen war.

Stimmen der Opposition

So harmonisch wie in den beiden Festgesängen Arnims und Brentanos dargestellt ist es in Wirklichkeit nicht zugegangen. Friedrich Wilhelm III. fand zwar, wenn auch widerstrebend, den Rektor „courfähig", d.h. hoffähig, keineswegs aber die Dekane, und er ärgerte sich auch über das burschikose Benehmen und die Kokarden der Studenten, die sich in unmittelbarer Nähe des Schlosses herumtrieben.[7] Der Beamte, der für die Gründung der Universität in erster Linie zuständig war, war bei weitem nicht so begeistert wie Brentanos „Vorsteher": Kurz vor seinem Rücktritt als Chef der Sektion für Kultus und öffentlichen Unterricht beklagte sich Wilhelm von Humboldt über die Gelehrten, mit denen er zu tun hatte: „die unbändigste und am schwersten zu befriedigende Menschenklasse – mit ihren sich ewig durchkreuzenden Interessen, ihrer Eifersucht, ihrem Neid, ihrer Lust zu regieren, ihren einseitigen Ansichten, wo jeder meint, daß nur sein Fach Unterstützung und Beförderung verdiene".[8] Ein Beispiel der Zänkereien bietet etwa die Mahnung, die der neuernannte Rektor in der *Vossischen Zeitung* vom 23. Oktober 1810 veröffentlichen mußte, daß nämlich die Universität nur solche Vorlesungen anerkenne, die im ‚Lektionskatalog', dem Vorlesungsverzeichnis, stünden. Einzelne Gelehrte hätten nämlich fälschlich angenommen, daß ihre Vorlesungen, weil vom Rektor nicht ausdrücklich verwehrt, deswegen autorisiert seien. Auch die Studenten kamen keineswegs mit solch idealisierenden Träumen nach Berlin wie die Studenten in den beiden Festgesängen. Die *Vossische Zeitung* vom 14. und 16. August 1810 berichtete,[9] daß viele Studenten der Jurisprudenz das Wohlwollen ihrer Professoren mißbraucht hätten, indem sie die verabredeten Honorare für Kollegien nicht bezahlt hätten. Wenn sie jetzt zu öffentlichen Ämtern gekommen wären, würden sie aufgefordert, binnen drei Monaten die Ansprüche zu erfüllen; oder sie würden durch gesetzmäßige Zwangsmittel zur Erfüllung ihrer Schuldigkeit angehalten.

Auch manche Bürger waren aus praktischen Gründen nicht so freudig zur Aufnahme der Studenten bereit wie Arnims „Eingeborener“. Kurz vor Beginn der Vorlesungen im Oktober 1810 meldete nämlich der „Logis-Commissarius“ der Universität, daß die Studierenden in Häusern einlogiert werden sollten, in denen „die strengste Sittlichkeit herrscht“, wobei „Töchter der Freude“ aus den Stadtvierteln verbannt werden sollten, in denen die Studenten ihre Wohnungen zugewiesen bekamen.[10] Aber nicht alle Berliner wollten, um das akademische Revier zu „reinigen“, die Prostituierten über die Spree ziehen lassen. „Man spricht laut und öffentlich“, berichtete Brentano, „wie man so unsinnig sein könne, sechshundert Huren, die dem Staat, den Hausbesitzern mehr eintrügen und den jetzt nicht Heuraten-Könnenden eine nützliche Ableitung wären, [...] gegen zweihundert Studenten aufzuopfern.“[11] Schließlich waren auch die vielen Mieter – etwa neunzig – im Prinz Heinrich-Palais, die jetzt ihre Wohnungen zugunsten der Universität zu räumen gezwungen wurden, kaum begeistert.[12]

Es war keineswegs selbstverständlich, daß eine neue Universität im Jahre 1810 gegründet werden sollte: und ausgerechnet im rationalistischen Berlin, das ja – vor allem in Aufklärungszirkeln, in den gebildeten Kreisen am Hof und unter einflußreichen Verwaltungsbeamten – einen Hauptsitz der Opposition gegen die Universität als Institution bildete, die sich im 18. Jahrhundert über ganz Europa ausbreitete.[13] Im Jahr 1795 diskutierten die Mitglieder des einflußreichen Mittwochclubs einen Vorschlag, demzufolge die Erziehungsziele der Gesellschaft durch Institutionen völlig anderer Art besser gefördert werden könnten. In Frankreich waren nämlich 1794 sämtliche Universitäten zugunsten der *écoles spéciales* aufgehoben worden, und während der Napoleonischen Ära verschwanden zweiundzwanzig – das heißt über die Hälfte – Universitäten in Deutschland. Der neue Geist des bürgerlichen Utilitarismus veranlaßte viele Bürger, sich von der elitären Pedanterie der mittelalterlichen Gelehrtenuniversität verächtlich abzuwenden und Schulen zu fordern, in denen die Bevölkerung zu nützlichen Fertigkeiten ausgebildet werden konnte. Auch der preußische Staat betonte eine praktische Schulung, die junge Männer für Ämter im Staat und für Funktionen in der Gesellschaft qualifizieren würde. Die preußische Universität in Halle war ja im Jahr 1694 ausdrücklich deshalb gegründet worden, um Studenten für technische und praktische Karrieren auszubilden und nicht für die sogenannte „reine" Wissenschaft. In Übereinstimmung mit den Prinzipien einer dezentralisierten Erziehung wurde in Berlin eine Reihe von spezialisierten Instituten gegründet: das Collegium Medico-Chirurgicum (1724), eine Bergbauakademie (1770), eine Schule für Tiermedizin (1790), die Pépinière für Militärärzte (1795), die Bauakademie (1799) und ein Institut für Landwirtschaft (1806). Was die reine Wissenschaft betraf: da gab es seit 1700 die Akademie der Wissenschaften. Wozu brauchte Berlin bei diesem Reichtum noch eine Universität?

Der neue Geist der Bildungsreform

Nach der Katastrophe von Jena und Auerstedt veränderte sich dieses Denken. Seit der Thronbesteigung Friedrich Wilhelms III. im Jahre 1797 hatte man bei Hofe wie in den Kreisen der Bildungsreformer immer wieder die Idee erörtert, eine Institution zu gründen, welche die verschiedenen Bildungseinrichtungen der preußischen Hauptstadt miteinander verbinden sollte. Man dachte dabei in erster Linie an die

Akademie der Wissenschaften, an das blühende medizinische Collegium und die anderen Berufsschulen, an die bedeutenden Sammlungen und an die Privatvorlesungen solch angesehener Gelehrter wie Fichte, Schleiermacher und Wolf.[14] Als im August 1807 eine Delegation von Professoren der Universität Halle, die geschlossen worden war, unter Führung des Rektors Theodor Anton Heinrich Schmalz den König am Zufluchtsort des preußischen Hofes in Memel mit der Bitte aufsuchte, die Hallenser Universität in Berlin wiederzueröffnen, zeigte sich der König dieser Idee gegenüber aufgeschlossen. Es hieß, er habe sein Wohlwollen mit dem – bald als geflügeltes Wort zirkulierenden – Satz zum Ausdruck gebracht, „der Staat müsse durch geistige Kräfte ersetzen, was er an physischen verloren habe".[15] Ob diese Formulierung tatsächlich von Friedrich Wilhelm III. stammt, mag dahingestellt bleiben. Jedenfalls wurde der Satz zur Parole, unter der die Bemühungen zur Errichtung einer neuen Universität in den nächsten Jahren zusammengefaßt wurden.

Am 4. September 1807 ermächtigte der König ungeachtet der zögernden Haltung einiger Mitglieder des Hofes durch eine Kabinettsordre den Geheimen Kabinettsrat Karl Friedrich Beyme, mit den Planungen für eine „allgemeine Lehranstalt" in Berlin zu beginnen. Beyme trat mit einigen der Professoren aus Halle in Gedankenaustausch und gab Gutachten zur Konzeption der neuen Institution bei verschiedenen Gelehrten in Auftrag, darunter Schmalz, der Mediziner Johann Christian Reil, der klassische Philologe Friedrich August Wolf und der Philosoph Fichte. Schmalz schlug vor, die neu zu gründende Institution solle sich von der Form der bisherigen traditionellen Universität grundsätzlich unterscheiden. Sie solle beispielsweise keinen Rektor, keine akademische Justiz und keine separaten Fakultäten haben und sich statt dessen mit der Berliner Akademie der Wissenschaften zusammenschließen.[16] Reils Gutachten beschränkte sich auf Fragen der medizinischen Fakultät. Wolf antwortete mit einer Reihe von Vorschlägen, die sich bei aller Brisanz als so ungeordnet, pedantisch und eigennützig erwiesen, daß sie nahezu wertlos waren.[17] Fichtes *Deduzierter Plan einer zu Berlin zu errichtenden höhern Lehranstalt* enthielt zu radikale Reformvorschläge, als daß er als Grundlage für das Handeln der Verwaltungsinstanzen hätte dienen können. Es gab jedoch eine Schrift zur geplanten Berliner Neugründung, die die öffentliche Meinung prägte und die Konzeption der ins Auge gefaßten Institution mit großem Geschick an die Universität der Vergangenheit zurückband: Friedrich Schleiermachers *Gelegentliche Gedanken über Universitäten im deutschen Sinn* (1808).

Schleiermachers Konzeption der Universität

Schleiermacher gehörte nicht zu den Gelehrten, die Beyme im Sommer 1807 mit einem Gutachten beauftragt hatte. Aber sobald er hörte, daß Wolf einen Vorschlag entwarf, beschloß er, einen eigenen Plan vorzulegen, den er im Winter 1807/08 ausarbeitete und im Frühjahr 1808 veröffentlichte. Anders als die anderen Vorschläge lag Schleiermachers Konzeption also nicht lediglich in Form eines privaten Schreibens an Beyme vor, sondern als publizierte Denkschrift, die weithin gelesen und heftig debattiert wurde. Von den einschlägigen Schriften, die der Gründung der Berliner Universität vorausgingen, war sie mit Abstand die einflußreichste.

Im ersten Kapitel „Vom Verhältnis des wissenschaftlichen Vereins zum Staate“ bestimmt Schleiermacher die wechselseitigen Beziehungen von Wissenschaft und Staat,[18] indem er von der Grundvoraussetzung ausgeht, „es solle unter den

Menschen nicht nur Kenntnisse aller Art geben, sondern auch eine Wissenschaft". Der Mensch strebe von Natur aus nach einer umfassenden, alles Einzelwissen vereinheitlichenden Wissenschaft. Da aber kein einzelnes Individuum diese umfassende Synthese erreichen könne, seien die Gelehrten darauf angewiesen, daß der Staat ihnen eine Institution verschaffe, in der sie zusammenkommen könnten. Nach Schleiermacher brauchen die Gelehrten den Staat, wie der Staat das Wissen braucht, das die Gelehrten hervorbringen. Doch habe der Staat wenig Geduld mit dem wissenschaftlichen Streben nach reiner Erkenntnis, das heißt, mit der „Spekulation – so wollen wir immer nennen, was sich von wissenschaftlichen Beschäftigungen überwiegend nur auf die Einheit und die gemeinschaftliche Form alles Wissens bezieht". Der Staat strebe hingegen nach praktischen Kenntnissen, die seinen besonderen Zwecken dienten.

Im zweiten Kapitel erörtert Schleiermacher die Unterschiede zwischen den drei wichtigsten Bildungseinrichtungen in Deutschland: Schule, Universität und Akademie. Die Schule bestimmt er als diejenige Einrichtung, in der die „Knaben von besserer Natur" entdecken, ob sie für die Wissenschaft geeignet sind, und in der sie die vielfältigen Kenntnisse erwerben können, die für jedes Eindringen in die Sphäre der höheren Bildung unabdingbar sind. In der Akademie sollen sich demgegenüber die „Meister der Wissenschaft" in einer Verbindung zusammenfinden, die das Ganze und den notwendigen Zusammenhang aller Teile des Wissens reflektiert. In der Universität schließlich werde bei den jungen Männern, deren auf der Schule erworbene Kenntnisse bereits gefestigt sind, die Idee der Wissenschaft erweckt. Sie lernen nun, „alles aus dem Gesichtspunkt der Wissenschaft zu betrachten, alles Einzelne nicht für sich, sondern in seinen nächsten wissenschaftlichen Verbindungen anzuschauen, und in einen großen Zusammenhang einzutragen in beständiger Beziehung auf die Einheit und Allheit der Erkenntnis". In diesem Prozeß solle nicht einfach das Quantum der Kenntnisse erweitert, sondern der wissenschaftliche Geist überhaupt hervorgebracht werden. Aus diesem Grunde verbrächten die Studenten weniger Zeit auf der Universität als auf der Schule. Denn auf der Universität gehe es nicht so sehr um die Beherrschung einer Vielzahl von Stoffen als vielmehr um „das Lernen des Lernens". Auf der Schule schreite man von einer Einzelheit zur nächsten linear voran, auf der Universität hingegen sei man darauf bedacht, „daß man in jedem Gebiet das Enzyklopädische, die allgemeine Übersicht des Umfanges und des Zusammenhanges als das Notwendigste voranschickt, und zur Grundlage des gesamten Unterrichts macht". Daher sei für die Universität der philosophische Unterricht die Grundlage aller in ihr betriebenen Lehre. Ihr höchstes Prinzip sei „der wissenschaftliche Geist", begriffen als „unmittelbare Einheit aller Erkenntnis", als die Vermittlung zwischen dem realen Wissen und seiner philosophischen Durchdringung, als Einsicht in die Natur und den Zusammenhang alles Wissens.

Das dritte Kapitel mit dem Titel „Nähere Betrachtung der Universität im Allgemeinen" erweist sich in erster Linie als implizite Kritik an einigen Vorschlägen in Fichtes *Deduziertem Plan*, wobei Schleiermacher Fichte aber nicht namentlich nennt und vermutlich seinen Text auch nicht im Wortlaut zur Verfügung hatte. Schleiermacher verwirft jede strenge Trennung zwischen den besonders zur Wissenschaft befähigten und den weniger begabten oder motivierten Studenten sowie die Ablehnung der Vorlesung als Unterrichtsmethode. „Wie nun die ganze Universität ein solches Zusammenleben ist, so sind die Vorlesungen insbesondere das Heiligtum desselben."

Das Kapitel „Von den Fakultäten" entwickelt die durch die Jenaer Romantiker bekannte Auffassung, die philosophische

Fakultät müsse das Zentrum der Universität bilden. „In dieser *einen* ist daher allein die ganze natürliche Organisation der Wissenschaft enthalten, die reine transzendentale Philosophie und die ganze naturwissenschafliche und geschichtliche Seite." Die anderen Fakultäten hingegen fänden ihre Einheit nicht unmittelbar in der Erkenntnis, sondern „in einem äußeren Geschäft" und verbänden zu diesem Zweck Wissenselemente, die sie den verschiedenen Disziplinen entnähmen: sie lassen sich alle auf äußere Bedürfnisse zurückführen. Der „wahre Geist der Universität" verlange zudem, daß innerhalb jeder Fakultät die größte Freiheit herrschen müsse, ohne daß Ordnungen vorgeschrieben seien, wie die einzelnen Vorlesungen aufeinander zu folgen hätten. Den Studenten wie ihren Lehrern sei am besten damit gedient, wenn der Professor seinen eignen Interessen und Neigungen folge. Denn seine Aufgabe sei es ja, die Studenten durch sein beispielhaftes Auftreten als aktiv forschender Wissenschaftler zu inspirieren, nicht aber, ihnen nur Einzelheiten eines bestimmten Stoffgebietes zu vermitteln.

Im letzten Kapitel „Von den Sitten der Universität, und von der Aufsicht" argumentiert Schleiermacher, daß das für den Lehrkörper zu fordernde Prinzip der akademischen Freiheit auch für die Studenten gelten müsse. Denn der Zweck der Universität liege nicht im Lernen an und für sich, sondern im Erkennen, und er könne daher nicht durch äußeren Zwang erreicht werden, sondern nur „in der Temperatur einer völligen Freiheit des Geistes". Auch wenn viele Studenten von dieser Freiheit keinen rechten Gebrauch zu machen wüßten, würden doch die besten in ihr aufblühen. Schleiermacher beklagt die Neigung der Studenten, das „Philisterwesen" als Gegenpol zu ihren eigenen Idealen anzusehen, und er bedauert die weiterhin bestehende Duellpraxis. Doch lasse sich das eine Übel mildern, indem man die allzu große Isolierung der Studenten von der übrigen Gesellschaft aufhebe. Und dem zweiten könne man dadurch begegnen, daß man eine unter öffentlicher Autorität auszuübende Fechtübung einführe. So könne die Gefährlichkeit der Duelle gemindert und die Neigung, für jede Kleinigkeit Genugtuung zu fordern, gedämpft werden.

Nicht zuletzt durch diese Denkschrift des populären und einflußreichen Predigers gingen die romantischen Ideen der Universität im Preußen der Aufklärung allmählich in das öffentliche Bewußtsein ein. Die Auffassung der Universität als einer Institution, in der alle Fakultäten miteinander zu verbinden und vom Mittelpunkt der philosophischen Fakultät aus geistig zu vereinigen seien, begann nun auch praktische Wirksamkeit zu entfalten. Die Überzeugungskraft, mit der Schleiermacher dieses Ideal eines „enzyklopädischen" Zugangs zum Wissen vertrat, trug dazu bei, die von der Aufklärung beförderte Skepsis gegen die traditionelle Universität zu überwinden und den Boden für die Gründung der Berliner Universität zu bereiten.

Humboldt und die Gründung der Universität

Anfangs schien das Projekt aus einer Vielzahl von Gründen zu scheitern. Der Freiherr vom Stein stand ihm eher reserviert gegenüber; unter den Intellektuellen, denen man keine Stellen angeboten hatte – wie etwa Adam Müller, Henrik Steffens, Friedrich Ludwig Jahn –, kam Verstimmung auf, und die Wiedereröffnung der Universität in Halle trug ebenfalls nicht zur Verbesserung der Erfolgsaussichten bei. Im Spätherbst 1808 aber änderte sich die Situation erneut. Auf Napoleons Drängen hin verlor sein Erzfeind, der Freiherr vom Stein, sein Amt. Es war Stein allerdings zuvor gelungen, die Struktur der preußischen Regierung in der Weise zu reformieren, daß die Macht vom königlichen Kabinett auf ein neues zentralisiertes

System von Ministerien überging. Anstelle von Karl Friedrich Beyme, der an die Spitze des Justizministeriums rückte, wurde auf Steins Empfehlung Graf Alexander von Dohna zum Innenminister ernannt. Zum Chef der neu geschaffenen Sektion für Kultus und öffentlichen Unterricht, die seinem Ministerium unterstand, ernannte Dohna, wiederum auf Steins Empfehlung, den 42jährigen Preußischen Gesandten beim Vatikan, Wilhelm von Humboldt. In seiner rückblickenden Denkschrift vom März 1810 entsann sich Stein, Preußen habe dadurch „die Leitung seiner Erziehungs- und wissenschaftlichen Anstalten einem Mann anvertraut, der einen vorzüglichen Geist und Gründlichkeit des Charakters besitzt und der diese Eigenschaften mit ruhmvoller Treue in seinem Wirkungskreis gebraucht".[19]

Humboldt, der die in Rom verbrachten Jahre als die glücklichsten seines Lebens ansah, hatte anfangs wenig Neigung, seine Studien in der Vatikanstadt zugunsten einer langweiligen Verwaltungstätigkeit in Berlin aufzugeben, und sträubte sich monatelang gegen die Ernennung. Ende Februar 1809 sah er sich schließlich doch verpflichtet, den Posten anzunehmen. Neben einer Vielzahl anderer Aufgaben war er damit für die Gründung der neuen Universität zuständig. Die Aufgabe, der Humboldt sich gegenübersah, war alles andere als einfach. Wie sich herausstellen sollte, hatte er nur sechzehn Monate Zeit – von Februar 1809 bis Juni 1810 –, das schwierige Vorhaben zu Ende zu bringen. Hinzu kam, daß sich während dieser Zeit der König und sein Hof überwiegend in Königsberg aufhielten. Humboldt, dessen Frau und Familie in Rom geblieben waren, verbrachte daher lange Monate – von Mitte April bis Anfang Dezember 1809 – in der provisorischen preußischen Residenz, weit entfernt von Berlin und den dortigen Entwicklungen.

Es gelang Humboldt trotz dieser Schwierigkeiten, die Aufgabe zu erfüllen, die Beyme nicht zuwege gebracht hatte.

Dieser Erfolg war vor allem drei Faktoren zu verdanken: Beymes nicht unerheblichen Vorarbeiten, dem Umschwung der öffentlichen Meinung in der Folge von Schleiermachers Denkschrift sowie Humboldts eigenen außergewöhnlichen administrativen Fähigkeiten und philosophisch fundierten bildungspolitischen Konzeptionen.

Humboldt hatte in Frankfurt an der Oder Rechtswissenschaft, dann in Göttingen Jurisprudenz und, ebenfalls in Göttingen – in Heynes berühmtem Seminar –, Philologie studiert. Aber es waren nicht diese Erfahrungen von knapp drei Semestern, aus denen seine Konzeption der Universität erwuchs. Vielmehr stand er während der vier Jahre – von 1794 bis 1797 –, die er hauptsächlich in Jena verbrachte, in engem Kontakt mit Goethe, Schiller, Fichte, den Schlegels und anderen führenden Köpfen jener Periode, in der das Jenaer Ideal der Universität geformt wurde; diese Ideen bestimmten grundlegend seine eigene Auffassung der Institution.[20] Zunächst hatte er Argumente dafür beizubringen, daß die neue Lehranstalt erstens eine Universität sein und daß diese zweitens in Berlin errichtet werden sollte. In dem *Antrag auf Errichtung der Universität Berlin*, den er dem König am 12. Mai 1809 vorlegte – also kaum zwei Monate nachdem er sein neues Amt angetreten hatte –, wurde seine eigene Position deutlich. Sie stand in entschiedenem Widerspruch zu den Plädoyers für spezialisierte Berufsschulen und war in vielen Punkten unverkennbar ein Echo auf Gedanken Schleiermachers, den er wohl deswegen im Juni 1810 zusammen mit Johann Wilhelm Süvern und Wilhelm Uhden als Mitglieder der Viererkommission für den Entwurf der Statuten der Universität einsetzte. „Auch der Name: *Universität* wird, schmeichle ich mir, bei Ew. Königlichen Majestät keiner Entschuldigung bedürfen. Er soll nur anzeigen, dass keine Wissenschaft ausgeschlossen seyn, und dass die Lehr-Anstalt auch akademische Würden ertheilen wird. Alles sonst

Veraltete und Nachtheilige fällt natürlich hinweg."[21] Es wäre mißlich, so fährt Humboldt fort, eine *höhere* Lehranstalt zu gründen, die keine Universität wäre, denn Theorie und Praxis dürften beim Unterricht nicht getrennt werden. Darüber hinaus wäre es schwierig und zudem willkürlich, eine neue Art von Lehranstalt neben den drei traditionellen Modellen zu etablieren, wie sie Schleiermacher umrissen hatte: Schule, Universität und Akademie.[22] In einem weiteren Antrag vom 24. Juli 1809 greift Humboldt auf die Bestimmung der Universität als „ein organisches Ganzes" zurück.[23] Wiederum besteht er darauf, die ins Auge gefaßte allgemeine Lehranstalt müsse „mit dem alten und hergebrachten Namen einer *Universität*" belegt werden, und fügt hinzu, sie habe auf jeden Fall, welchen Titel man ihr auch gebe, alles zu enthalten, was der Begriff einer Universität mit sich bringe. „Sie könnte, von richtigen Ansichten allgemeiner Bildung ausgehend, weder Fächer ausschliessen, noch von einem höhern Standpunkt, da die Universitäten schon den höchsten umfassen, beginnen, noch endlich sich bloss auf praktische Uebungen beschränken."

Seine Auffassung von der Universität als einer moralischen Institution, welche die Einheit allen Wissens symbolisiere und zugleich verkörpere, faßte Humboldt 1810 in dem fragmentarischen Aufsatz *Ueber die innere und äußere Organisation der höheren wissenschaftlichen Anstalten in Berlin* zusammen. Dessen erster Satz lautet:

„Der Begriff der höheren wissenschaftlichen Anstalten, als des Gipfels, in dem alles, was unmittelbar für die moralische Cultur der Nation geschieht, zusammenkommt, beruht darauf, dass dieselben bestimmt sind, die Wissenschaft im tiefsten und weitesten Sinne des Wortes zu bearbeiten, und als einen nicht absichtlich, aber von selbst zweckmässig vorbereiteten Stoff der geistigen und sittlichen Bildung zu seiner Benutzung hinzugeben."[24]

Es sei für die Universität charakteristisch, schreibt Humboldt weiter, daß sie – anders als die Schule, die es mit der Vermittlung gegebener Kenntnisse zu tun habe – die Wissenschaften als das Gebiet *nicht* gelöster Probleme auffasse. Für das Verhältnis zwischen Lehrer und Schüler ergebe sich daraus, daß hier nicht der Lehrer für den Schüler da sei, sondern beide gemeinsam der Wissenschaft zu dienen hätten. Die Universität müsse in ihrer Organisation dem Prinzip Rechnung tragen, daß die Wissenschaft ein Zweck in sich selbst sei und als „etwas noch nicht ganz Gefundenes und nie ganz Aufzufindendes" stets Gegenstand des Suchens und Forschens bleibe. Höre man auf, die Wissenschaft aus diesem Geist heraus zu betreiben, so bleibe nichts als eine leere Hülse ohne erzieherischen Wert zurück. „Denn nur die Wissenschaft, die aus dem Innern stammt und in's Innere gepflanzt werden kann, bildet auch den Charakter um, und dem Staat ist es ebenso wenig als der Menschheit um Wissen und Reden, sondern um Charakter und Handeln zu thun." Folge man in der Universität dem Prinzip, die als autonom begriffene Wissenschaft als solche zu suchen, so ergebe sich die Regulierung der Einzelheiten von selbst. „Es fehlt alsdann weder an Einheit noch Vollständigkeit, die eine sucht die andere von selbst und beide setzen sich von selbst, worin das Geheimniss jeder guten wissenschaftlichen Methode besteht, in die richtige Wechselwirkung."

Humboldt kam nie dazu und wurde auch nicht dazu aufgefordert, sich in ausführlicher Form und theoretisch zum Wesen der Universität zu äußern. Es gibt aus seiner Feder keine umfangreiche Denkschrift, wie wir sie von Fichte, Schleiermacher und vielen anderen Zeitgenossen besitzen. Fast alle seine Grundgedanken begegnen uns im Zusammenhang der offiziellen Berichte, die er während seiner ebenso kurzen wie bemerkenswerten Amtszeit als Chef der Sektion für Kultus und öffentlichen Unterricht verfaßte.

Doch wird auch aus diesen knappen Einlassungen hinreichend deutlich, daß das Idealbild der Universität, mit dem er seine Aufgabe in Angriff nahm, weitgehend der ihm vertrauten Jenaer Diskussion verpflichtet war.

Humboldts Konzeption der Universität war also nicht einzigartig. Daß er jedoch mit der Gründung der Berliner Universität ein Projekt verwirklichen konnte, an dem schon viele Vorgänger gescheitert waren, muß weitgehend seinem diplomatischen Geschick und seinen ausgezeichneten verwaltungstechnischen Fähigkeiten zugeschrieben werden. Nachdem er den König zur Annahme seiner Vorschläge bewogen hatte, sah er sich der ebenso schwierigen Aufgabe gegenüber, nun mit den zu berufenden Gelehrten selbst zurechtzukommen. Es gelang ihm, den bedeutendsten Lehrkörper in Deutschland für seine Universität zu gewinnen: in der Philologie Wolf, in der Rechtswissenschaft Savigny, in der Theologie Schleiermacher, in der Philosophie Fichte, in der Medizin Hufeland und Reil, in der Geschichte Niebuhr – die Liste der bedeutenden Namen ließe sich fortsetzen. Die Berliner Schriftsteller verfolgten die Neugründung mit großem Enthusiasmus. Ja, die Anwesenheit Savignys, der durch Vermittlung Arnims nach Berlin berufen worden war, ließ seinen Schwager Brentano und Arnim zu der Überzeugung gelangen, sie hätten selbst einen gewissen Einfluß auf die Entwicklung dieser neuen „romantischen" Universität, und ihr persönliches Engagement zeigt sich, wie wir gesehen haben, im Ton ihrer Festgesänge. Selten war die Gründung einer akademischen Institution von so vielen literarischen Aktivitäten begleitet wie die der Berliner Universität im Jahre 1810.

Die symbolische Bedeutung der Institution darf man nicht unterschätzen. Wenn W. H. Auden in seinem Essay *The Poet and the City* mit der Behauptung recht hat, in jeder Gesellschaft spiegelten die Bildungseinrichtungen die Tätigkeiten und Gewohnheiten wider, die diese Gesellschaft für wichtig halte, dann weist die Gründung der Berliner Universität auf eine bedeutende Umwertung der Werte in Preußen hin – vom Aufklärungsbegriff der praktischen Kenntnisse zur romantischen Auffassung des Wissens als eine organische Einheit.

Humboldt vertrat die Ansicht, Berlin solle aus der Not eine Tugend machen und seine Universität mitten im Zentrum der Stadt ansiedeln und nicht, wie von vielen Kommentatoren empfohlen wurde, in den Außenbezirken, weit entfernt von den Versuchungen der Großstadt. Er hatte sich für seine Institution vom König das (bereits von Beyme dafür ausersehene) Prinz Heinrich-Palais am Forum Fridericianum erbeten und bekommen, wo er ohnehin schon sein Amt hatte.[25] (Er selbst wohnte während dieser Berliner Monate ziemlich entfernt im Reußischen Palais in der Leipziger Straße.) Schon seit Ende 1809, fast ein Jahr vor der offiziellen Eröffnung der Universität, wurden hier Vorlesungen gehalten.[26] Im Dezember 1809 konnte Humboldt dem König ferner berichten, daß er Friedrich August Wolf für die Universität gewonnen habe. Das war ein bedeutender Schritt nach vorn, „da sich in philologischer Gelehrsamkeit Niemand mit ihm messen kann".[27] Der Umstand, daß Wolf bei seinem in lateinischer Sprache gehaltenen Kolleg über griechische Literatur eine erstaunlich große Zahl an Hörern hatte, ohne daß es schon formell eingeschriebene Studenten gab, schien Humboldt ein Zeichen dafür zu sein, „dass es keineswegs an Lust auch zu ernsthaften und bloss gelehrten Studien fehlt". Diese Einschätzung wurde dadurch bestätigt, daß auch die von Fichte, Schleiermacher, Schmalz und anderen im Palais gehaltenen Vorlesungen großen Anklang beim Publikum fanden.

Im Laufe der nächsten Monate machte die Planung rasche Fortschritte. Durch eine Kabinettsordre vom 28. September

1810 genehmigte der König die von der Sektion für öffentlichen Unterricht vorgelegten Vorschläge für die Besetzung der höchsten akademischen Ämter, die bald danach in den Zeitungen veröffentlicht wurden. Die Besetzungen waren kaum eine Überraschung. Der Rechtswissenschaftler Schmalz, der drei Jahre zuvor die Professorengruppe aus Halle nach Memel mit der Bitte um eine Universität geführt hatte, wurde als Rektor bestätigt, während die Dekanate mit bekannten und illustren Namen besetzt wurden: Friedrich Schleiermacher für die theologische Fakultät, Friedrich August Biener für die Juristen, Christoph Wilhelm Hufeland für die Medizin und Johann Gottlob Fichte für die philosophische Fakultät.

Als die Universität am 10. Oktober 1810 ihren Betrieb offiziell aufnahm – an diesem Tag hielt Rektor Schmalz die Begrüßungsrede bei der ersten Zusammenkunft des akademischen Senats – und am 29. Oktober die Vorlesungen begannen, war der große Initiator aber schon lange weg. Humboldt, der seinen Posten als Direktor der Sektion für Kultus und öffentlichen Unterricht nur unwillig angetreten hatte, fühlte sich durch die verfehlten Regierungsreformen zutiefst enttäuscht. Man hatte ihm nämlich eine gewisse Unabhängigkeit und vor allem eine Stimme in den Ministerkonferenzen zugesichert, was aber in der Umorganisation der Ministerien nicht geschah. Zwar hatte er versucht, den politischen Intrigen in dieser sehr unruhigen Zeit fernzubleiben,[28] aber die mit der Übernahme der Macht durch Hardenberg verbundenen Ränke waren auch ihm nahegegangen. Außerdem war er des Gezänks unter den Gelehrten überdrüssig, in deren Interesse er schließlich die neue Universität zu errichten suchte. Ende April reichte er also sein Entlassungsgesuch ein. Am 14. Juni wurde er aus seinem Amt entlassen und gleichzeitig zum Staatsminister und Gesandten in Wien ernannt. Er verließ Berlin am 15. August

1810, fast zwei Monate vor der offiziellen Eröffnung der Universität, die er ins Leben gerufen hatte. Ersetzt wurde er vorläufig (bis zum 20. November) durch seinen Kollegen G. H. L. Nicolovius und dann im Zuge einer größeren Umorganisation des Ministeriums durch Friedrich von Schuckmann.

Die Universität in den *Abendblättern*

Die Gründung der Universität war das erste öffentliche Geschehen von Bedeutung, dem sich die eben gegründeten *Berliner Abendblätter* zuwandten. Bereits am 2. Oktober 1810, in der zweiten Nummer der Zeitschrift, erschien der Beginn eines dreiteiligen Artikels von Adam Müller: *Freimüthige Gedanken bei Gelegenheit der neuerrichteten Universität in Berlin.* Müllers Ausgangspunkt ist die Beobachtung, daß im ersten Vorlesungsverzeichnis der Berliner Universität bei den Namen der Lehrer alle bürgerlichen Qualifikationen und Titel weggelassen sind. Dadurch wolle die Universität zeigen, daß sie „nur literarische Würden und Distinctionen" anerkenne: „sie folgt der hergebrachten Vorstellung einer von dem Staate in gewisser Rücksicht unabhängigen Republik der Wissenschaften; sie strebt die durch Mißbrauch herabgewürdigten Doctoren- und Professoren-Titel wieder in Ehren zu bringen, und es muß ihr großentheils gelingen, da Namen wie Wolf, Niebuhr, Savigny, Reil, Fichte, u.s.f. in diesem einfach erhabenen Schmuck auftreten". Müller hält es durchaus für gerechtfertigt, daß der Staat neben der zivilen und der militärischen Rangordnung noch eine dritte, geistige zulasse, damit die Gelehrten sich nicht im praktischen Leben aufreiben müßten, um öffentliche Anerkennung zu finden. Er schließt diesen ersten Teil des Artikels mit dem Appell, der Staat solle der Universität jene akademische

Freiheit, nämlich die Zensurfreiheit in wissenschaftlichen Fragen, gewähren, durch die einst Göttingen seine Größe erlangt habe.

Nach diesem Anfang, der durchaus mit den Auffassungen Fichtes und Schleiermachers über die akademische Freiheit vereinbar war, setzte Müller am nächsten Tag (3. Okt. 1810) seine Gedanken mit der eher nationalkonservativen Forderung fort, die Universität müsse im Gegenzug zu den ihr gewährten Freiheiten ihrer Verantwortung dem Staat gegenüber gerecht werden. Die bisher „bloß cosmopolitische" Orientierung der Gelehrten, die zur Zersplitterung ihres Standes geführt habe, müsse durch eine „vaterländische" ausbalanciert werden. „Wollen die Gelehrten in diesem bestimmten Preussischen Staate bedeuten [d. h., das Gemeinwesen fördern, T.Z.], so müssen sie zunächst ihm dienen. Zu einem bloßen Gastmahl für die wissenschaftlichen *Gourmands* von Europa, wird die Universität nicht gestiftet." Um anderswo Anerkennung zu finden, seien die Gelehrten „dem vaterländischen Boden untreu geworden"; der frühere „wissenschaftliche Luxus" habe sie verdorben. Dagegen setzt Müller seine strenge Bestimmung des Zwecks aller Bildung. „Der nächste Zweck alles höheren Unterrichts ist die Bildung des Staatsbeamten." Er nimmt diesen Begriff im weitesten Sinne und meint damit im Prinzip jeden Staatsbürger, besonders aber den Gelehrten in seiner Eigenschaft als Beamter. „Die höchste Verirrung der Erziehung ist, wenn sie bloß fürs Allgemeine, ins Blaue, Entfernte hin, erzieht, und vor aller Humanität und Philanthropie nicht zum Stehen und Wirken kommt." Nach dem Schwinden der verbindlichen Orientierung am christlichen Glauben, die dem Aufblühen der Wissenschaft in Bologna, Prag und Paris im späten Mittelalter den bestimmenden Hintergrund gab, könnten die Wissenschaften ihr Leben nur erhalten, „wenn sie sich in freier Dienstbarkeit dem Staate anschließen".

Müller ruft dazu auf, mit dem Speichern, Sammeln, Entdecken und Berichtigen nun ein Ende zu machen, das 18. Jahrhundert habe schon viel überflüssiges Wissen angesammelt. Nur durch „die lebendigen Beziehungen, die praktische Kraft" könnten die kraftlos gewordenen Wissenschaften die Bedeutung wiedergewinnen, die sie „in der Barbarei der letzten Zeiten" verloren hätten.

Als Ziel der kritischen Philippika am Beginn des abschließenden dritten Teils von Müllers Artikel, der am 4. Oktober erschien – und hier hören wir die verbitterten Töne des nicht berufenen Professors –, steht „der jetzt herrschende, aller wahren Wissenschaft abgewendete, hyperkritische Geist der Gelehrten, der Krieg aller gegen alle, die fruchtlose Zersplitterung der literarischen Republik". Dieser beklagenswerte Zustand könne nur vom Staat aufgehoben werden. Er allein sei in der Lage, den entzweiten Wissenschaften wieder „ein gemeinschaftliches, bestimmtes, praktisches Ziel" zu geben. Warum sind, so fragt Müller suggestiv, aus den bisherigen Lehranstalten nur „Virtuosen der Jurisprudenz und Provinzialbeamte", aber keine höheren Staatsbeamten hervorgegangen? Kein höherer Staatsbeamter habe nämlich sein Amt durch das Studium, alle hätten es durch Talent und praktische Erfahrung erworben. Müller weiß auf seine Frage eine eindeutige Antwort: „weil die alten Universitäten in den letzten Zeiten, etwas zu sehr und zu ausschließend im Universo verkehrt haben, und das Studium der vaterländischen Lokalität versäumt worden ist". Es sei aber im höchsten Interesse des Staates, daß die Kandidaten für seine Ämter in die Gerichtshöfe und in die Verwaltungsabteilungen nicht anders einträten als vorbereitet mit einer vollständigen Anschauung des ‚vaterländischen Universums'. Die neue Universität in Berlin, so Müllers programmatische Wendung zum Schluß, werde zeigen, daß durch diese vaterländische Richtungsbestimmung weder

„das Europäische Universum“ noch „die Republik der Wissenschaften“ etwas verliere.

Die Mitarbeiter der *Berliner Abendblätter* setzten in den kommenden Wochen ihre kritische Kommentierung der neuen Institution fort. Am 8. Oktober griff Adam Müller mit einem Text *Ueber die wissenschaftlichen Deputationen* in die Debatte darüber ein, ob der Nutzen der Wissenschaften für den Staat eher auf dem direkten Weg der Bildung „gelehrter Korporationen“ oder auf dem indirekten der verbesserten wissenschaftlichen und politischen Erziehung der Staatsbeamten selbst zu sichern sei. Es ist charakteristisch, daß Müller hier für die „weise naturgemäße“ Selbstbildung der Staatsbeamten argumentiert und gegen die „äußere Infusion“ durch ad hoc zu Rate gezogene wissenschaftliche Deputationen. Denn es geht ihm darum, daß die Wissenschaften unter der Kontrolle der Staatsbeamten zu stehen hätten und nicht umgekehrt. „Je mehr es der besondere Ruhm unserer Zeit ist, daß die Wissenschaften mächtig geworden sind, um so mehr ist es, erstes unter allen Problemen des Staatsmanns sie zu bändigen, das heißt, da er sie braucht und sie sich nicht mehr unterdrücken lassen, sie zu *regieren*.“ Am 10. Oktober wurde den Lesern mitgeteilt, daß ein von unbekannter Hand eingesandter Aufsatz über die Proklamation der Universität „aus bewegenden Gründen“ nicht aufgenommen werden könne. (Es dürfte sich hierbei um einen verlorengegangenen Artikel Kleists handeln, in dem er sich auf Gerüchte aus der Fakultätssitzung am selben Tag über die Verschiebung der angekündigten Eröffnungszeremonie bezog.) Am 27. Oktober stellte ein anonymer Mitarbeiter – es handelt sich wieder um Adam Müller – die *Bescheidene Anfrage*, warum im Lehrangebot der Universität die Naturphilosophie ausgespart sei, wo doch zur *universitas literaria* nicht nur die „Totalität der wissenschaftlichen Disciplinen“ gehöre, sondern auch, daß sie die jeweils herrschenden Hauptrichtungen in Wissenschaft und Philosophie angemessen repräsentiere. Alle diese Richtungen müßten im Lehrkörper vertreten sein „und in Streit gebracht werden", und die Philosophie dürfe nicht – so die implizite Stoßrichtung – wie im gegenwärtigen Vorlesungsverzeichnis nur durch den Fichteschen Idealismus repräsentiert sein.

Mit Blick auf die *Berliner Abendblätter* sind zwei Punkte festzuhalten: Zum einen brachte die Zeitschrift, wenn sie auch nicht den von ihren Mitarbeitern erhofften bestimmenden Einfluß auf die Universitätspolitik hatte, in ihrer Ankündigung von Brentanos Kantate, in dem Abdruck von Arnims Gedicht und in zahlreichen Artikeln das breite öffentliche Interesse an der neuen Institution zum Ausdruck und gab das Spektrum der Meinungen wieder, das sich von Brentanos idealisierender Poetisierung bis hin zu Müllers nörgelnder Kritik erstreckte. Die Gründung der Universität vor dem Hintergrund der politisch-militärischen Notsituation wurde von der literarischen, gelehrten und kulturellen Öffentlichkeit als ein heroischer Akt und Beginn einer neuen Ära Preußens und Berlins begriffen. Rahel Varnhagen drückte wohl die öffentliche Meinung aus, als sie gegenüber ihrem zukünftigen Gatten in einem Brief vom 12. November begeistert äußerte: „Die Universität, wenn sie auch, als bloßer Anfang zu einer, erscheinen muß, ist schön; und wahrlich einem jeden hier nach seinen Kräften lieb. Sie ist ein Produkt des Geistes. Mitten in der Besiegung, der Armut, ja der Furcht, der Störung, erdacht, entworfen, angefangen! Ein Grünen der Erde durch ihr eigenes Feuer, möge Phöbus *gnädig* leuchten, und keine Pfeile den Kühnen schicken."[29]

Was den zweiten Punkt angeht, die repressiven Ansichten, wie sie Adam Müller in seiner Forderung nach strenger Kontrolle der neuen Institution durch den Staat vertrat, so war seine Haltung für die Berliner Intellektuellen keineswegs repräsentativ. Die meisten Zeitgenossen, darunter insbesondere Humboldt, Savigny und Brentano, verwarfen Müllers Auffassung, die Universität solle dem Staate dienen. Sie taten sie als Meinung eines Mannes ab, der verbittert war, weil er trotz all seiner Anstrengungen nie dazu aufgefordert worden war, dem Lehrkörper der neuen Universität beizutreten. So berichtete Brentano den Brüdern Grimm, daß Müller „eine eigne Staatsoppositionsclique an[führe], und ein Universitätskriterium, weil man ihn bei beiden übergangen, da die meisten praktischen Männer ihn wegen seinem Achseltragen [Vermeiden eindeutiger Stellungnahmen, T. Z.] nicht wollen".[30] Zugleich aber warfen in Müllers Artikelserie die verhängnisvollen Entwicklungen der Zukunft ihre Schatten voraus. Kaum hatte die Universität ihre Pforten geöffnet, kam es zum Konflikt zwischen dem Bildungsideal der Reformer und der Realität des preußischen Staates sowie zum Zwist unter den Professoren. Aber trotz aller zukünftigen Streitigkeiten zwischen dem konservativen Sektionschef Schuckmann und den liberalen Geistern der Fakultäten und trotz der verfehlten Eröffnungsfeier bot das erste Semester der neuen Universität ein öffentliches Ereignis von bisher nicht erlebtem Glanz.

Vorlesungsverzeichnis

Selten in der Universitätsgeschichte findet man eine Konstellation von akademischen „Stars" zur gleichen Zeit und am gleichen Ort, die ähnlich brillant war wie die Gruppe von Gelehrten, die 1810/1811 in Berlin zusammenkamen, um die neue Institution zu gründen. In vielen Fällen handelte es sich um geniale junge Wissenschaftler – wie den einunddreißigjährigen Rechtswissenschaftler Friedrich Carl von Savigny, den sechsundzwanzigjährigen klassischen Philologen August Böckh oder den vierunddreißigjährigen Historiker Barthold

Georg Niebuhr –, die am Anfang einer langen, glänzenden Karriere standen. Bekannte Koryphäen wie der Philologe Friedrich August Wolf, der Philosoph Johann Gottlieb Fichte, die Mediziner Johann Christian Reil und Christoph Wilhelm Hufeland und der Theologe Friedrich Schleiermacher hatten gerade den Höhepunkt ihrer schöpferischen Produktivität erreicht. Ihre Vorlesungen wurden am Anfang deswegen oft zu öffentlichen Ereignissen, an denen nicht nur die 256 immatrikulierten Studenten teilnahmen, sondern auch die geistig interessierte Gesellschaft der Residenzstadt. (Unter den Studenten bildeten im ersten Semester die Mediziner fast die Hälfte, weil es in Berlin schon seit 1724 ein Collegium Medico-Chirurgicum gegeben hatte; außerdem hatten sich 57 Philosophen, 53 Juristen und 29 Theologen eingeschrieben. Aber bereits im zweiten Semester begannen sich die Zahlen etwas anzugleichen.)

Aus dem „Lektionskatalog", der Ende September von der Sektion für Kultus und Unterricht bekanntgegeben und in verschiedenen Zeitungen (wie im *Freimüthigen* vom 28. September) veröffentlicht wurde, wissen wir mit ziemlicher Genauigkeit, welche Vorlesungen in diesem grundlegenden ersten Semester gehalten wurden. Erwartungsgemäß spielten die sogenannten „Encyclopädien", die den Grundriß einer ganzen Disziplin skizzierten, eine große Rolle. So konnte man neben Schleiermachers „Encyclopädie der theologischen Wissenschaften" auch die der medizinischen, der mathematischen und der philologischen Wissenschaften hören, außerdem Einführungen in die gegenwärtige Lage der Jurisprudenz, in das Studium der Philosophie, in die allgemeine Naturlehre und in die Geschichte der älteren deutschen Poesie. Weil es sich bei den Lehrenden oft um brillante Redner handelte, die anhand weniger Notizen ihre Vorträge frei entwickelten, läßt sich der genaue Wortlaut manchmal kaum noch rekonstruieren. Aber mit Hilfe von

Notizen, studentischen Mitschriften und späteren Publikationen sowie den Berichten von Anwesenden können wir uns in vielen Fällen das Geschehen in aller Lebendigkeit vorstellen.

Fichtes „Wissenschaft der Wissenschaft“

Fichte war durch seine Schriften und vor allem durch seine öffentlichen Vortragsreihen – wie die feurigen *Reden an die deutsche Nation* vom Winter 1807/1808 – einem größeren Publikum bereits bekannt. Als begeisterter und begeisternder Lehrer war er auch einer der ersten, die nach Eröffnung der Universität das Katheder bestiegen, wo er vom 22. bis 26. Oktober öffentliche Vorlesungen „Ueber das Studium der Philosophie, überhaupt als Einleitung in seine gesammten Vorlesungen“ hielt.[31] Nach Fichte soll sich die Philosophie mit den Gesetzen befassen, wie man über das eigene Denken reflektiert.[32] Ihr Ziel sei es, „den kritischen, u. idealen Sinn überhaupt zu schärfen: die blinde Stokgläubigkeit an das Empirische aufzuheben“. Eine Neigung, die uns allzu häufig daran hindert, sei es, „sich bei dem einzelnen zu sehr auf[zu]halten, u. sich nicht [zu] gewöhnen aufzusteigen zum Allgemeinen“. Für Fichte ist die Philosophie ihrer Form nach eine Wissenschaft wie die Mathematik oder die Physik. Aber als „Wissenschaft der Wissenschaft“ fasse sie die übrigen Wissenschaften unter sich zusammen.[33] Während die besonderen Wissenschaften ein bereits Gewußtes zu ihrem Gegenstand haben, reflektiere die Philosophie über das Wissen selbst. Die Physik befasse sich zum Beispiel mit den Gesetzen der Ruhe oder der Bewegung der Körper; aber die Philosophie interessiere sich für unser Bewußtsein der Bewegung. „Von allem äußern weiß ich nur dadurch, daß ich erst innerlich von meinem Wissen weiß.“ (An einer anderen

Stelle benutzt Fichte das Bild von einer Wasserfläche, auf der sich Bäume widerspiegeln und die dann das Vermögen bekommt, die auf ihr „eingedrückten" Bilder anzuschauen, auch wenn sie nie zu den wirklichen Bäumen gelangt. So befasse sich die Philosophie mit diesem Bewußtsein und dessen Prozessen und nicht mit den Gegenständen, die auf unsere Sinne wirken.[34]) Der Naturmensch (= der normale Mensch) besitze nur Dinge; der Philosoph habe „Bestimmungen des Wissens" oder „Besonnenheit". Dieses Prinzip hält Fichte für fundamental. Wer es nicht faßt, „ist zur *Φ*. [= Fichtes Abkürzung für Philosophie] u. noch zu allem andern tüchtigen unfähig". Aber er schärft seinen Zuhörern abschließend ein, „daß dies ja nicht die *Φ*. selbst sey, sondern nur ihre nothwendige Bedingung". Danach machte er einige weitere pädagogische Vorschläge: Er lud die Studenten, die seine weiteren Vorlesungen besuchen wollten, zu einem wöchentlichen „Conversatorium" (samstags von 11 bis 12 Uhr) ein, wo Fragen gestellt und Aufgaben für Hausarbeiten verteilt wurden. Er unterbreitete auch den Vorschlag für ein Institut zur Bildung künftiger akademischer Lehrer, und zwar für Übungen im akademischen Vortrag.[35]

Fichtes Auditorium, das größte im Palais Heinrich, war für die vier öffentlichen Vorträge „so voll, daß nur die Hälfte sitzen konnte", berichtete ein Anwesender.[36] Der Student August Twesten, der in Kiel bei dem Kantianer Reinhold studiert hatte, war von Fichtes Vortrag „ganz eingenommen". „Ich kann nicht sagen, daß er durch seinen Vortrag hinreiße; er steht größtentheils unbeweglich, u. nur aus seinen Augen blitzt seine Lebendigkeit hervor, wie sich auf seinem Gesichte seine Festigkeit ausdrückt." Obwohl seine Stimme unangenehm sei, liege seine rednerische Begabung offen zutage. „Er spricht kurz, einfach und klar, […] u. man siehts, daß er nicht redet, um schön zu reden, sondern daß es ihm bloß um die Sache zu thun ist; er redet bestimmt, u. in einer so lichten Ordnung, die er dazu so klar zu machen weiß, [...] daß es unmöglich ist, ihm nicht zu folgen."[37] Arnim meinte sogar, daß Fichte „mit seinen Vorlesungen bey manchen den leeren Platz fülle, an welchem sonst Religion und Kirche zu stehen pflege".[38] Allerdings waren nicht alle Zuhörer so begeistert wie der Student aus Holstein. Der junge Geologe Christian Samuel Weiß, der mit Fichte als Kollege persönlich befreundet war, fand die einleitenden Vorträge „versteinert, unbehülflich, triviell-schwierig", doch „mit einer Contenance, [...] als ob es alles das vortreflichste gewesen wäre". Auch die Vortragsart hatte es ihm nicht angetan. „Er spricht jezt frei, wie man sagt, aber keineswegs geistig frei, leicht oder lebendig, sondern abgemeßen und steif, mit Wiederholungen zur Ermüdung und Pausen, um gar nicht erst in Arbeit kommen zu können."[39]

Immerhin meldeten sich 98 Hörer – nicht nur Studenten – für die folgenden Privatvorlesungen über *Die Thatsachen des Bewußtseins* an,[40] die am 29. Oktober begannen. In diesem Prolegomenon zu seiner Wissenschaftslehre, die er zum ersten Mal 1794/1795 in Jena vorgetragen hatte und die er im Frühjahr 1811 in Berlin revidierend wiederholte, hat er das Prinzip der Einleitungsvorträge ausführlicher begründet. Das Bewußtsein habe nämlich – wie wir von dem Bild der widerspiegelnden Wasserfläche bereits wissen – drei Grundformen: das reine Denken, die innere Anschauung und die äußere Anschauung. Jedes Ich oder Individuum bestehe unteilbar aus allen drei Formen (S. 75). Da aber jedes Individuum einen eigenen Ort im Raum einnimmt, werde dieser Ort zum jeweiligen Mittelpunkt seiner Auffassung und bestimme für es die relativierte Ordnung der anderen Gegenstände im Raum (S. 77). Für dieses Ich sei die Natur nichts weiter als der Gegensatz, der sich um das Ich bildet, damit sich das Ich in ihm durch Bewußtsein erkennen kann. Die Tatsachen des Bewußtseins liefere also keineswegs die Natur oder die äußere Wirklichkeit, sondern die innere Anschauung.

Diese Dialektik hatte Fichte bereits in der Wissenschaftslehre von 1794/1795 dargestellt, und seitdem hatte sich im Gegensatz dazu eine Naturphilosophie entwickelt, für die die Natur Wirklichkeit und nicht bloß eine Vorstellung des Ichs war. Fichte nimmt diese Gelegenheit wahr, um seine Gegner zu widerlegen – und wohl auch die *Bescheidene Anfrage*, die ein Anonymer (Adam Müller) am 27. Oktober, am Tag nach der letzten Einleitungsvorlesung, in den *Berliner Abendblättern* gestellt hatte: Warum nämlich in der Totalität der wissenschaftlichen Disziplinen der *universitas literaria* die Naturphilosophie fehle. Einem Mangel an tüchtigen Vertretern könne man es nicht zuschreiben: Henrik Steffens und G. H. Schubert wären beide begabte Kandidaten. Der ungenannte Verfasser konnte also nicht umhin anzunehmen, daß es sich um Absicht handele. „Sollte es nicht für die Belebung eines solchen Instituts grade in Berlin [...] wichtig sein eine Concurrenz streitender Ansichten zu veranlassen, und z. B. das große polemische Talent des Herrn Fichte in Bewegung zu setzen, wobei die Wissenschaften an Freiheit, die Universität an Charakter nur gewinnen könnten?" Fichte wendet sich heftig gegen diese Vergötterung der Natur der „Materialisten", die die sinnlichen Dinge zum Grunde des Bewußtseins machen. Er bekennt sich im Gegenteil zu einem Idealismus, für den unsere Vorstellungen der Dinge die Tatsachen des Bewußtseins ausmachen (S. 84). Das Leben *werde* ja erst, indem es seiner selbst im Bewußtsein des Individuums gewahr werde (S. 103). Denn das Leben sei in seinem Sein „durchaus nicht anschaubar, wohl aber denkbar, und zwar durch das reine Denken, oder Intelligiren" (S. 107). Für den Philosophen verschwinde die Natur, wie der Geometer bei seiner Arbeit die Materie vergißt (S. 134). „Das ganze System von Thatsachen des Bewußtseyns", schließt Fichte, „ist sonach wirklich abgeleitet aus einem Grunde, und begriffen, als ein nothwendiges, in sich zusammenhangendes Ganzes" (S. 109). Wenn es Leben gibt, dann müsse es sich nur in einem so bestimmten Bewußtsein offenbaren. Mit diesem Schluß wendet sich Fichte in seiner folgenden Vorlesungsreihe der eigentlichen Wissenschaftslehre zu.

Angesichts der Schwierigkeit des Stoffes fanden sogar Fichtes loyalste Anhänger die Vorlesungen schwerer zugänglich. So gesteht Twesten am 31. Oktober, daß Fichtes Vortrag „jetzt wenig klar und etwas zu schnell fortschreitend" scheine und daß ihm heute der Zusammenhang entgangen sei. „Ich ging aber zu ihm, und er half mir sehr bereitwillig wieder auf die Spur."[41] Hier sehen wir die echt pädagogische Hilfsbereitschaft des Philosophen, der gegenüber seinen Studenten weit freundlicher und aufgeschlossener war als oft den akademischen Kollegen gegenüber.

Schleiermachers Enzyklopädie und Hermeneutik

Schleiermacher war in Berlin nicht weniger bekannt als Fichte. Seine fulminanten Predigten in der Dreifaltigkeitskirche bildeten seit Mai 1809 einen Treffpunkt nicht nur für Gläubige, sondern auch für die Gebildeten unter den Verächtern der Religion. „Bunter ist überhaupt wol kein Fischzug als mein kirchliches Auditorium", staunte er 1808: „Herrnhuter, Juden, getaufte und ungetaufte, junge Philosophen und Philologen, elegante Damen, und das schöne Bild vom h. Antonius muß mir immer vorschweben."[42] Weil aber vorläufig nur 29 der 256 Studenten Theologen waren, zogen seine zweistündigen Vorlesungen zur Enzyklopädie der theologischen Wissenschaften nur siebzehn Hörer an – vielleicht auch deswegen, weil seine nüchternen Vorlesungsstunden am frühen Morgen weniger attraktiv schienen als die feierlichen Abendstunden Fichtes. (Allerdings nahmen die Zuhörerzahlen dauernd zu: im folgenden Semester hatte Schleiermacher neben den Medizinern „das stärkste Auditorium";[43] und sogar Fichte mußte seine Rechtslehre absagen, weil der Theologe seine Vorlesung in die Stunde seines Gegners verlegt hatte.)

Schleiermacher hatte eine „Enzyklopädie und Methodologie" bereits zweimal vorgetragen – 1804/05 als Professor in Halle und dann wieder im Winter 1808 als Anwärter auf seine Professur an der neu zu bildenden Universität in Berlin –, und zwar frei redend anhand von Notizen. Diesmal wollte er seine Gedanken zum Nutzen der Studenten drucken lassen, kam aber aus verschiedenen Gründen erst spät dazu. In den Sommermonaten vor der Eröffnung der Universität hatte der tatkräftige Mann nicht nur seinen üblichen Pflichten nachzukommen – Pflichten gegenüber seiner jungen Familie in der Amtswohnung Ecke Tauben-/Kanonierstraße (Glinkastraße), dann die wöchentlichen Predigten, die Aufgaben aufgrund seines pastoralen Amts, seine schriftstellerische Tätigkeit und die Platon-Übersetzungen, schließlich Pflichten, die mit seiner regen Teilnahme am Gesellschaftsleben verbunden waren. Von Anfang Juni bis Anfang Oktober war er auch in etwa zwanzig Sitzungen als Dezernent im Kultusministerium mit der viel Zeit erfordernden Arbeit in der Kommission zur Errichtung der Universität beschäftigt.[44] So kam er erst bei Semesterbeginn dazu, seinen Text auszuarbeiten, der 1811 unter dem Titel *Kurze Darstellung des theologischen Studiums, zum Behuf einleitender Vorlesungen* in der Realschulbuchhandlung veröffentlicht wurde und dessen einzelne Paragraphen vermutlich nur als Ausgangspunkt für die rhetorische Ausarbeitung seiner Gedanken beim Vortrag dienten. Dieses „klassische" Dokument, das trotz – oder wegen? – seiner revolutionären Ideen kaum rezensiert wurde, wurde nichtsdestoweniger zur Programmschrift einer neuen Theologie, die die Enzyklopädie nicht mehr, in der mechanischen Art des Rationalismus, als zusammenhangloses Nebeneinander von Materialien ansah, sondern, entprechend der Auffassung seiner romantischen Freunde Novalis und Friedrich Schlegel, als Einheit und organische Synthese, die von einem gemeinsamen philosophischen Zentrum ausgeht. In diesem Sinn wird die Theologie in § 1 als „eine positive Wissenschaft" definiert, „deren Teile zu einem Ganzen nur verbunden sind durch ihre gemeinsame Beziehung auf eine bestimmte Glaubensweise, d. h. eine bestimmte Gestaltung des Gottesbewußtseins". Schleiermacher betont: „Unerläßlich ist daher jedem Theologen zuerst eine richtige Anschauung von dem Zusammenhang der verschiedenen Teile der Theologie unter sich, und dem eigentümlichen Wert eines jeden für den gemeinsamen Zweck" (§ 18); zwischen dieser Ansicht und den enzyklopädischen Handbüchern des 18. Jahrhunderts liegen Welten. Für Schleiermacher bildet die historische Theologie den Kern des theologischen Studiums, der einerseits durch die Philosophie mit den anderen Wissenschaften verbunden ist und andererseits durch die Praxis mit dem tätigen christlichen Leben (§ 28). In dieser „Trilogie" sei demnach das ganze Studium der Theologie enthalten (§ 31). Schleiermacher rundet seine Einleitung (und vermutlich auch die ersten zwei Stunden seiner Vorlesungen) mit dem Fazit ab: „die natürlichste Ordnung für diese Darstellung ist unstreitig die, mit der philosophischen Theologie zu beginnen und mit der praktischen zu schließen".

Die philosophische Theologie (I. Teil) zerfalle, insofern sie sich kritisch mit den positiven und negativen Aspekten der zu behandelnden Religion auseinandersetzt, in eine Apologetik und eine Polemik, deren Grundsätze Schleiermacher ausführlich analysiert. Die historische Theologie (II. Teil) bilde einen Teil der neueren Geschichtskunde, und zwar deren Bildungs- und Sittengeschichte. Zum Verständnis dieser Geschichte gehöre neben Exegese und Kirchengeschichte auch Dogmatik (Kirchenlehre) und Statistik (gegenwärtiger Zustand der Religion). Im dritten Teil des Werks wendet sich der Theologe den praktischen Fragen des Kirchendiensts und des Kirchenregiments zu. „Wie die philosophische Theologie die Gefühle der Lust und Unlust an dem jedesmaligen Zustand der Kirche zum klaren Bewußtsein bringt: so ist die Aufgabe der praktischen Theologie, die besonnene Tätigkeit, zu welcher sich die mit jenen Gefühlen zusammenhängenden Gemütsbewegungen entwickeln, mit klarem Bewußtsein zu ordnen und zum Ziel zu führen" (§ 257). Trotz der geringen Zahl der Zuhörer im ersten Semester wurde Schleiermachers neuartige und völlig originelle Enzyklopädie, die in den nächsten Jahren zu einem fünfstündigen Kolleg erweitert wurde, zu einem Standardwerk des theologischen Studiums. Sein Zuhörer Twesten gestand, diese Vorlesung habe ihn wieder „mit Leib und Seele zum Theologen gemacht".[45] „Kein namhafter Methodiker des 19. Jahrhunderts", meint Schleiermachers Herausgeber, „der nicht in der Auseinandersetzung mit ihm sich seine Prinzipien gebildet hätte!"[46]

Noch weniger Hörer (nur vierzehn!) hatte Schleiermacher in den Vorlesungen zu einem Thema, das nicht nur für die Theologie, sondern für die Geisteswissenschaften überhaupt eine große Bedeutung gewinnen sollte: Hermeneutik. Schleiermacher hat selbst nie eine Arbeit über das Thema, das in der Wissenschaftsgeschichte mit seinem Namen unentwirrbar verbunden ist, veröffentlicht. Seine Hermeneutik, die vor allem seit Dilthey maßgebend geworden ist, beruht einerseits auf einem kurzen (44seitigen) handschriftlichen Konzept und andererseits auf Vorlesungsnachschriften seiner Studenten aus den späteren Jahren seines Lebens, die sein Schüler und Freund Friedrich Lücke 1838 herausgegeben hat.[47] Für seine frühere Beschäftigung mit Hermeneutik als Disziplin müssen wir uns auf die Aphorismen von 1805 und 1809 und auf einen kurzen Entwurf aus der Zeit zwischen 1810 und 1819 verlassen.[48] Wieder handelt es sich um bloße Andeutungen, auf denen aufbauend der erfahrene Redner dann im Akt des Sprechens seine Gedanken weiterentwickelte. Aber aus seiner Enzyklopädie wissen wir, welche zentrale Rolle die Hermeneutik in Schleiermachers Theologie spielte. Im Abschnitt über die theologische Exegese geht er ausführlich (§§ 132–139) auf die Idee und Prinzipien der biblischen Hermeneutik ein. „Das vollkommne Verstehen einer Rede oder Schrift ist eine Kunstleistung, und erheischt eine Kunstlehre oder Technik, welche wir durch den Ausdruck Hermeneutik bezeichnen" (§ 132). Eine solche Kunstlehre, heißt es ferner, müsse aus den Grundsätzen des Denkens und aus der Sprache hervorgehen.

Schleiermachers Hermeneutik entstand, wie seine Enzyklopädie, in dauernder Auseinandersetzung mit den Ideen des 18. Jahrhunderts: in diesem Fall vor allem mit Johann August Ernestis *Institutio Interpretis novi testamenti* (1761) und mit den nachgelassenen *Acroases academicae super hermeneutica N. Test.* (1797–1801) von dessen Schüler Samuel Morus. Aber bereits in den frühesten Notizen hören wir die bekannten Töne der modernen Hermeneutik: „Jedes Verstehen des Einzelnen ist bedingt durch ein Verstehen des Ganzen" (S. 46). Die Aphorismen enthalten schon den Entwurf seiner späteren Vorlesungen. Nach einer einleitenden Definition der Hermeneutik will er seine Vorlesungen folgendermaßen einteilen:

„1. Verständniß des dem Schriftsteller und Leser gemeinschaftlichen. 2.) des dem Schriftsteller eigenthümlichen indem man [als] Leser ihn nachconstruirt 3.) des dem Leser eigenthümlichen worauf der Schriftsteller als ein besonderes und Aeußeres Rücksicht nimmt" (S. 33 f.).

Als Theologe ging Schleiermacher zunächst und selbstverständlich vom Text der Bibel aus, namentlich des Neuen Testaments. Aber als Philologe und Philosoph, der sich gerade mit der Übersetzung der Dialoge Platons befaßte, interessierte er sich ferner für die Prinzipien der Hermeneutik im allgemeinen. Nachdem er also für seine theologischen Hörer „von dem beschränktesten Zwekke der Auslegung der h[eiligen] Bücher" ausgegangen war, stellte er die Aufgabe als „Verstehen in der Sprache und Verstehen im Sprechenden" dar (S. 56). Ersteres oder „grammatische Interpretation" sei die Kunst, „aus der Sprache und mithülfe der Sprache den bestimmten Sinn einer gewissen Rede zu finden" (S. 57), wobei der Exeget aus dem gesamten Vorrat der Sprache – nicht nur des Schriftstellers, sondern auch des Lesers – schöpfen solle. In diesem Zusammenhang zieht Schleiermacher die griechische Sprache des Neuen Testaments als spezifisches Beispiel heran, wobei er nicht nur auf Satzbau und andere stilistische Merkmale hinweist, sondern auch auf kleinste Teile wie die griechischen Partikel und auf allgemeine Aspekte wie die Eigentümlichkeiten des Sprachgebiets und des jeweiligen Verfassers. Der „erste Entwurf" aus den Jahren 1810 bis 1819 geht über die grammatische Interpretation nicht hinaus. Aber aus den Notizen von 1805 und 1809 wissen wir ungefähr, was er im Jahr 1810 unter „technischer" Hermeneutik verstand. Dazu gehöre etwa „die ‚Bestimmungs'Sphäre" des Werks: das heißt, der bestimmte Zweck und die intendierte Zuhörerschaft des Werks (S. 46). Dann müsse man auch noch die allgemeine Gattung, zu der das bestimmte Werk gehört, in Betracht ziehen sowie dessen Regeln und Erwartungen (S. 47). Durch die wechselseitige Erhellung des Objektiven der grammatischen Interpretation und des Subjektiven der technischen Hermeneutik gelinge es dem Exegeten schließlich, „sich in den Schriftsteller ‚hinein'[zu]bilden" und „den Schriftsteller besser [zu] verstehn als er selbst" (S. 50).

Die vierzehn angehenden Theologen, die frühmorgens um 7 Uhr diesen Ausführungen lauschen durften, konnten nicht ahnen, daß sie das Vorrecht hatten, dem Beginn einer hermeneutischen Tradition beizuwohnen, die über Dilthey und Gadamer bis in unsere Gegenwart reichen sollte. Nicht zuletzt: mit der Wende von der Erkenntnis von Sachen zu dem „Interesse an der Analyse der Bedingungen, unter denen solche Erkenntnisse überhaupt zustandekommen",[49] erblickt man in Schleiermachers Hermeneutik eine unbestreitbare Verwandtschaft mit der Wissenschaftslehre seines Gegners Fichte, der ja in seinen zur gleichen Zeit gehaltenen Vorlesungen die Aufmerksamkeit seiner Zuhörer von der äußeren „Wirklichkeit" ab- und den Tatsachen des Bewußtseins zuwenden wollte.

Wolf und die philologischen Wissenschaften

Von den Vorlesungen anderer Professoren läßt sich nicht immer so leicht ein Eindruck gewinnen. Friedrich August Wolf, dessen produktivste Jahre bereits hinter ihm lagen, hatte sich nur unter den für ihn vorteilhaftesten Bedingungen für die Universität anwerben lassen – was ihm wegen seines Rufs und der Verehrung durch seinen ehemaligen Schüler Humboldt gelungen war.[50] Es war sein Wunsch gewesen, nicht als „normaler" Kollege der Fakultät, sondern als Mitglied der Akademie mit seinen Vorlesungen aufzutreten und bei minimaler amtlicher Tätigkeit großen akademischen Einfluß auszuüben. Zwar mußte er schließlich den Titel eines ordentlichen Professors doch noch akzeptieren, aber von den Fakultätsgeschäften der übrigen Ordinariate wurde er durch königliche Entscheidung befreit. Sein Kollege Niebuhr bemerkte bissig, daß „Wolf wenig tut und lieber gar nichts täte".[51] Und Brentano meldete, Wolf sei „der lächerlichste Kerl": „er will keinen Anteil an der Universität haben, er geht mit offner Hosenklappe herum und sagt, er habe sich dreitausendfünfhundert Taler bloß geben lassen, um auf keine Art wirklich zu unterrichten, bloß für seinen Namen".[52] In der Tat bemühte er sich nur selten von seiner Wohnung im Tiergarten ins Palais Heinrich hinüber, um seine Vorlesungen zu halten. Im ersten Semester hat er die angekündigten vier- und fünfstündigen Privatvorlesungen über Thukydides und Tacitus abgesagt und dafür nur eine zweistündige öffentliche Vorlesung über Aristophanes gehalten – und zwar lateinisch, um „die Plebs zu verscheuchen".[53]

So wenig hilfsbereit und sogar arrogant Wolf den Kollegen gegenüber auftrat, so entgegenkommend war er gegenüber den Studenten, die zu seinem Haus Zutritt gewannen und bis tief in die Nacht sich mit dem Meister unterhalten durften. Allerdings erwartete er für seine Großzügigkeit gewisse Gegendienste. So wurden Twesten und andere Günstlinge herangezogen, um dem Herrn Professor bei Umzügen und beim Ordnen seiner Bibliothek zu helfen. Trotz alledem scheint Wolf ein begnadeter Lehrer gewesen zu sein. Bei allen Bemühungen, die Zuhörer abzuschrecken, hatte er in den nächsten Semestern immer ein Auditorium, wenn seine Vorlesungen – und zwar über einen imponierend variierten Themenbereich – überhaupt zustande kamen.

Savignys Rechtswissenschaft

Bei Savigny standen die Verhältnisse anders. Der brillante junge Rechtshistoriker war mit Hilfe seines zukünftigen Schwagers Arnim ebenso heftig umworben worden wie Wolf. Aber Savigny, der bisher nur das vielversprechende Erstlingswerk über *Das Recht des Besitzes* (1803) veröffentlicht hatte, stand noch am Beginn einer Karriere, die ihm die höchsten akademischen und, als Justizminister, staatlichen Ehren einbringen sollte. Als er von Landshut nach Berlin kam, stand er mitten in den Vorarbeiten für sein sechsbändiges rechtshistorisches Meisterwerk *Geschichte des Römischen Rechts im Mittelalter* (1815–1831). So las er in seinen ersten Berliner Semestern abwechselnd immer ein zehnstündiges (zwei Stunden täglich) Kolleg – vor 46 bzw. 42 Zuhörern – über die Institutionen und die Pandekten des justinianischen Rechts.[54]

Die Beschäftigung mit „Institutionen, Geschichte und Alterthümer[n] des römischen Rechts", wie seine Vorlesung im ersten Lektionskatalog verzeichnet ist, gehörte für Savigny ins Zentrum einer jeden juristischen Bildung. Jahre später betonte er in der Vorrede zu seinem achtbändigen zivilrechtlichen Hauptwerk *System des heutigen Römischen Rechts* (1840–49), daß das römische Recht auch für die zeitgenössische Jurisprudenz die wichigsten Dienste leisten könne.

„Bey den Römischen Juristen erscheint jene natürliche Einheit noch ungestört, und in lebendigster Wirksamkeit; es ist nicht ihr Verdienst, so wie der entgegengesetzte heutige Zustand mehr durch den allgemeinen Gang der Entwicklung, als durch die Schuld der Einzelnen, herbeygeführt worden ist. Indem wir uns nun mit Ernst und Unbefangenheit in ihr, von dem unsrigen so verschiedenes, Verfahren hinein denken, können auch wir uns dasselbe aneignen, und so für uns selbst in die rechte Bahn einlenken."[55]

Später heißt es, daß „die Bestandtheile des Corpus Juris, als Gesetze von Justinian Rechtsquellen für Justinians Reich, kraft ihrer Reception Rechtsquellen für uns, endlich als noch vorhandene Bücher Quellen unsrer Rechtwissenschaft" (S. 13) seien. Demgemäß beginnt seine *Geschichte des Römischen Rechts*, an deren beiden ersten Bänden (1815/16) er gerade arbeitete, mit einer Übersicht über die „Rechtsquellen im fünften Jahrhundert" und über die „Römische Gerichtsverfassung im fünften Jahrhundert". Nach einer Diskussion der anderen wichtigen Quellen aus dieser Periode betrachtet er die Rechtsbücher von Justinian und ist „mit hoher Bewunderung erfüllt".[56] Allerdings habe dem Zeitalter die schaffende Kraft gefehlt. Aber die Auswahl aus früheren Quellen und die Organisation erfolgten „mit so viel Sinn und Liebe, daß wir nach Dreyzehenhundert Jahren fast blos aus diesen Büchern, und bey großen Lücken unsrer historischen Kenntniß, den Geist des Römischen Rechts begreifen können, und daß dieser eigenthümlichen Trefflichkeit und Bildung ihre Wirkung gesichert ist auf jedes künftige Zeitalter von offenem, unbefangenen Sinn" (Bd. 1, S. 34 f.). Den Justinianischen Büchern schreibt er also nicht nur einen literarischen, sondern auch einen praktischen Wert zu. „Das erste, die Pandekten, sollte wie billig die Grundlage des Rechts enthalten; es war seit den zwölf Tafeln das erste Werk, welches selbstständig, und ohne ein anderes vorauszusetzen, als Mittelpunkt des ganzen Rechts dienen konnte" (S. 36). Neben den Pandekten und dem Codex konnten die Institutionen nicht als unabhängiges drittes Buch gelten; „vielmehr sollten sie blos als Einleitung und Lehrbuch zu denselben dienen".

Wenn wir uns nun vorstellen, welchen Eindruck Savigny auf seine Zuhörer gemacht haben muß – mit seiner „Jesusfrisur", mit den ekstatisch aufgeschlagenen Augen, mit der leuchtenden Klarheit seiner gediegenen deutschen Prosa, mit seinem leidenschaftlichen Engagement für den historischen Hintergrund des modernen Rechts –, dann verstehen wir, warum seine die bestbesuchten juristischen Vorlesungen waren und überhaupt zu den populärsten Veranstaltungen der ersten Semester gehörten. Sein Schwager Brentano hat ihn um diese Zeit in seinen *Romanzen vom Rosenkranz* in der Gestalt des Rechtsgelehrten Jakopone dargestellt, der wie Savigny seinen Ruhm mit einer Dissertation *De bonorum possessione* gewonnen hat und sich ausführlich mit den Justinianischen Codices befaßt.

„Und kaum dreißig Jahre zählt er;
Um die hohe Stirne Locken
Wallen braun aus dem Barette,
Und sein Bart ist schön geordnet.

Wenn er im Ornate stehet
Und krëieret die Doktoren,
Fließet ihm die stolze Rede
Gleich dem zweiten Cicerone."[57]

Seine Studenten konnten noch nicht ahnen, daß Savigny dabei war, die Prinzipien zu formulieren und die Basis der Historischen Schule des Rechts zu legen, als deren Gründer und wichtigsten Beiträger seine Nachfolger ihn bis ins 20. Jahrhundert verehren sollten.

Niebuhrs „Römische Geschichte"

Trotz Fichte, Schleiermacher und Savigny bot die größte Sensation dieses ersten Semesters ein in akademischen Kreisen noch völlig Unbekannter: der Historiker Barthold Georg Niebuhr mit der zweistündigen Vorlesung über „Die römische Geschichte", die er mittwochs und samstags von 10–11 Uhr hielt. Am 14. November konnte Savigny berichten: „Er hat jezt 90 Zuhörer, nicht blos Studenten, und viele verehren ihn auf unbedingte Weise, so wie Andere Schleiermacher".[58] In einem Brief an ihre Schwester schätzte Niebuhrs Frau die Zahl der Zuhörer in den ersten Tagen viel höher ein: etwa zweihundert, von denen ungefähr fünfzig Studenten waren, die übrigen aber aus allen Klassen und Ständen kamen: „ein paar Prinzen, Hofleute, Offiziere, eine große Zahl Beamte und sogar nicht wenige der hiesigen Gelehrten" – Savigny, Ancillon, Schleiermacher, Spalding unter anderen –, „auch die ganze Sektion des öffentlichen Unterrichts".[59] Der große Zulauf war um so überraschender, als Niebuhr kein Mann aus der Zunft der Historiker war, sondern ein „Autodidakt", wie er sich selbst nannte, ein „Geschäftsmann", dem eine Professur lange als „ein mühsamer Beruf" galt.[60]

Barthold Georg Niebuhr, in Kopenhagen als Sohn des bekannten Forschungsreisenden Carsten Niebuhr geboren, wuchs in der ländlichen Abgeschiedenheit des Städtchens Meldorf im Dithmarschen auf, wo er früh durch Voß' Homerübersetzungen in die griechische Mythologie eingeweiht wurde und durch Privatunterricht die klassischen Sprachen bald so genial beherrschte, daß er schon als Fünfzehnjähriger fähig war, mit dem Göttinger Philologen Heyne über Pindar zu korrespondieren.[61] Um das schüchterne Genie mit der wirklichen Welt bekannt zu machen, schickte ihn sein Vater 1793 auf eine Handelsakademie nach Hamburg und ein Jahr später auf die Universität in Kiel, wo er neben seinen juristischen Studien die Vorlesungen des berühmten Kantianers Reinhold hörte. Schon nach vier Semestern wurde der begabte Jüngling eingeladen, als Privatsekretär in die Dienste des einflußreichen dänischen Finanzministers Schimmelmann zu treten. 1797 wurde er Sekretär an der Kopenhagener Bibliothek, und 1798 wurde er für zwei Jahre nach England – vor allem London und Edinburgh – geschickt, um sich weiter auszubilden. Im Sommer 1800 trat er als Assessor im ostindischen Büro des Ökonomie- und Commerzcollegiums in den dänischen Staatsdienst, wo er mit der großzügigen Unterstützung des Grafen Schimmelmann eine glänzende Karriere begann, die ihn bereits 1804 in die Direktion der Kopenhagener Staatsbank führte. Während dieser Jahre des administrativen Erfolgs konnte sich der „Geschäftsmann" nur in Mußestunden seinen geliebten Studien widmen – vor allem mit einer langen Abhandlung *Von den römischen Ackergesetzen.* Zur gleichen Zeit bedrückte ihn, daß ihm die verzweifelte finanzielle Lage Dänemarks keinen Raum zu produktiver Arbeit ließ.

Im Jahr 1806, als Freiherr vom Stein nach einem erfahrenen Finanzexperten Ausschau hielt, trat Niebuhr, tief beeindruckt von den preußischen Reforminitiativen und enttäuscht über den mangelnden Erfolg seiner Bemühungen in der dänischen Regierung, als Direktionsmitglied der Seehandlung in den preußischen Staatsdienst ein – gerade rechtzeitig, um nach dem Zusammenbruch bei Jena und Auerstedt seine Amtskassen zu retten und mit den übrigen Regierungsmitgliedern nach Königsberg zu fliehen. Schon nach wenigen Monaten wurde er für fast zwei Jahre nach Holland delegiert, um schwierige Anleiheverhandlungen zu führen, die die preußische Regierung finanziell retten sollten. Nach seiner Rückkehr wurde er zum Geheimen Staatsrat und Sektionschef für das Staatsschuldenwesen ernannt; in dieser Funktion ergriff er erfolgreich Maßnahmen zur Konsolidierung der preußischen Währung. Als Protegé Steins und Altensteins wurde er jedoch bald in dessen Machtkampf mit Hardenberg verwickelt, den er als „ignorant au suprème degré pour les finances et pour l'administration" verachtete.[62] Am 16. Juni, wenige Tage nach Hardenbergs Ernennung zum Staatskanzler, erbat er seinen Abschied und erhielt die erwünschte Stelle des Hofhistoriographen – allerdings unter der Bedingung, daß er auch weitherhin finanzpolitische Gutachten für die neue Regierung schreiben werde.

Niebuhr freute sich zunächst über die Befreiung von allen Geschäften, aber zwei Monate später hatte der entlassene Geschäftsmann „doch noch nicht zur recht zweckmäßigen Benutzung meiner Muße gelangen können".[63] Inzwischen war nach Humboldts Rücktritt Nicolovius zum provisorischen Leiter der Sektion für Kultus und Unterricht bestellt worden. Ende August wurde Niebuhr, der im April 1810 zum Mitglied der Preußischen Akademie der Wissenschaften gewählt worden war, von Nicolovius aufgefordert, als Mitglied der Akademie an der neugegründeten Universität Vorlesungen zu halten. (Dem noch nicht promovierten Niebuhr wurde erst im Februar 1811, und zwar als erstem, die Doktorwürde seiner Fakultät verliehen.) Nach einiger Überlegung meldete er, daß er „die Römische Geschichte von den ältesten Zeiten Italiens bis zu der Zeit herab durchgehen [wollte] wo die letzten Spuren altrömischer Einrichtungen in den Institutionen des Mittelalters untergehen“[64] – bis in die Zeit, mit anderen Worten, mit der Gibbon in seinem *Verfall und Untergang* seine Darstellung begonnen hatte. Zwar machte er sich Sorgen, ob er Zuhörer finden werde. „Auf eine große Frequenz kann die Universität von Anfang her gewiß nicht rechnen, und die werden sich, und müssen sich zu den notwendigen Vorlesungen so verteilen daß mir wohl wenige bleiben werden, da ich eine Stunde gewählt habe welche Geschäftsleute ausschließt.“[65] (Auf Bitten einiger Studenten, die wegen ihrer juristischen Vorlesungen Niebuhrs Veranstaltung sonst nicht hätten beiwohnen können, verlegte er bei Semesteranfang seine Stunden auf Mittwoch und Samstag.[66]) Die Vorbereitung der Vorlesungen, ohne daß bereits ein Handbuch vorgelegen hätte, fand er überaus mühselig.[67] Er kannte zwar den Stoff und auch die neueren Arbeiten über die römische Geschichte, fand es aber nötig, vor allem die ältere römische Geschichte „aus dem Chaos“ zu ziehen – ein in den Briefen wiederkehrender Topos. „[Wie] genau ich auch die Römische Geschichte gelesen habe, und obgleich bei einigem Anreiz das meiste in meinem Gedächtnis leicht erwacht, so bedarf es nicht bloß vieles Besinnens und Recapitulierens, sondern auch anhaltender Lektüre.“[68]

Niebuhr war ja auch kein geübter Held des Katheders wie Fichte, Schleiermacher und Savigny. An den öffentlichen Vortrag nicht gewöhnt, mußte Niebuhr, der sich immer noch als Autodidakt empfand, jedes Wort vorher aufschreiben. Außerdem machte er – mit seiner krächzenden Stimme und seinem übergroßen Kopf, mit der gelben Gesichtsfarbe und mit seinem schmalen Körper – bei weitem keinen so imponierenden Eindruck wie etwa Fichte oder Savigny. Im übrigen faßte er seine Vorlesungen (und das daraus entstandene Buch) als ein Werk auf, „welches mehr Anspruch macht ein gelehrtes zu seyn als ein Kunstwerk" (S. xiii).[69] Er freute sich, als die Eröffnung der Universität um vierzehn Tage verschoben werden mußte; seine Einleitung gefiel ihm immer noch nicht. Zwar seien gute Elemente darin; „aber so ist alles unreif geblieben und wird keinen gefälligen Eindruck machen".[70]

Allen Sorgen zum Trotz wurden Niebuhrs Vorlesungen laut Savigny zum „Modekolleg" dieses ersten Semesters.[71] In der Historiographie gehört es zu den großen Verdiensten dieses historisierenden „Geschäftsmanns", daß er die frührömische Geschichte entmythisierte und hinter den Legenden und Sagen, die bis dahin die frühen Jahrhunderte in Nebel getaucht hatten, durch sorgfältige Analyse und mit einem durch Praxis geschärften Einfühlungsvermögen den wirklichen Grundriß entdeckte.[72] Er ließ die Spekulationen seiner Vorgänger – auch die solch bewunderter Schriftsteller wie Machiavelli und Montesquieu – beiseite und befaßte sich unmittelbar mit den Quellen, in denen man noch die Verfassung, die Verwaltung, die Sitten und Bildung erkennen, Wissen über die Kriege, die Agrar- und Bevölkerungsfragen sowie die Literatur der frühen Römer erwerben und ersehen konnte, wer die bedeutenden Männer waren. Er wollte, wie er in einer der ersten Vorlesungen erklärte, nicht frühere Resultate und Meinungen, sondern „ohne alle Parthey und Polemik" (S. xiii) und mit vergleichendem Blick (zu den Arabern hin, dem Fernen Osten, den frühen Germanen) die Ergebnisse eigener Untersuchungen vortragen, um „die überbauten und versteckten [...] Grundfesten des alten Römischen Volks und seines Staats zu entdecken" (S. 3). Dabei standen ihm zwei Arten von Quellen zur Verfügung: einerseits Dokumente über die erkennbaren Formen des Staats, seines Rechts und seiner Einrichtungen; und andererseits die alten Sagen, die zunächst in Liedern und dann in den frühesten Annalen bewahrt waren. „Die Römischen Begriffe, welche der Einrichtung des Staats und seiner Verwaltung zum Grunde liegen [...], sind von den unsrigen nicht weniger verschieden, als der Römer Wohnung, Kleidung und Speise" (S. 9); für all das interessierte er sich in einem echt kulturhistorischen und enzyklopädischen Sinn. Verschiedene seiner Schlüsse wurden von der späteren Forschung abgelehnt oder korrigiert– wie etwa die Liedersammeltheorie, die er von Wolfs *Prolegomena ad Homerum* und den Nibelungenstudien seines germanistischen Kollegen von der Hagen übernahm und auf die historischen Berichte des Ennius und Livius anzuwenden versuchte. Niebuhrs große Leistung lag, wie Ulrich von Wilamowitz-Moellendorff in seiner *Geschichte der Philologie* betonte, nicht so sehr in seiner kritischen Arbeit als in seiner Erfahrung als Geschäfts- und Staatsmann, der die Wirklichkeit des politischen und administrativen Lebens kannte und der durch Intuition und „Combinationen" sich in die „Wahrscheinlichkeiten"[73] der frühen Römer einzufühlen vermochte.

Was aber den Zuhörern im Herbst 1810 wohl am meisten zusagte, war Niebuhrs Auffassung der Römer als Vorbild, dem das deutsche Volk nacheifern solle. In seiner Darstellung der frühen Römer konnte seine Zuhörerschaft ohne Schwierigkeit Anspielungen auf zeitgenössische Verhältnisse heraushören: auf den heruntergekommenen sittlichen Zustand der Preußen nach der Niederlage von 1806, auf den Widerstand der Aristokratie gegen die Reformbewegung und das Allgemeine Landrecht, auf die Herrschaft der Franzosen, auf den eigenen Zwist mit Hardenberg.

„Die herbe Frugalität der alten Republikaner, ihre Unempfindlichkeit für den Besitz und die Genüsse des Reichthums, die strenge Gesetzlichkeit des Volks, die feste allgemeine Treue während der schönen Jahrhunderte, in denen die Verfassung, seitdem die Ansprüche der Aristocratie beschränkt waren, in ihrer ganzen Vollkommenheit lebte; der reine Sinn, welcher nie erlaubte, bey innerm Zwist fremde Einmischung zu suchen; die Allmacht der Gesetze und Gewohnheiten, und der Ernst, womit an ihnen dennoch geändert ward, was nicht mehr angemessen war, die Weisheit der Verfassung und Gesetze, das Ideal der Männlichkeit in den Bürgern und im Staat; alle diese Eigenschaften erregen gewiß in uns eine Ehrfurcht, welche wir bey der Betrachtung keines andern Volks so empfinden können." (S. 12)

Gegenüber den Lastern der Römer war Niebuhr keineswegs blind: gegenüber ihrer Herrschsucht, ihrer Verachtung des fremden Rechts, ihrer Gleichgültigkeit gegen fremdes Leiden, ihrem Geiz und ihrem Ständesystem (S. 13). Aber um so mehr schaute er in die Geschichte der alten Römer wie in einen fernen Spiegel gegenwärtiger Zustände. Wohl mit Blick über den Rhein, aber auch in bezug auf die Reformbewegung in Preußen und den Streit zwischen Junkern und Bürgern schrieb er über die Römer im 5. Jahrhundert v. Chr., indem er auch das berühmte Kantische Wort aus dem Aufsatz *Was ist Aufklärung?* abwandelte:

„Menschlichkeit und Wohlwollen bey der Regierung hätte eine Empörung leicht gehindert und die aufgeregten Gemüther besänftigt: aber der Senat verhärtete sich und trotzte dem Gefühl. Alle Plebejer mußten empfinden daß man sie als Gesindel betrachte, und dieses Gesindel hat alle Aristokratien zerstört, die, wenn sie als liebende Väter geboten, wenn sie als weise Väter den heranwachsenden Kindern die Rechte bewilligt hätten, die sich nur der

Unmündigkeit versagen lassen, den Segen eines verehrten und geliebten Alters hätten genießen können." (S. 405)

Im Streit des das Volk liebenden Consuls Manlius Valerius mit den reaktionären Mächten des Senats konnte er eine Präfiguration des Schicksals des verehrten Freiherrn vom Stein erblicken.

„Die Zeit war gekommen wo es nicht mehr der Aufopferung der Gefühle eines einzelnen Mannes bedurfte damit vollbracht werde was sich unaufhaltsam vorbereitete. Auch das Volk empfand dieses, und begleitete ihn, dankbar als ob er sein Werk erfüllt hätte, vom Forum nach seinem Hause" (S. 409).

An anderer Stelle vergleicht der erfahrene Finanzspezialist eine Schuldentilgung bei den Römern mit den katastrophalen Folgen des ihm verhaßten, aber von Hardenberg bevorzugten Papiergeldes.

„Ihr ähnlich in den Folgen, und in der Bösartigkeit seines Wesens ist ein herabgewürdigtes Papiergeld, und keines kann der Herabwürdigung entgehen wenn nicht der Staat welcher es gebraucht eine unerschöpfliche Fülle von Macht, Kraft und Reichthum, geschützt durch jeden Vortheil der äußern Lage, besitzt. [...] endlich aber löst sich alles in ein Elend auf, wodurch diese Geißel schrecklicher wird als Krieg, Pest oder irgend eine andre Landplage." (S. 396)

Niebuhr bediente sich mit voller Bewußtheit dieser Technik der Analogie. Bereits als er mit der Ausarbeitung begann, machte er sich geschichtsphilosophische und kulturkritische Gedanken über die Not der eigenen Zeit, in der das Vermögen sich in den Händen der elendesten Menschen befand.

„Man muß alsdann nur eine Katastrophe wünschen worin auch dieses Vermögen versinke und wodurch ein wahrhaft eisernes Zeitalter eintrete. In der alten Welt kam dieses Zeitalter erst sehr spät, und langsam, und von außen. Jetzt freilich folgen die Epochen der Krankheit sich undenklich schneller und wir können es noch erleben."[74]

Er halte die Vorlesungen über römische Geschichte gerne, fährt er fort, weil sie ihm zu Betrachungen dieser Art reichen Stoff gäben. Einem anderen Freund vertraute er an: „Die unglückliche Zeit der Demütigung Preußens hat Anteil an der Produktion meiner Geschichte. [...] Ich ging zurück zu einer großen, aber längst dahingeschwundenen Nation, um meinen Geist und den meiner Hörer zu stärken. Es ging uns wie Tacitus."[75]

In diesem ersten Semester kam Niebuhr mit seinen Vorlesungen nur bis zur frühen Republik, und auch die zweite Reihe gelangte nur bis zum Latinerkrieg und dem Jahr 338 v. Chr. Die späteren Jahrhunderte, „in denen eine zweite Nacht alles [...] in Gräber und Trümmer versunken, mit beinahe gleich tiefer Finsterniß verdeckt" (S. 1), hat er nie erreicht. Seine *Römische Geschichte* blieb also ein großartiges Fragment, das aber die Zukunft der Historiographie zutiefst beeinflußte. Die erste Ausgabe der beiden Bände, die direkt aus den Vorlesungen hervorgegangen sind, besitzt eine sprachliche Frische und eine geistige Unmittelbarkeit, die den späteren Ausgaben fehlt – nicht zuletzt, weil der Verfasser später viele Anspielungen auf zeitgenössische Verhältnisse, die ja die Vorlesungen zu einem so wichtigen öffentlichen Ereignis gemacht hatten, entfernte.

Der Geist der Universität

Nicht alle Studenten verbrachten in diesem ersten Semester, wie der unermüdliche Twesten, bis zu vierzig Stunden wöchentlich in Vorlesungen. Aber viele ahnten, wie aus später verfaßten Erinnerungen hervorgeht, daß sie privilegiert waren, dem Heraufziehen einer neuen deutschen Wissenschaftsära beizuwohnen. Dabei konnten die Zuhörenden – nicht nur die 256 immatrikulierten Studenten, sondern auch die Intellektuellen und „Geschäftsmänner“ – spüren, daß sie sich in einer wahren *Uni*versität befanden, wo die Professoren von einem gemeinsamen Geist inspiriert waren. Ein gleicher divinatorischer Spürsinn motivierte die biblische Hermeneutik Schleiermachers und die Geschichtsforschungen Niebuhrs; dabei wollten beide den Gegenstand ihrer Disziplin – das Neue Testament beziehungsweise die frührömische Geschichte – methodisch entmythisieren. Mit Niebuhr teilte Savigny die Ehrfurcht vor dem Genius der Römer, die sie den Zeitgenossen als beispielhaft vorhielten, und beide Freunde trafen sich in ihrer Bewunderung des römischen Rechts. Wie Niebuhr und Schleiermacher war auch Fichte von einem enzyklopädischen Einheitsideal der Wissenschaft getrieben. Fichtes Wissenschaftslehre und Schleiermachers Hermeneutik kreisten beide um die Tatsachen des Bewußtseins. Mit Fichte war Schleiermacher durch die philosophische Begründung der Theologie verbunden und mit Savigny und Niebuhr durch ihre historische Verankerung. Und alle nutzten sie ihre Disziplinen beziehungsweise ihre Vorlesungen zu einer Kritik der Gegenwart.

Schon in den ersten Semestern erkannte Niebuhr, daß eine „unzertrennliche Ganzheit“ die Vorlesungen seiner Kollegen – Wolf immer beiseite gelassen – erfüllte: namentlich die klassischen Studien Heindorfs und Böckhs, Savignys Jurisprudenz, Schleiermachers Religionsphilosophie und die eigene Historiographie.[76] Fünfzehn Jahre später, in der Vorrede zur zweiten Ausgabe seines Werkes, entsann er sich des neuen Geists des Zeitalters, der zu Beginn des Jahrhunderts für seine Nation erwachte. „Das Oberflächliche befriedigte nirgends; halbverstandene leere Worte galten nicht mehr; aber auch das Zerstören, worin sich die vergangene Zeit, gehässig gegen lange Usurpation, gefallen hatte, genügte nicht länger: wir strebten nach Bestimmtheit, nach positiver Einsicht, wie die Vorfahren: aber nach einer wahren, anstatt der vernichteten wahnhaften“ (S. xxvii). Man lebte in einer Zeit, „welche die Aufmerksamkeit auf viele vergessene und abgelebte Ordnungen durch deren Zusammensturz hinzog“ (S. xxviii). Deutschland hatte endlich nicht nur mit Lessing, Goethe und Voß eine eigene Literatur; auch die Philologie erlebte eine neue Blüte. Neben der griechischen wandte sich die Kritik jetzt auch der römischen Geschichte zu.

„Es war eine sehr schöne Zeit, die der Eröffnung der Universität Berlin: – und die Begeisterung und Seligkeit worin die Monden verflossen, da, als Vorlesungen und Ausarbeitung, entstand, was die ersten Bände dieser Geschichte umfassen; – diese genossen, und 1813 erlebt zu haben, das schon allein macht das Leben eines Mannes, bey manchen trüben Erfahrungen, zu einem glücklichen.“ (S. xxix)

LITERARISIERUNG DER GESELLIGKEIT

Ein Theaterskandal

Am Montag, dem 26. November, ereignete sich im Theater am Gendarmenmarkt ein skandalöser Auftritt, über den am folgenden Tag in den *Berliner Abendblättern* berichtet wurde. Eine zweite Aufführung des neuen Singspiels *Die Schweizerfamilie* (1809) des populären Wiener Komponisten Joseph Weigl wurde nämlich gleich zu Anfang durch „ein heftiges und ziemlich allgemeines Klatschen" unterbrochen. Bei dem Auftreten der Sängerin, die die Hauptrolle spielen und singen sollte, rief man, „bevor sie noch einen Laut von sich gegeben hatte, *da capo*" – und lachte so anhaltend, daß nicht einmal die Polizei die brüllende Claque zur Ruhe bringen konnte. Weil die Aufführung nicht weitergehen konnte, wurde endlich der Vorhang herabgelassen. Damit das Publikum nicht zu kurz käme, wurden statt des geplanten Stücks gleich zwei andere Werke aufgeführt: Goethes *Die Geschwister* und das Singspiel *Der Schatzgräber*.

Nicht zum erstenmal wurde eine Aufführung des Intendanten Iffland unterbrochen. Ein Skandal, der allgemein bekannt wurde, hatte im Sommer 1806 die Aufführung von Zacharias Werners Luther-Drama *Die Weihe der Kraft* begleitet. Eine Gruppe von gelangweilten Offizieren im Wachtzimmer der „Gensdarmes" entschloß sich eines Abends, das häufig aufgeführte „Spektakelstück" durch Mummenschanz zu parodieren, indem sie sich das künftige Schicksal der Nonnen aus dem Wittenberger Kloster vorstellten: sie ziehen nach Berlin und finden in der Person der Madame Etschern, einer stadtbekannten Kupplerin, eine neue Vorsteherin; dann kommt Luther mit seiner Ehefrau Katharina von Bora nach Berlin, um die neue Frauenanstalt zu besuchen. Karl von Nostitz, einer der Hauptanstifter, ließ zu diesem Zweck einen Schlitten auf niedrige Räder setzen, die mit einem herabhängenden Tuch bedeckt wurden.

„An einem Abend im Monat August sammelten sich sämmtliche Theilnehmer in meiner Wohnung, die Offiziere als Frauen gekleidet, Graf Herzberg in der Tracht Luther's, Lieutenant Ziethen in dem Kleide der Etschern, ein Junker vom Regiment als Famulus vermummt. Ich endlich, der Riesenhafte, stellte die zarte Catharina v. Bora vor. Prachtvoll gekleidete Vorreiter mit Fackeln fehlten nicht. – Plötzlich, als Alles rasch gerichtet, die Fackeln entglommen waren, brach der Zug in der vorgezeichneten Ordnung, von einem Lichtmeer übergossen, aus der Charlottenstraße unter die Linden hervor und bewegte sich mit gemäßigter Eile durch die zusammeneilenden Haufen von Zuschauern, die zuerst mit Verwunderung den Glanz des Zuges angafften, dann, wenigstens zum Theil die Bedeutung der Gestalten erkennend, die Anspielungen belachten und laut das helle Schaugepränge bejubelten."[1]

Der Schwank hat allerdings nicht alle Berliner amüsiert. Die Frau des Kabinettsrats Beyme, die in dem Streich einen Angriff auf die Heiligkeit der Kirche erblickte, trieb ihren Mann und durch ihn den König an, die Anstifter zu bestrafen. Der dienstälteste Offizier wurde nach Schlesien strafversetzt, während drei andere im Weißen Saal im Schloß in Arrest kamen. (Fontane hat diese Episode in seinem Roman *Schach von Wuthenow* genial nacherzählt.)

Vorgeschichte und Folgen waren diesmal andere als beim tollen Spiel einiger ausgelassener Offiziere in der verhängnisvollen Stille vor der Katastrophe bei Jena und Auerstedt. In seinem Theaterbericht gibt sich zwar Kleist den Anschein einer naiv-ernsten Verblüfftheit.

„Ob nun dem Publiko (wenn anders ein Theil desselben so heißen kann) das Stück misfiel; ob es mit der Mslle. Herbst, für welche die Rolle der Emeline nicht ganz geeignet schien, unzufrieden war;

oder welch eine andre Ursach, bei diesen Bewegungen, zum Grunde liegen mogte – lassen wir dahin gestellt sein. Das Angenehme der Musik war, wie man hört, bei der ersten Darstellung, ziemlich allgemein empfunden worden; und auch Mslle. Herbst hatte die Aufgabe mit mehr Geschicklichkeit gelös't, als man, nach den Bedingungen ihrer musikalischen und mimischen Natur, hätte erwarten sollen."

Laut Polizeibericht gehörte ein gewisser Major von Kleist zu den lautesten Störern.[2] Obwohl umstritten ist, ob es sich bei ihm um Heinrich von Kleist handelte, darf mit Sicherheit angenommen werden, daß Kleist allen Grund hatte, wegen des Skandals vergnügt zu sein.

Kleist war seit Jahren mit Iffland in eine Fehde verwickelt, denn bereits im *Phöbus* kam die Unzufriedenheit der jüngeren Generation mit dem Dichter und Schauspieler wiederholt zum Ausdruck. Aber der Streit spitzte sich im Spätsommer und Herbst 1810 zu. Nach der erfolgreichen Aufführung seines Stücks *Das Käthchen von Heilbronn* in Wien hatte Kleist das Stück an Iffland geschickt, in der Hoffnung, daß sein Werk am Nationaltheater aufgeführt werde und er damit seinen Eintritt in die Theaterwelt Berlins erwirken könne. Als Iffland nach langem Schweigen nichts von sich hören ließ, forderte Kleist im Sommer sein Manuskript zurück, worauf Iffland – laut stadtbekannten Gerüchten – das Manuskript ungelesen und in Löschpapier gewickelt zurückschickte. Darauf schrieb ihm Kleist am 12. August einen bissigen Brief, der bald unter seinen Bekannten zirkulierte und sogar in den Hamburger *Nordischen Miszellen* zitiert wurde:

„Hochzuverehrender Herr Direktor!
Ew. Wohlgeboren haben mir, durch Hr. Hofrat Römer, das, auf dem Wiener Theater, bei Gelegenheit der Vermählungsfeierlichkeiten, zur Aufführung gebrachte Stück, das Käthchen von Heilbronn, mit der Äußerung zurückgeben lassen: es gefiele Ihnen nicht. Es tut mir leid, die Wahrheit zu sagen, daß es ein Mädchen ist; wenn es

ein Junge gewesen wäre, so würde es Ew. Wohlgebohren wahrscheinlich besser gefallen haben. Ich bin mit der vorzüglichesten Hochachtung,

Ew. Wohlgeboren, ergebenster
Heinrich von Kleist.

Kleists unverhohlene Anspielung auf Ifflands Homosexualität war nur der erste Schlag in einer fortdauernden Reihe von Angriffen, die im Herbst 1810 auf den Seiten der *Berliner Abendblätter* erfolgten. In den zwölf Theaterartikeln, die er im Oktober/November veröffentlichte, ließ Kleist keine Gelegenheit vergehen, den verachteten Theaterdirektor anzugreifen oder lächerlich zu machen. Bereits am 3. Oktober veröffentlichte er ein satirisches Gedicht *An unsern Iffland bei seiner Zurückkunft in Berlin,* die auf dessen ausgedehnte und vielkritisierte Gastspielreisen anspielt:

„Singt, Barden! singt Ihm Lieder,
Ihm, der sich treu bewährt;
Dem Künstler, der heut' wieder
In Eure Mitte kehrt.
In fremden Landen glänzen,
Ist Ihm kein wahres Glück:
Berlin soll Ihn umkränzen,
Drum kehret Er zurück."

Am folgenden Tag machte sich Kleist dann über „die erstaunenswürdigste Art" lustig, mit der Iffland als Schauspieler mit seiner Hand „fast alle Zustände und innerliche Bewegungen des Gemüths" ausdrückt. Am nächsten Tag kam Iffland in seiner Funktion als Intendant an die Reihe:

„‚*C'est un rien*' würden die Franzosen von dieser Posse sagen; und wir glauben sogar, daß man dem Stückchen nicht zu viel thäte, wenn man die fremde Redensart wörtlich übersetzte und (freilich etwas härter) von ihm sagte: Es ist ein Nichts. Aber auch ein solches

Nichts, als vorübergehende Erscheinung, darf, da wir nur eine Bühne haben, keinesweges verdrängt von ihr werden, und das Publikum bleibt der Direktion für Kleinigkeiten der Art, sollten sie auch nur wenige Male wiederholt werden, für jetzt noch immer Dank schuldig."

Eine Woche später (am 13. Oktober) wurde Iffland sogar zweifach angeprangert: „Der *Dichter* Iffland *portraitirt* und das Fehlen *eines* dieser *Porträts* aus dem Zusammenhang der Gallerie konnte der *Schauspieler* Iffland auch mit der überschwenglich spaßhaftesten Laune nicht vergessen machen." So ging es jede Woche weiter: über das Fehlen Goethes auf der Berliner Bühne, über die Wahl der Stücke und die Besetzung der Rollen, über die kommerziellen Beweggründe der Direktion und so weiter.

Den Höhepunkt erreichte die Kritik in Kleists langem (anonymen) *Schreiben eines redlichen Berliners, das hiesige Theater betreffend, an einen Freund im Ausland*, das in einem scheinbar ernsten Stil „die Würde und den Glanz" lobt, die das Berliner Theater unter Ifflands Leitung erfahren habe. Zwar mögen sich „excentrische Köpfe, Kraftgenies und poetische Revolutionairs aller Art" über die „Theaterheiligkeit" und den neuen „Theaterpabst" lustig machen. Aber:

„Zu einer Zeit, dünkt uns, da alles wankt, ist es um so nöthiger, daß irgend etwa fest stehe: und wenn es der Kirche [...] bestimmt wäre, im Strom der Zeiten unterzugehen, wo wüßten wir nicht, was geschickter wäre, an ihre Stelle gesetzt zu werden, als ein Nationaltheater, ein Institut, dem das Geschäft der Nationalbildung und Entwickelung und Entfaltung aller ihrer höhern und niedern Anlagen, Eigenthümlichkeiten und Tugenden, vorzugsweise vor allen andern Anstalten, übertragen ist."

Nach dieser ironischen Lobpreisung der in hohem Maße bildenden Funktion der Ifflandschen Bühne endet der Bericht mit dem wahrhaft niederschmetternden Postscriptum, das die häufig aufgeführten Machwerke der Saison rekapituliert:

„Gestern sahen wir hier *Pachter Feldkümmel*; in Kurzem werden wir wieder *Vetter Kukkuk* und vielleicht auch *Rochus Pumpernickel* sehn".

Was nun den Auftritt vom 26. November betrifft: schon am 13. November hatten die *Berliner Abendblätter* über die Aufnahme von Weigls in Wien, Stuttgart, München und Frankfurt gefeiertem Singspiel in das Programm des Nationaltheaters zustimmend berichtet. Dabei wurde die Frage über die Besetzung der Rolle der Emmeline, „von welcher, als der Hauptfigur, das ganze Glück dieses Stückes abhängt", gestellt und die Hoffnung geäußert, diese werde der beliebten Sängerin Auguste Schmalz, einer geborenen Berlinerin, die gerade in Berlin gastierte, „wegen des Umfangs und der Gediegenheit ihrer Stimme" zufallen. (Sie hatte im August bei der zweiten Aufführung von Arnims *Nachtkantate* die „Stimme der Königin" gesungen und war den Musikkennern der Stadt bereits bekannt, als Kleist am 17. Oktober sein Distichon *An die Nachtigall* veröffentlichte: „Nachtigall, sprich, wo birgst du dich doch, wenn der tobende Herbstwind / Rauscht? – In der Kehle der Schmalz überwintere ich.") Zwei Wochen später erfahren wir aber aus einem Theaterbericht in den *Abendblättern*, daß die Rolle Ifflands Lieblingssängerin zugefallen sei und daß zwar bei der ersten Aufführung „die Musik der *Schweizerfamilie* gerührt, erfreut und entzückt" und Herr Rebenstein als junger Schweizer „durch Spiel und Gesang" interessiert habe; dann das vernichtende Understatement: „Mslle Herbst leistete sehr viel, wenn auch nicht alles."

Aber der Bericht verschweigt die Begleitumstände des Abends. Gleich bei dieser ersten Aufführung hatte die Polizei – von Iffland gewarnt, der die Stimmung seiner Gegner kannte – eine mögliche „Cabale" gegen Demoiselle Herbst erwartet. Laut dem Polizeibericht verlief der Abend relativ friedlich: „Sie wurde herausgerufen und beklatscht. Nur wenige pochten bei ihrem Auftreten."[3] In Wirklichkeit hatte eine Gruppe von Gardeoffizieren – entrüstet, weil ihre Lieblingssängerin, die Schmalz, die Hauptrolle nicht erhalten hatte – durch Klopfen ihren Mißmut signalisiert. Die Polizei, die sich ungern an die adligen Offiziere heranwagte, hatte statt dessen einen jungen Schüler festgenommen und gezwungen, sich bei der Sängerin zu entschuldigen. Zum Unglück der Polizei handelte es sich um den Sohn des Festungskommandanten von Spandau, der sofort Genugtuung forderte, wobei auch die Offiziere für den jungen Mann Partei ergriffen. Die Polizeidirektion mußte sich infolgedessen öffentlich entschuldigen. Vor der zweiten Aufführung kam es laut Bericht einer Untersuchungskommission in der Wohnung eines Majors von Möllendorf unter den Offizieren zu heftigen Diskussionen, die das Vorspiel zum Aufruhr bei der zweiten Aufführung darstellten. Die Sängerin Herbst ist nicht mehr in der Rolle der Emmeline aufgetreten und wurde nach Ablauf ihres Gastspiels in Berlin nicht engagiert.

Iffland hatte in seinem Logenbruder Hardenberg einen starken Verteidiger, der begriff, daß die Angriffe gegen seinen Schützling auch zum Teil von Anhängern der Regierungsopposition kamen und gegen ihn gerichtet waren. So wurde in den nächsten Tagen eine offizielle Zensur gegen die *Berliner Abendblätter* ausgesprochen, in denen keine weiteren Theaterberichte oder Rezensionen veröffentlicht werden durften. Die Verfügung hatte katastrophale Folgen, denn die Theaternotizen bildeten eine von den zwei Hauptattraktionen der Zeitung.

Wenn Kleist für die Zensur verantwortlich war, so trug sein Mitarbeiter die Hauptverantwortung für den Verlust der anderen „Hauptattraktion" der Zeitschrift: Am 12. Oktober hatte die zweite große Fehde in den *Berliner Abendblättern* begonnen, die sogenannte „Kraus-Fehde", die der erzkonservative Reformgegner Adam Müller gegen den 1807 verstorbenen Königsberger Nationalökonomen Christian Jakob Kraus führte.[4] Kraus galt als deutscher Wortführer der liberalen Wirtschaftslehren Adam Smith', welche die theoretische Grundlage für die bei Müller verhaßten wirtschaftlichen und gesellschaftlichen Ideen der Stein-Hardenbergschen Reform lieferten. Die Diskussion über die Reformideen ging in den nächsten Wochen auf den Seiten der *Berliner Abendblätter* hin und her, bis Müller schließlich am 16. November – am Tage der Taufe seiner Tochter – in seinem Aufsatz „Vom Nationalcredit" zu weit ging und Hardenberg persönlich angriff, indem er behauptete, des Kanzlers Finanzmaßnahmen hätten Recht und Verfassung verletzt.[5] Dies führte sehr rasch zum offiziellen, von Friedrich von Raumer übermittelten Verbot der Aufnahme von Aufsätzen politischen Inhalts in der Zeitung.[6] Diese strenge Maßnahme zerstörte, zusammen mit dem Rezensionsverbot, die beiden Hauptanziehungspunkte der *Berliner Abendblätter*. Weil Kleist den Boten für die Botschaft für verantwortlich hielt, ging er in seiner Verzweiflung so weit, daß er den Hardenberg-Vertrauten Raumer sogar zu einem (nie erfolgten) Duell herausforderte. (Die Enttäuschung bei Raumer aufgrund dieser Situation – in seinen Lebenserinnerungen stellt er sie ausführlich dar – führte im Laufe des nächsten Jahrs zu seiner eigenen Amtsniederlegung, worauf er als Professor der Geschichte in Breslau zu seinem eigentlichen Beruf zurückkehrte.)

Der Theaterskandal – ein öffentliches Ereignis, das durch die vorhergehende Literarisierung der Öffentlichkeit bewirkt wurde – bildet den symbolischen Wendepunkt in der Geschichte der *Berliner Abendblätter*. Nach dem Eklat der ersten Wochen verlor die Zeitung viele Subskribenten, und schon Anfang Dezember ist die Rede davon, daß die Zeitung eingestellt werden müsse. Am 22. Dezember meldete Hitzig, der nach Brentano „geizig ins Äußerste“ war,[7] daß die Zeitung nicht mehr in seinem Verlag veröffentlicht werden solle, sondern in August Kuhns Kunst- und Industrie-Comptoir. Diese Änderung zeigt sich in erstaunlichem Ausmaß in den Sparten der Zeitung. Während aus politischen Gründen der Anteil der Polizeinachrichten im zweiten Quartal drastisch zurückgeht (von 7 % auf 1 %), ebenso der Anteil an Beiträgen der Mitarbeiter (von 33 % auf 5 %), füllen die Berichte aus anderen Zeitungen – das „Bülletin der öffentlichen Blätter“ – mehr als die Hälfte (57 %) der Ausgaben. Der Rückgang an Interesse und Engagement bei Kleist zeigt sich darin, daß der Anteil seiner eigenen Beiträge von 26 % auf 11 % fällt. Jedenfalls darf festgestellt werden, daß sich die zeitungsgeschichtliche Bedeutung der *Berliner Abendblätter* fast ausschließlich auf die Nummern des ersten Quartals beschränkt.

Eine Verlobung

Am Dienstag, dem 4. Dezember 1810, überquerten Achim von Arnim und Bettine Brentano abends bei wolkenbedecktem Himmel, vom Monbijouplatz herkommend, die Neue Packhofsbrücke (die heutige Friedrichsbrücke) und blieben Hinter dem Packhof (auf der heutigen Museumsinsel) vor dem Hause der Bankiersgattin Sarah Levy stehen, wo sie das Versprechen einlösten, das aus dem merkwürdigen Briefwechsel des vorhergehenden Sommers hervorgegangen war. Das Wetter war „kalt und schauerlich“, berichtete Bettine in ihrem Weihnachtsbrief an Goethe; „da hielt ich Verlobung mit Arnim unter freiem Himmel um ½ 9 Uhr abends in einem Hof, wo hohe Bäume stunden, von denen der Wind den Regen auf uns herabschüttelte, es kam von ungefähr“. Arnim schilderte die Szene in einem Brief an seine Tante. „Bey stürmischem grauen Himmel, als kein Stern zu sehen, auf freyer Straße, vor einem Haus, wohin ich sie zu einer langweiligen Gesellschaft führte, [haben wir uns] feierlich verlobt. Es hätte dessen zwischen uns nicht bedurft", fügt er weiter hinzu, „aber die Welt, die um uns lag, als wollte sie uns beide vergessen, mahnte uns, daß wir umso treuer an einander denken möchten".[8] Nach der Rührung des Augenblicks ging das neuverlobte Paar in das Haus, wo Madame Levy gerade frisiert wurde. „Hör Er, Friseur!" rief Bettine, „bau er der Madame Levy nur heute was Ordentliches auf, denn ich hab' unten eben mit dem Arnim Verspruch gehalten!"[9]

Drei Wochen nach diesem spontanen Bekenntnis, das dem temperamentvollen Charakter der beiden völlig entspricht, feierten sie am Weihnachtsabend bei Savignys die offizielle Verlobung. Anhand von Arnims Darstellung können wir uns heute noch die Szene gut vorstellen:[10] um eine lange Tafel, auf der eine „Christpyramide" stand, lagen die Geschenke. In einem als Laube geschmückten Nebenraum wurde an vielen kleinen Tischen gegessen und getrunken. Eingeladen war eine kleine Gruppe von Freunden und Verwandten: Neben Zelter und Bettines Onkel, Georg Carl von La Roche, waren auch Arnims Hauswirt Pistor und sein Freund Karl Alberti, ein Geheimer Kriegs- und Oberfinanzrat beim Zolldepartement, mit ihren Frauen gekommen: beide Frauen waren übrigens Stieftöchter des mit der Familie befreundeten Johann Friedrich Reichardt.

In diesem intimen Kreis wechselten Arnim und Bettine die Verlobungsringe. Arnim berichtete später, daß seit jenem Abend an seiner linken Hand „ein golden Fingerlein mit goldnen Lilien auf schwarzemailliertem Grunde" prange.[11] Von Arnim erhielt Bettine einen Ring mit einem Chrysopras, in den zwei Hände eingraviert waren, die einander drückten.[12] Dabei las er ihr sein Sonett zur „Erinnerung an den 4. December 1810" vor, in dem die Szene des stürmischen

Abends noch einmal in aller poetischen Lebendigkeit dargestellt und die Symbolik des Rings kommentiert wird.

„Es war ein Winterabend grau und feucht,
Gleichgültig ging der Wind am Strom entlang,
Und wieder trennen sollte uns der Gang,
Zu dem ich dir so still den Arm gereicht.

O Welt, wie antheillos und doch voll Klang!
O Herz! wie oft getäuscht und nicht gebeugt,
Der Tag, auf den du warst vertröstet, weicht
Und hat verscherzt der Hoffnung ernsten Drang.

Und schieden schon – da drückt sich Hand in Hand,
Wir beide ziehn im Glückstopf gleiches Loos,
Uns eint auf freier Straß ein freies Band.

Daß ich die Hand nun nimmer lasse los,
Das macht des Steines Sinnbild dir bekannt;
Der Ring sei nicht zu klein und nicht zu groß!"

(Die letzte Zeile erinnert an Arnims scherzhafte Bemerkung im Bericht an die Grimms, daß sein Ring „mir einwachsen soll, wenn mir die erhoffte gute Zeit einen Bauch und bequeme fette Finger gewährt und kein ungeschicktes Geschick ihn mir raubt".)

Eine Geburtstagsfeier

Am Dienstag, dem 11. Dezember 1810, kamen die Mitglieder der Liedertafel zu einer außerordentlichen Sitzung zusammen, um den zweiundfünfzigsten Geburtstag ihres Gründers Carl Friedrich Zelter zu feiern. Zelter, geboren in

Berlin als Sohn eines Maurermeisters und Bauunternehmers, zeigte früh seine musikalische Begabung: neben Orgel, Violine und Klavier lernte er auch die Grundlagen der Musiktheorie und wirkte in der „Bande"* des Stadtmusikanten Lorenz Georg mit. Trotz seiner Talente mußte er sich dem Willen seines Vaters fügen und Maurerlehrling werden, aber er betrieb nebenbei weiter seine Musikstudien. Nachdem er 1777 seine Lehrjahre abgeschlossen hatte und 1783 Meister geworden war, übernahm er einen Teil von seines Vaters Kundschaft, setzte aber zur gleichen Zeit seine Kompositionsversuche bei Karl Friedrich Fasch fort. Die erste öffentliche Anerkennung erhielt er 1786 für eine Trauerkantate, komponiert zum Tod des Königs, die in der Garnisonkirche aufgeführt wurde und mit großem Beifall bedacht wurde. Nach diesem Erfolg wandte er sich immer mehr der Musik zu, blieb aber als Maurer und Baumeister tätig.

Fasch hatte 1790 einen Gesangverein begründet, der volkstümlich als „Singakademie" bezeichnet wurde, weil ihm für Proben und Aufführungen ein Saal im Akademiegebäude zur Verfügung gestellt wurde, und als Faschs Schüler wirkte Zelter am Klavier oder im Orchester tätig mit. (Um diese Zeit, als 1796 Zelters Verleger dem Dichter einige von dessen Vertonungen und Kompositionen zeigte, begann die lange Freundschaft mit ausführlichem Briefwechsel mit Goethe, der erst 1832 im Todesjahr beider abbrach.) Als Fasch 1800 starb, wurde Zelter Leiter der Singakademie und wurde den Zeitgenossen auch außerhalb Berlins allmählich als populärer Liederkomponist bekannt. Nach dem Debakel von Jena widmete der stadtbekannte Zelter, der als Mitglied des *comité administratif* der französischen Besatzung diente, seine scheinbar unbeschränkten Energien zugleich dem

* Musikertruppe

musikalischen Leben der Stadt. Neben der Ausbildung von Sängerinnen und Sängern gründete er auch einen Orchesterverein, der zusammen mit der Singakademie, die mittlerweile 173 Mitglieder hatte, die Aufführung von Oratorien, Messen und anderen größeren Gesangswerken ermöglichte. Ende 1808 gründete er noch eine Liedertafel, wo in einer kleineren Gruppe der neuerdings populäre mehrstimmige Männergesang gepflegt werden konnte.

Konstituiert wurde die Liedertafel eigentlich „zur Feyer der Wiederkunft des Königs".[13] Nach dem detaillierten Plan, der damals unter den Teilnehmern zirkulierte, sollte die Liedertafel aus 25 Männern bestehen, die Dichter, Sänger oder Komponisten sein mußten und die sich „monathlich einmal bei einem Abendmahle von zwei Gerichten" versammeln sollten, um sich „an gefälligen deutschen Gesängen" zu vergnügen. Weil sich die Rückkehr des Königs noch um ein Jahr verzögerte, fand das erste ordentliche Zusammentreffen der Liedertafel am 2. Mai 1809 statt; in den folgenden Monaten erstattete Zelter regelmäßig an Goethe Bericht. Am 24. April 1810 meldete er zum Beispiel, daß neben den neuen Liedern, die jedesmal von verschiedenen Mitgliedern zur Verfügung gestellt wurden, die populärsten seien: Goethes eigenes Bundeslied („In allen guten Stunden") und seine *Generalbeichte, Herr Urian* von Matthias Claudius, Schillers Ode *An die Freude*, Vossens *Trommellied*, „Ein Musikant wollt' fröhlich sein" aus dem *Wunderhorn* und ein altes lateinisches Lied, das Professor Wolf beigesteuert hatte. Obwohl die Zahl der Mitglieder satzungsgemäß festgesetzt war, war die Zahl der Teilnehmer jeweils unbegrenzt, da die Mitglieder nach Belieben auch Gäste einladen konnten. In der Sitzung vom 16. Januar 1810, als die Rückkehr des Königs endlich gefeiert werden konnte, haben sich 43 Gäste in das „Fremdenbuch" eingetragen: darunter – neben vielen anderen – die Minister Altenstein und Beyme, der Polizeipräsident Gruner, die Professoren Wolf, Schleiermacher und Schmalz. Am 13. März fanden sich „zur Feier des Geburtsfestes unserer geliebten Königin“ auch Stägemann, Fürst Radziwill, Wilhelm von Humboldt und Nicolovius ein. Da das Fremdenbuch von Mitte 1810 bis 1812 abhanden gekommen ist, wissen wir nicht genau, wer in den Monaten nach dem Tod der Königin Luise den Sitzungen beigewohnt hat. Aber aus anderen Quellen läßt sich feststellen, daß bei der außerordentlichen Sitzung am 11. Dezember 1810 zur Feier von Zelters Geburtstag – Zelter war inzwischen als offizielle Anerkennung seiner Verdienste um das kulturelle Leben Berlins als Professor an der königlichen Kunstakademie angestellt worden – auch Arnim, Brentano, Kleist und Bettine Brentano eingeladen waren. „Die sollen mal Augen reißen“, vertraute er einem Freund, „wenn sie meine Wunderhorn-Fuge hören.“[14] In der Tat brach bei der Aufführung „ein endloses Sturm-Dacapo“ aus.

Um diese Zeit – und vermutlich bei dieser Gelegenheit – schrieb Arnim das Lied *Ordnung der Liedertafel:*[15]

„Gesetz und Ordnung soll hier thronen,
Zur Tafel bringt den echten Wein,
Wo guter Wein, da ist gut Wohnen,
So baut euch Hütten, schenket ein:
Gute Bürger sind wir alle
Alle ruft mit Freudenschalle
Unsrer Stadt ein Lebehoch!“

In einer Allegorie der Stadtregierung stellt sich Arnim vor, daß die „Verordneten“ ihre „Stimmen“ („welche niemals matt“) abgeben.

„Wir rücken ernst zusamm’ in Kreise
Zur Wahl, wer Bürgermeister sey,

Wer hat erdacht die schönste Weise,
Wer braucht die Stimme kunstreich frei?
Zelter ist's in rechtem Grimme
Schlägt er Tackt mit starker Stimme,
Zelter leb als Meister hoch!"

Das Lied äußert taktvoll die gemischten Empfindungen, die die jungen Künstler Zelter und seiner Musik entgegenbrachten. Bettine schrieb um diese Zeit ausführlich an Goethe über den Komponisten, den sie „ungeschliffen" fand. „Er möchte der Welt dienen und führt Klage, daß sie sich's nicht will gefallen lassen. An der Liedertafel benimmt er sich wie Cäsar und in der Singakademie wie Napoleon", obwohl er in der Gesellschaft „voll herablassender Güte" sei und freundlich nicke. Als Musiker schätzt sie ihn nicht hoch ein. „Die Verwirrung, die das Magische in jeder Kunst bei den Philistern veranlaßt, ist bei der Musik auf den höchsten Grad gestiegen." Zelter lasse nichts zu, was er nicht schon verstehe. Hier gibt Bettine dem ewigen Streit zwischen Tradition und Avantgarde Ausdruck: „eigentlich ist das doch nur Musik, was grade da beginnt, wo der Verstand nicht mehr ausreicht, und die ewig vernichtenden Quergeister, die es so gut meinen, wenn sie zuvörderst das Verständliche in der Kunst fordern [...]". „Dem Genie in der Musik steht der Gelehrte in der Musik allemal als ein Holzbock gegenüber (Zelter muß vermeiden, dem Beethoven gegenüberzustehen), das Bekannte verträgt er, nicht weil er es begreift, sondern weil er es gewohnt ist wie der Esel den täglichen Weg."[16]

Wo immer wir hinblicken, finden wir in den Briefen und Memoiren der Zeit wiederholt Hinweise auf die Liedertafel, die als wichtiger Versammlungsort der Berliner Öffentlichkeit diente. In diesen Monaten, darf man ruhig behaupten, ist kaum eine bedeutende Persönlichkeit der Liedertafel ferngeblieben.[17]

Die Beisetzung der Königin

Am Sonntag, dem 23. Dezember 1810, um 4 Uhr in der Frühe fand in Berlin bei regnerischem Wetter eine geisterhafte Prozession statt, über die am nächsten Tag in den *Berliner Abendblättern* berichtet wurde. Der Leichnam der Königin Luise wurde nämlich rund ein Jahr nach der gefeierten Rückkehr des Königspaars nach Berlin aus dem Dom, wo er seit Juli geruht hatte, in die „neue Kapelle" nach Charlottenburg überführt. Der Sarg, auf dem sich wie am Tage der feierlichen Bestattung ihre Krone befand, wurde von einigen Palastoffizieren durch eine Reihe von Garde du Corps auf den bekannten Leichenwagen gestellt, der mit acht Pferden bespannt vor dem Domportal hielt. Sowohl der Gouverneur als auch die Kammerherren der verstorbenen Königin und einige andere Herren waren bei der Feierlichkeit anwesend. Vom Dom aus führte der Zug, begleitet von einer Kompanie königlicher Fußgarde und berittenen „königlichen Stallbedienten" mit Fackeln, zwischen den Linden hindurch, die auf beiden Seiten erleuchtet waren, und zum Brandenburger Tor. Bei Tagesanbruch kam der Zug in Charlottenburg an, wo der Leichnam der Königin im neuen Mausoleum beigesetzt wurde. In Gegenwart des Königs und seiner Söhne, die von Potsdam herübergekommen waren, hielt Dompropst Ribbeck eine Rede zur Einweihung der neuen Kapelle. Das Theater war an diesem Tag geschlossen, und alle Mitglieder des Hofs sowie alle, denen das Andenken an die Landesmutter noch eine Herzensangelegenheit war, trugen schwarze Kleidung.

Mit diesem rituellen Akt der Beisetzung wurde der Prozeß abgeschlossen, der fünf Monate zuvor mit dem feierlichen Einzug des Leichnams durch das Brandenburger Tor begonnen hatte; abgeschlossen wurde damit zugleich ein Projekt, von dem der König seit Monaten geradezu besessen war.

Bereits am 4. August hatte Wilhelm von Humboldt in einem Brief an seine Frau in Rom einen Auftrag des Königs an den Bildhauer Rauch übermittelt. „Der König will der Königin ein Monument in Charlottenburg setzen lassen, in dem sie zugleich begraben sein soll." Der König hatte selbst eine erste Skizze entworfen und wollte nur die Fassade von Schinkel zeichnen lassen. Humboldt fügte seinem Brief eine Zeichnung des Grundrisses bei, aus der man die Umrisse des heute bekannten Mausoleums leicht erkennt.

„Es wird also ein länglicht viereckter Tempel, der das Licht von oben empfängt, am Ende der dunklen Tannenallee, die Rauch kennen wird, im Charlottenburger Garten. Vorn hat er einen Portikus, zu dem eine Treppe führt, der Raum ist wie eine Vorhalle, die Treppen gehen aufwärts [und] abwärts zum Gewölbe, wo der wirkliche Sarg steht; [...] die inwendigen Säulen sind porphyrne, die im Oranienburger Schloß stehen sollen, und die, glaub ich, der Große Kurfürst irgendwo erbeutet oder akquieriert hat. [Dahinter] ist der lange Sarkophag."

Bei Rauch hatte der König eine Büste der Königin bestellt, die ursprünglich in einer Wandnische hinter dem Sarkophag stehen sollte. Humboldt bittet seine Frau, alles Mögliche zu tun, damit die Absicht des Königs verwirklicht werde, „und nicht zu leiden, daß Rauch es, wie er wohl pflegt, langsam betreibe". Humboldt hofft sogar, daß die Büste in spätestens drei Monaten in Berlin sein werde, denn das Monument solle Ende Oktober fertig sein und eingerichtet werden. Um den Künstler anzuspornen, läßt ihm Humboldt versprechen, daß die Büste, wenn sie in Berlin Gefallen fände, auch von anderen in Berlin und Wien bestellt werden solle.

Die Ausführung ist nicht ganz so und auch nicht so schnell erfolgt, wie der König und Humboldt hofften. Die Büste sollte nach einem Gipsmodell gestaltet werden, das der junge und noch unbekannte Rauch bereits 1804 entworfen hatte; nur so hätte sie bis Oktober fertiggestellt werden können. Aber im November wurde das Projekt bei Rauchs Besuch in Berlin in die uns heute bekannte Liegestatue verwandelt – ein größeres Werk, das eine längere Zeit in Anspruch nahm. Im März 1811 kam Rauch wieder nach Berlin, um ein Gipsmodell zu entwerfen, das er dann in Italien fertigstellte; die vollendete Liegestatue konnte erst 1815 endlich aufgestellt werden.

Was den Bau betrifft: auch der vielseitig begabte Karl Friedrich Schinkel stand erst am Beginn seiner glänzenden Karriere – die bekannten Gemälde, die großartigen Bühnenbilder, die raffinierten kunstgewerblichen Entwürfe und vor allem die architektonischen Meisterwerke Unter den Linden und am Lustgarten, dies alles würde erst in Zukunft geschaffen werden.[18] Geboren in Neuruppin als Sohn des Inspektors der Kirchen und Schulen, verlor Schinkel schon als Kind seinen Vater und zog mit seiner Mutter und zwei Geschwistern nach Berlin, wo er das Gymnasium zum Grauen Kloster besuchte. Begeistert durch Friedrich Gillys Entwurf für ein Denkmal Friedrichs des Großen – er sah diesen Entwurf 1797 in der Akademieausstellung –, beschloß er, sich an der Bauakademie bei Gilly und dessen Vater David als Architekt auszubilden. Er machte solche Fortschritte und zeigte ein solches Talent im Zeichnen, daß er 1800 nach Friedrich Gillys Tod dessen unvollendet gebliebene Privatbauten fertigstellen durfte. Während eines Rom-Aufenthalts 1803/04 lernte er neben den Künstlern der deutschen Kolonie auch Wilhelm von Humboldt kennen, durch dessen Vermittlung er später in Berlin den Auftrag für das Mausoleum erhalten sollte. Nach seiner Rückkehr – während der unruhigen Zeiten der französischen Besatzung – gab es in Berlin und Preußen kaum Bauaufträge, und so widmete sich der angehende Architekt anderen Projekten: neben Entwürfen für zukünftige Landhäuser und Denkmäler experimentierte er zum ersten Mal mit Ölmalerei und entwarf Prospekte für die populären Weihnachtsausstellungen sowie Dioramen und Panoramen. Nach der Rückkehr des Hofs und der Bekanntschaft mit dem Königspaar wurde er als Oberbauassessor bei der Königlichen Oberbaudeputation angestellt und erhielt den Auftrag, Möbel und Wandgestaltung für das Schlafzimmer der Königin im Charlottenburger Schloß zu entwerfen.

Schinkel, der um diese Zeit noch unter dem Einfluß der Leidenschaft der Romantik für das christliche Mittelalter stand, hätte für das Mausoleum – aus Gründen, die wir bereits aus seinen kommentierten Zeichnungen für die Kunstausstellung kennen – gotische Formen bevorzugt. Aber er fügte sich den Wünschen des Königs und entwarf die uns heute noch bekannte dorische Vorhalle. Für die Gestaltung des Innenraums wurden die Zeichnungen von Heinrich Gentz, dem Leiter des Hofbauamts, vorgezogen. Erst nachdem der Bildhauer Rauch 1811 das Modell seines Werks fertiggestellt hatte, hat Schinkel den bettartigen Unterbau für die Liegestatue entworfen, ebenso die beiden Marmorkandelaber, die am Haupt der Königin stehen sollten. (1841, nach dem Tod des Königs 1840, wurde das Mausoleum – nach einem Entwurf Schinkels – erweitert und dann wieder 1890, nach dem Tod Kaiser Wilhelms I. und seiner Gemahlin, bis zur heute bekannten Größe.)

Als der Sarkophag am 23. Dezember nach Charlottenburg gebracht wurde, sah also das Mausoleum am Ende der Tannenallee von vorne genauso aus wie heute (abgesehen davon, daß die ursprüngliche Sandsteinfassade 1828 durch eine gleich gestaltete aus rotem poliertem Granit ersetzt wurde). Aber innen war der Raum viel kleiner, und die Liegestatue mit Unterbau und Kandelabern fehlte noch. Die *Berliner Abendblätter* berichteten, daß Tage bestimmt werden sollten, an denen dem Publikum erlaubt sein werde, die Kapelle zu besuchen; von Anfang wurde so eine öffentliche

Tradition begonnen, die heute noch (vor allem am Geburtstag der Königin) fortdauert.

„Das Land der Besuche und Gesellschaften"

Auch wenn man nicht gerade die *Berliner Abendblätter* las, die Kunstausstellung besuchte, einer Vorlesung beiwohnte, ins Theater ging oder sich die (von Kleist am 18. Dezember in den *Abendblättern* empfohlenen) Weihnachtsausstellungen ansah, litt man im Berlin von 1810 – jedenfalls wenn man zur intellektuellen und kulturellen Elite gehörte – keinen Mangel an Unterhaltungsmöglichkeiten. Zu Wochenbeginn konnte man in den Montagsclub gehen, der – als Erinnerung an die Berliner Aufklärung von Nicolai, Lessing und Ramler – immer noch bestehenblieb;[19] dienstags fanden die Zusammenkünfte der Zelterschen Liedertafel statt; mittwochs trafen sich die Männer und Frauen der Mittwochsgesellschaft – allerdings nicht der „ernsten" aus dem 18. Jahrhundert, sondern der neueren, „heiteren", die sich auch „Humanitätsgesellschaft" nannte und wo (neben Vorlesungen) zuweilen Musik gemacht wurde;[20] donnerstags, am traditionellen „Kränzchentag",[21] kam beim Verleger der Realschulbuchhandlung Georg Andreas Reimer die „lesende Gesellschaft" zusammen, nachdem die Mitglieder der Akademie der Wissenschaften sich nachmittags um 4 Uhr getroffen hatten; und freitags begegneten sich die Mitglieder der „Graeca". Außerdem waren fast jeden Tag die Schriftsteller und Gelehrten der Stadt in Werckmeisters Leseinstitut in der Jägerstraße 25 anzutreffen, das laut Eichendorff eine „Reihe von erleuchteten Stuben" enthielt, wo Lesende am Tische sitzen und alle möglichen Journale und Zeitungen lesen oder sich im „Konversationssaal", der mit geologischen und astronomischen Karten dekoriert war, unterhalten konnten.[22] Angesichts dieses Reichtums begreifen wir Niebuhrs Behauptung: „Hier ist das wahre Land der Besuche und der Gesellschaften".[23] Allerdings hatte er angesichts dieses Betriebs gewisse Vorbehalte.

„Was ich wünschte wäre oft tagelang ganz einsam zu sein, und dann eine Zeit lang auch mit lieben Bekannten nicht eine so lange Reihe von Stunden zusammen zu sein wie es hier Gebrauch ist."

Im Jahre 1810 gab es auch einen prominenten jüdischen Salon im Haus der Sarah Levy, Hinter dem Packhof 3, den Arnim und Brentano allerdings als eine „langweilige Gesellschaft" bezeichneten;[24] aber die klassische Ära der Salons von Henriette Herz und Rahel Levin mit ihrer frankophilen Einstellung war seit der Niederlage bei Jena vorläufig vorbei.[25] Jetzt traf sich eine neue Berliner Gesellschaft von frankreichfeindlichen Patrioten eher beim Geheimen Staatsrat Stägemann, bei Adam Müller und seiner Frau Sophie zur Teestunde in der Behrenstraße, beim Verleger Sander, im Haus der Gräfin von Voß oder im Palais des Fürsten Radziwill am Quarré, dem Arnim seinen Roman *Gräfin Dolores* gewidmet hatte und auf dessen Privatbühne Kleist ursprünglich gehofft hatte, seinen *Prinz von Homburg* aufführen zu lassen. Beim Verleger Reimer kamen Professoren wie Schleiermacher und Niebuhr und freie Schriftsteller wie Arnim und Arndt mit Juristen und Mitgliedern des Magistrats und Militärs wie Gneisenau zusammen. Bei manchen Professoren – Wolf draußen im Tiergarten, Schleiermacher in seiner Dienstwohnung Ecke Tauben- und Kanonierstraße, Fichte in der Friedrichstraße 139 (wo jetzt der Bahnhof steht) – gingen Studenten und Kollegen um die Teestunde abends nach 6 Uhr dauernd ein und aus.

Seit der Jahrhundertwende hatte sich in Berlin eine Gruppe von Universitätsprofessoren und Akademiemitgliedern – die

Altphilologen Philipp Karl Buttmann, Ludwig Friedrich Heindorf und Georg Ludwig Spalding, der Kunsthistoriker Aloys Hirt, der Orientalist Christian Ludwig Ideler, außerdem Johann Wilhelm Süvern, Staatsrat in der Sektion für Kultus und Unterricht – zur „Graeca" zusammengetan, in die auch der Theologe Schleiermacher und der Historiker Niebuhr später aufgenommen wurden: laut Niebuhr „eine wahre kleine Akademie", die wöchentlich bei einem einfachen Mahl zusammenkam – reihum in den Wohnungen der Mitglieder –, um das ganze Gebiet des klassischen Altertums zu erforschen, wobei inmitten so vieler Philologen Niebuhr für den Bereich der Historie zuständig war.[26] Dort hat etwa im November Spalding, der zu dieser Zeit eine öffentliche Vorlesung über Quintilian hielt, seine Übersetzung des *König Ödipus* vorgelesen. „Weniger Gewäsch und weniger Schläfrigkeit kann in einer gemischten Gesellschaft nicht leicht sein", meinte Niebuhr, der im Vorwort zu seiner Römischen Geschichte seiner „Mitgräzisten" dankbar gedachte. Die „Reinheit" der Gruppe wurde laut Niebuhr dadurch bewahrt, daß im Herbst 1810 ein (nicht genannter) „halb Unwürdiger" entfernt wurde.

Neben der „Graeca" gab es auch noch die „Gesetzlose Gesellschaft", eine 1809 von Buttmann begründete Vereinigung von Persönlichkeiten des Berliner öffentlichen Lebens – Schleiermacher, Savigny, Humboldt, Niebuhr, Böckh, Arnim, Solger, Schinkel haben alle teilgenommen –, die alle zwei Wochen zu zwanglosen Gesprächen bei Essen und Wein in einem Berliner Lokal zusammenkamen.[27] In den wöchentlichen Zusammenkünften der „philomatischen Gesellschaft" konnten „unterrichtete Männer" ihrer „Liebe zu den Kenntnissen" nachhängen, wobei sie chemische und physikalische Experimente ausführten oder neue Bücher und Kunstgegenstände einander vorlegten.[28]

Etwa dreißig führende Gelehrte der Stadt waren auch

Mitglieder der Akademie der Wissenschaften, die aus der von Leibniz gegründeten Societät der Wissenschaften (1697–1740) und der unter Friedrich dem Großen umorganisierten Académie Royale des Sciences et Belles-Lettres (1740–1786) hervorgegangen und im Jahr 1786 unter Friedrich Wilhelm II. in eine deutsche Akademie umwandelt worden war. Die Katastrophe bei Jena und die anschließende Neuorientierung des Staats machte auch eine Reorganisation der Akademie dringend nötig; zu diesem Zweck wurde im Oktober 1807 unter Leitung von Alexander von Humboldt ein Komitee ernannt, das im September 1809 – und nach Humboldts Weggang unter anderer Leitung – dem Ministerium einen neuen Statuten-Entwurf überreichen konnte.[29] Zu dieser Zeit äußerte der König seine Absicht, die Akademie solle mit der neu zu gründenden Universität sowie mit sämtlichen Instituten und Sammlungen in einem organischen Ganzen verbunden werden. In diesem Sinn entwarf dann Wilhelm von Humboldt als zuständiger Staatsrat seine großartige fragmentarische Schrift *Ueber die innere und äußere Organisation der höheren wissenschaftlichen Anstalten in Berlin*, wonach die Idee einer Akademie als „die höchste und letzte Freistätte der Wissenschaft und die vom Staat am meisten unabhängige Corporation festgehalten werden" müsse.[30] Nach Humboldts Abschied kam aber alles zum Stillstand. Im November konstatierte Niebuhr, der am 7. April 1810 zusammen mit Schleiermacher und Ideler in die Akademie gewählt worden war, daß die Akademie „jetzt sehr schläfrig" sei. „Wir kommen jeden Donnerstag Nachmittag um 4 Uhr zusammen: irgend einer an dem die Reihe ist, liest eine Abhandlung, die er zu diesem Tage hat schreiben müssen, und die gern ungedacht und ungeschrieben hätte bleiben können, und wobei 3/4 der anwesenden Mitglieder Langeweile [haben]."[31] (Das lag laut Niebuhr zum Teil daran, daß der Hof unter Friedrich Wilhelm II. und seiner einflußreichen Mätresse, der Gräfin Lichtenau, „mehrere Menschen in die Akademie gebracht [die gewiß] durchaus unwürdig sind, und uns Schande machen".) So kam es, daß Niebuhr, Johann Peter Friedrich Ancillon und Wilhelm Uhden – alle drei Staatsräte und ordentliche Akademiemitglieder – am 24. November 1810 von Nicolovius zu Mitgliedern einer neuen Kommission ernannt wurden, welche die bereits vorliegenden Projekte überprüfen und einen neuen Statuten-Entwurf vorlegen sollte. Der Wunsch, die Kommission möge ihre Arbeit in vier Wochen beenden, erwies sich als unerfüllbar. Erst ein Jahr später, am 24. Januar 1812, hat der König den neuen Entwurf bestätigt, der der Weiterentwicklung der Akademie im Laufe des 19. Jahrhunderts zugrunde lag.

Neben den eher wissenschaftlichen Gruppen, in denen alles Politische verpönt war, gab es eine Reihe von vaterländisch eingestellten Gesellschaften: außer dem Diskussionskreis von Reimers „lesender Gesellschaft" solche patriotischen Gruppierungen wie die semimilitärische Charlottenburger „schießende Gesellschaft" um Ludwig Graf von Chasot,[32] den Freund Ernst Moritz Arndts, oder die Fechtbodengesellschaft um den jungen Friedrich Friesen – sowohl der Graf als auch Friesen sind in den Freiheitskriegen gefallen.[33] Der enthusiastische Turnlehrer Friesen, der auch eine Schwimmschule („Badehütte") gründete, lernte an der Plamannschen Anstalt, an der beide lehrten, Friedrich Ludwig Jahn kennen, den „Turnvater", dessen Buch *Deutsches Volkstum* (1810) gerade als Programmschrift zur patriotischen Volkserziehung viel Aufsehen erregte. Begeistert von Fichtes *Reden an die deutsche Nation*, gründeten Friesen und Jahn, beide ehemalige Mitglieder des inzwischen auf Drängen der französischen Besatzung verbotenen deutschnationalen Tugendbundes, am 14. November 1810 mit zwölf Gleichgesinnten vor den Halleschen Toren – entweder in einem Wäldchen oder in dem Gasthof „Zum dusteren

Keller" – bei heiligem Schwur ihren „Deutschen Bund" zur „Erhaltung des deutschen Volkes in seiner Ursprünglichkeit und Selbständigkeit, Neubelebung der Deutschheit und aller schlummernden Kräfte, Bewahrung unseres Volkstums [...] [und] endlichen Einheit unseres zersplitterten, geteilten und getrennten Volkes".[34] Aus diesem Bund, der mit Wissen des Polizeipräsidenten Gruner gegründet wurde, ging nicht nur ein halbes Jahr später Jahns berühmter Turnverein in der Hasenheide hervor, sondern aus ihm entstand auch nach den Freiheitskriegen die grundlegende Idee der Deutschen Burschenschaften.

Angesichts dieser Vielfalt von Gesellschaften, welche die Berliner Elite in unterschiedlicher Zusammensetzung immer wieder zusammenführte, überrascht es kaum, daß dabei eine regelrechte Theorie der Geselligkeit entstanden ist, und zwar in Schleiermachers *Versuch einer Theorie des geselligen Betragens* (1799), die er regelmäßig wiederholte und verbesserte.[35] Schleiermacher, der zu Hause zur abendlichen Teestunde seine Gäste gerne in Pantoffeln begrüßte, war selbst ein höchst geselliger Mensch und besuchte mehrere Gesellschaften: u. a. die „Graeca", die „Gesetzlose", die „Spanische" (zur Förderung des öffentlichen Interesses für Spanien), die „lesende Gesellschaft" und die Mittwochsgesellschaft.[36] Sein früher *Versuch*, der durch Friedrich Schlegels Aphorismen zur Geselligkeit angeregt wurde, beginnt mit der Voraussetzung, daß freie, „durch keinen äußern Zweck gebundene und bestimmte Geselligkeit von allen gebildeten Menschen als eins ihrer ersten und edelsten Bedürfnisse laut gefordert" werde (S. 65), wobei geselliges Betragen als die „Fertigkeit, überall, wo die physische Möglichkeit der Gesellschaft gegeben ist, auch eine wirklich zu bilden", definiert wird. Laut Schleiermacher hat jede Gesellschaft einen eigenen „Charakter", und im geselligen Betragen komme es vor allem darauf an, den jeweiligen Charakter einer Gesellschaft durch „Schicklichkeit" in Gesprächston und -themen zu bewahren. Die freie Geselligkeit unterscheide sich einerseits vom Staate, der sich an äußeren Kennzeichen des Stands festhält (Ethik, § 238), und andererseits von der Freundschaft, die durch Gefühl und nicht, wie die Gesellschaft, durch Einhaltung gewisser sozialer Verhaltensregeln entstehe (Ethik, § 252). Die ideale Gesellschaft, meinte Schleiermacher, müsse zahlenmäßig zwischen der Zahl der drei Grazien und der der neun Musen einzuordnen sein.[37]

Es war dieser fast hektisch lebendige, gesellige Betrieb, der in den Mittags- und Abendstunden die intellektuelle Elite kreuz und quer durch die Straßen und über die Plätze Berlins hetzte. (Es gab allerdings einige Ausnahmen. Niebuhr, der in seinen Briefen immer wieder über die in Gesellschaften verlorene Zeit klagt, widmete sich seinen Vorlesungen und der Akademie-Kommission: „retiré du monde [...] je vis dans ma bibliothèque".[38] Savigny – in der Familie als die „Studiermaschine" bekannt: „nicht verschlossen, aber in seinem Wesen entfernt, und isoliert"[39] – arbeitete intensiv an seinem großen Werk über das römische Recht und schloß sich selten Gesellschaften an. Auch Kleist, der die *Berliner Abendblätter* fast allein herausgab, lebte laut Arnim „sehr wunderlich, oft ganze Tage im Bette, um da ungestörter bei der Tabackspfeife zu arbeiten".[40] Und nach einem gehässigen Wort Brentanos – der für Fouqué fast ausschließlich gehässige Worte hatte – „privatisiert er [Fouqué] mit seiner Frau, die auch Romane schreibt, auf seinem Gut".[41])

Erst vor dem dargestellten historischen und theoretischen Hintergrund können wir die Absichten und Wirkungen der wohl berühmt-berüchtigtsten Vereinigung der Zeit in Berlin begreifen, der Deutschen Tischgesellschaft.

Die „Deutsche Tischgesellschaft“, die auf Anregung Arnims am 18. Januar 1811 gegründet wurde, ging zum Teil aus der Mittagstischgesellschaft hervor, die Arnim und Brentano seit Monaten um sich gesammelt hatten. Mitte Februar 1810 hatte Brentano an Wilhelm Grimm gemeldet:

„Unsre Tischgesellschaft hat sich jetzt sehr vermehrt. Der Poet Kleist [...] ist frisch und gesund unser Mitesser. [...] Außerdem ist ein stehender fester Beisitzer unsres Freßkollegiums der alte Graf Brühl, einer der anmutigsten alten Charaktere, die vielleicht je gelebt haben“.

Hans Moritz Graf von Brühl, preußischer Oberst und Generalintendant der Chausseen,* „ißt mit uns aus bloßer Feindschaft gegen die Hofetikette, kömmt in einem zerrißnen Oberrock und mit einem alten Pudel, der ihm gleicht in allem und ihm seine Tabakspfeife nachträgt“. Ein weiterer Tischgenosse war ein gewisser Reizenstein, der die Gesellschaft nach Tisch mit Taschenspieler- und Kartenkünsten amüsierte. Außer Reizenstein bildeten diese Freunde die Kerngruppe der erweiterten Deutschen Tischgesellschaft.

Ende 1810 erzählte Arnim seinen Freunden Grimm von seiner Absicht, neben dem Besuch der anderen Gesellschaften, bei denen er häufig zu Gast war, noch eine „deutsche Freßgesellschaft“ zu gründen.[42] Anfang 1811 ließ er eine Einladung mit dem Entwurf einer „Grundverfassung“ bei Freunden und Bekannten zirkulieren.[43] Am 18. Januar, dem Krönungstag der preußischen Monarchie – und kaum eine Woche nach dem Tod Friedrich Nicolais (am 8. Januar), des letzten Repräsentanten der goldenen Zeit der Berliner Auf-

* Die Bezeichnung „Generalintendant der Chausseen“ meint: Leiter oder Verwalter des Straßenbaus (eine Aufgabe, die übrigens auch Goethe in Weimar wahrnahm).

klärung –, kam eine größere Gruppe von Eingeladenen zusammen, um den Vorschlag zu diskutieren. (Die genaue Zahl – zwischen 15 und 45 – läßt sich nicht bestimmen, weil in den verschiedenen Mitgliederlisten teils eigenhändige Unterschriften und teils Eintragungen von fremder Hand stehen.[44]) Bei dieser Gelegenheit wurde von den Anwesenden beschlossen, daß alle „vierzehn Tage dienstags gegen drei Uhr Tags" eine „deutsche Tischgesellschaft" sich beim Wirt des „Casino" (in der Behrenstraße) zum Mittagessen versammeln solle.[45] Arnims „Bericht" über die bei der ersten Versammlung beschlossenen Bestimmungen spezifiziert ferner Punkte wie die „Art der Zusammenkunft und Form der Verhandlung", die „Zahl der Mitglieder und Gäste", „Vorläufige Bestimmungen über künftig aufzunehmende Mitglieder" sowie „Vom Austritt aus der Gesellschaft".

Es läßt sich heute nur schwer rekonstruieren, wie es in den verschiedenen Gesellschaften der Zeit eigentlich zugegangen ist. Viele – wie etwa Zelters Liedertafel – hatten ausführliche, ja pedantische Regeln und Protokolle, die aber oft verlorengegangen sind. (Daß Schleiermachers Lieblingsgesellschaft sich ausdrücklich als die „Gesetzlose" bezeichnete, weist an und für sich auf die Regulierungsfreude der meisten anderen hin.) In den meisten Fällen gibt es außer gelegentlichen Hinweisen in Briefen und Memoiren so gut wie keine schriftlichen Unterlagen. Die Tatsache, daß uns für Arnims „Deutsche Tischgesellschaft" neben seinem „Bericht" und ein paar Mitgliederlisten auch noch drei „Reden" zur Verfügung stehen, die vor der Gruppe gehalten worden sind, bedeutet zum einen, daß wir verhältnismäßig viel mehr über diese Gesellschaft wissen, hat aber zugleich zu zwei radikal entgegengesetzten Auffassungen von den Zielen und Einstellungen der Gesellschaft geführt.[46] Seit Reinhold Steigs *Heinrich von Kleist's Berliner Kämpfe* haben deutschnationale Historiker in der Tischgesellschaft eine reaktionäre Bewegung erblickt, die ihr antiaufklärerisches Programm systematisch mit Hilfe der Zeitschrift *Berliner Abendblätter* durchzusetzen trachtete. Anhand derselben Informationen haben in letzter Zeit anders orientierte Kritiker vor allem eine antisemitische Verschwörung gesehen, die gegen die Judenemanzipationsgesetze kämpfte. Beide Richtungen irren wohl in ihrer Radikalität.

Was die erste Auffassung betrifft: die Mitgliederlisten der Gruppe beweisen, wenn irgend etwas, daß die Deutsche Tischgesellschaft als Mikrokosmos die Vielfältigkeit der politischen Meinungen widerspiegelte, die Ibbeken für den Makrokosmos Preußens im allgemeinen festgestellt hat.[47] Neben Vertretern des Staats wie dem Innenminister Graf Dohna, dem Staatsrat Stägemann und Hardenbergs Vertrautem Friedrich von Raumer saßen Regierungskritiker wie Reimer, neben dem adligen Fürsten von Radziwill der bürgerliche Baumeister Zelter, neben dem Bankier Louis Vogel und dem Richter Wilhelm von Gerlach der Architekt Johann Christian Genelli und der Komponist Johann Friedrich Reichardt, neben Patrioten wie Chasot und Clausewitz völlig unpolitische Köpfe wie Brentano, neben altständischen Reaktionären wie Adam Müller der liberale Schleiermacher. Keine Rede von einem gemeinsamen politischen Programm! Das ganze Spektrum der politischen und sozialen Meinungen scheint in der Tischgesellschaft vertreten gewesen zu sein.

Dem zweiten Einwand läßt sich nicht so leicht entgegentreten.[48] Laut den Gesetzen der Gesellschaft sollte als ordentliches Mitglied nur eingeführt werden, wer „wohlanständig und angemessen" ist. „Die Gesellschaft versteht unter dieser Wohlanständigkeit, daß es ein Mann von Ehre und guten Sitten und *in christlicher Religion geboren* sei" (meine Hervorhebung!), und unter Angemessenheit, „daß er kein Philister [sei], als welche auf ewige Zeiten daraus verbannt sind". (Nach Arnims ursprünglichem „Vorschlag" und in der späteren Praxis waren auch Frauen ausgeschlossen.[49]) Es war vor allem die christliche Klausel, die unter den jüdischen Zeitgenossen großen Ärger hervorrief, denn die anderen Gesellschaften der Zeit hatten, auch wenn sie de facto keine jüdischen Mitglieder hatten – wie etwa der Deutsche Bund oder auch die „Graeca" – keine ausdrückliche Ausschließungsklausel. Was spätere Kritiker ferner aufgeregt hat, sind einige Reden, die, damals in aller Vertraulichkeit vor der Gruppe gehalten, erst der Nachwelt bekannt geworden sind.

Drei Tischreden

Eine von diesen Reden wurde allerdings sofort bekannt: Brentanos „scherzhafte Abhandlung" *Der Philister vor, in und nach der Geschichte*, die beim Vortrag im März 1811 mit solchem Jubel aufgenommen wurde, daß Brentano sie sofort auf Subskription in 200 Exemplaren drucken ließ. Brentanos Rede geht auf eine „Naturgeschichte des Philisters" zurück, die er in seiner Jenaer Studienzeit um 1800 im Schlegel-Tieckschen Kreis vorgelesen hat.[50] Zehn Jahre später hat er den Text weitgehend revidiert und erweitert, um seinen Freunden in der Tischgesellschaft eine Freude zu machen, indem er die „Philister-Klausel" in der genialen Travestie einer akademischen Abhandlung und mit der gewohnten Brentanoschen Sprachvirtuosität scherzhaft explizierte.

Die Abhandlung wird durch eine Theorie des Spotts eingeleitet, in der begründet wird, warum man „über das Allertiefsinnigste am besten von Herzen lachen könne, aber nicht von Verstand".[51] Die dreiteilige Geschichte des Philisters beginnt dann mit einer „theosophischen Ansicht von Gott und der Schöpfung", worin die Gedanken und Vokabeln der damals modischen Philosophie Jacob Böhmes parodiert werden und die zugleich das komische Gegenstück zur Schöpfungsgeschichte bildet, wie sie Brentano gerade um diese Zeit in der zehnten seiner *Romanzen vom Rosenkranz* schilderte. Luzifer wird nämlich als der erste Philister oder „die Idee des Philisters“ (S. 971) identifiziert: durch seinen Fall fällt er „aus der Idee ins Bild, aus dem Bild in die Materie“ (S. 973) und wirkt so seit Adam und Eva immer weiter bis hin zu den drei Söhnen Noahs und deren Abkömmlingen. Diesem Abschnitt folgt eine zweite, historische Episode, in der Brentano in seiner Nacherzählung der biblischen Geschichten vom Kampf zwischen Philistern und Juden (und namentlich Simson) die Versuche der rationalistischen Bibelexegeten (wie etwa der, nicht namentlich genannten, romanhaften Darstellungen des Lebens Jesu durch Carl Friedrich Bahrdt und Karl Heinrich Venturini) travestiert. Brentano leert zu Simsons Andenken ein Glas – wir können uns hier wie an anderen Stellen die Szene im „Casino“ vorstellen – und meint, wenn sich die in der Stadt Asbod belagerten Philister nicht schließlich ergeben hätten, „so säßen sie noch darin, und wir brauchten sie nicht von einer deutschen christlichen Tischgesellschaft auszuschließen“ (S. 981). Indem er auf den ersten und zweiten Teil rekurriert, geht Brentano über „zu den Philistern nach der Geschichte oder zu ihrer Bedeutung unter uns“ (S. 981) und erklärt – in einer leichten Parodie der Fichteschen Philosophie vom Ich und entgegengesetzten Nicht-Ich – die Wiederaufnahme des Namens „Philister“ durch Studenten, um alle zu bezeichnen, die keine Studenten sind. Weil er aber nicht den Raum hat, „eine vollkommene endliche Physiologie und Zoologie der Philister“ zu bieten, liefert er zum Schluß „nur eine Reihe von Symptomen des Philistertums“ (S. 986) – wie etwa das Tragen einer Schlafmütze, Pfeifenrauchen, Kirchgang „nur des Kredits halber“ (S. 989). Brentano persifliert mit subtiler Ironie den kulturellen Ehrgeiz des Philisters:

„Mit dem Zustand des Theaters in Deutschland sind sie vollkommen zufrieden“ (S. 992); „den Beethoven halten sie für ganz verrückt“ (S. 998); sie ziehen den Gedichten Schlegels, Novalis’ und Tiecks „die glaubtraubschraubichten, honigseimleimschleimschlingenden Sonette und Kanzonen (Ganzohnen)“ (S. 1000) vor; und stellen sich – ein Seitenhieb gegen seinen alten Heidelberger Feind Johann Heinrich Voß – als Übersetzer dem Homer gleich (S. 1001). Die Philister möchten gerne „in allen Ressourcen und geheimen Gesellschaften und Tischgesellschaften aufgenommen“ sein; „es ist daher diese edle, fröhliche deutsche christliche Tischgesellschaft allein ihnen zum Ärger gestiftet, weil sie nicht hereinsollen“ (S. 1002).

Auch der heutige Leser kann leicht nachempfinden, warum Brentanos brillante Rede, die vor Witz, Wortspielen und gelehrten Anspielungen geradezu sprudelt, von seinen Hörern mit solcher Begeisterung aufgenommen wurde. Von Antisemitismus ist hier kaum die Rede. Auf den vielen Seiten der langen Abhandlung werden die Juden nur dreimal kurz und fast nebenbei erwähnt. In den 16 einleitenden Thesen heißt es zunächst:

„2. Was hier als jüdisch aufgeführt wird, ist nur, was jeder Jude um alles in der Welt gern los würde, außer ums Geld, und was ein edler Jude selbst an unedlen Christen verachtet.
3. Bei den Juden assoniert Edel auf Ekel, bei den Philistern auf Esel.
4. Kein Jude kann ein Philister sein.
5. Juden und Philister sind entgegengesetzte Pole; was bei den ersten in den Samen, ist bei den letzteren ins Kraut geschossen.“

Offensichtlich wird „der Jude“ immer im Gegensatz zum „Philister“ bemüht, und höchstwahrscheinlich erst als nachträglicher Einfall aufgrund der Parallele der beiden Ausschließungsklauseln und der biblischen Opposition von

Juden und Philistern. Jedenfalls kann man angesichts der Erwähnung des „edlen Juden“ und angesichts der Tatsache, daß die negativen Eigenschaften des christlichen Philisters weit ausführlicher dargestellt werden, kaum von einem in erster Linie antisemitischen Dokument reden. Dennoch wurde die Rede außerhalb der Tischgesellschaft von manch einem kritisiert. Brentanos Feind, der Verleger Hitzig, meinte, daß „dieser welsche Teufel“, dieser „Schandbube“, „nicht ohne Züchtigung“ wegkommen solle:[52] und der Rezensent des *Morgenblatts für gebildete Stände* hielt die „scherzhafte“ Abhandlung eher für eine „schmerzhafte“, deren „Fechten und *Fichten* mit Worten“ ihn deprimierte.[53]

In unmittelbarem Anschluß an Brentanos Philister-Rede und angefeuert durch deren Erfolg bei der Tischgesellschaft schrieb Arnim in den nächsten Wochen – und zwar als „Mitglied des gesetzgebenden Ausschusses“ – eine Rede, um die zweite Ausschließungsklausel humoristisch zu erklären: *Über die Kennzeichen des Judentums.*[54] „Dem Gesetze über Philisteraustreibung glaubte ich aus deutscher christlicher Gemeinschaftigkeit beifügen zu müssen, daß die schriftliche Erklärung von zehn Mitgliedern genüge, heimliche Juden oder solche, die zum Judentum übergetreten, von der Gesellschaft abzusondern“ (S. 362). Aber teils, weil er einseitig eine wirkliche Gruppe von Menschen (im Gegensatz zu einem ideellen Typus) herausstellte, und teils, weil sein Witz stumpf blieb, ist ihm eine ähnlich heitere Darstellung seines Gegenstandes nicht gelungen. Arnim stellt sich vor, daß es bei der schnellen Ausbreitung ihrer Gesellschaft wohl möglich sei, daß sich „heimliche Juden durch Verstellung oder Wechselverhältnisse einschmuggeln“ könnten (S. 363). So setzt er es sich zum Ziel, seine Tischgenossen vor der Verstellungskunst der Juden zu warnen und auf deren unverkennbare Kennzeichen aufmerksam zu machen. Er spricht erstens von der Neugierde der Juden und versucht in einem satirischen Gedicht in der Manier von Aristophanes und Eulenspiegel (was ihm aber keineswegs gelingt!) diese Eigenschaft zu illustrieren. Er schlägt eine chemische „Analyse" des Juden vor, um dessen Merkmale zu identifizieren, die hauptsächlich auf mittelalterliche Legenden und Gerüchte zurückgehen (Geldgier, Rache gegen die Christen, Judengeruch, usw.). Arnim beendet seine Rede mit einem Hinweis auf die edlen Juden. „Was kann aber gemeinschaftlich sein zwischen einem Spinoza, Mendelssohn, meinen edlen Judenfreunden und dem Judas Ischariot, das eine tröste uns, wenn wir unsre Laune über die Juden ergießen, die wenigen Edlen, denen wir unrecht tun, machen sich nichts daraus und den übrigen geschieht ihr Recht" (S. 387).

Das eigentlich Skandalöse an Arnims unwürdiger Rede ist nicht so sehr ihr „Antisemitismus" als vielmehr die ahnungslose und joviale Brutalität, mit der der Redner aus traditionellen antijüdischen Stoffen seine Witze mühsam zusammenbastelt. Arnim war kein Antisemit.[55] Seine eher ambivalente Haltung den Juden gegenüber vertiefte sich zwar gerade im Jahr vor der Inkraftsetzung des Emanzipationsedikts von 1812, denn Arnim wollte die Juden evolutionär durch Bekehrung und nicht vorschnell durch Gesetz in das Bürgertum hereinziehen. Doch seine Beziehungen zu Juden waren keinesweg feindlich. 1804 hatte er bei Sarah Levy Hinter dem Packhof Quartier bezogen. Er hatte zunächst die Absicht, sein Ende 1810 veröffentlichtes Drama *Halle und Jerusalem* den Juden zu widmen, und schrieb sogar eine „Zueignung an edle Juden". Ferner wissen wir seit kurzem, daß Arnim laut der ursprünglichen Fassung seines Gründungsplans getaufte Juden in die Deutsche Gesellschaft aufnehmen wollte: In der oben hervorgehobenen Phrase der Ausschließungsklausel – „in christlicher Religion geboren" – wurden das erste und das letzte Wort erst nachträglich eingefügt (zuvor hieß es also: ein Mann von

Ehre und guten Sitten und christlicher Religion), nachdem Arnims erster Vorschlag durch eine Stimmenmehrheit abgelehnt worden war.[56] Bei seiner Rede handelt es sich also keineswegs um Antisemitismus im üblichen Sinne, sondern um einen völlig mißlungenen Witz. Gerade der Vergleich mit Brentanos Philister-Rede zeigt deutlich, was er anstrebte und wie wenig er mit seinen grausamen grotesken Formulierungen sein Ziel erreichte. Man kann sich sehr gut vorstellen, daß Schleiermacher (der Busenfreund von Henriette Herz), Zelter (der spätere Mentor Felix Mendelssohns) und manch anderer, der bei Brentanos Philister-Rede herzlich lachen konnte, hier nur peinliche Verlegenheit empfanden. Allerdings weist die gängige Unterscheidung zwischen „edlen" oder „getauften" und den anderen Juden, die bei Brentano und Arnim vorkommt, auf gewisse antijüdische Vorurteile hin, die auf soziale und kulturelle Diskriminierung zurückgehen.[57]

Wir erkennen den Unterschied zwischen wirklichem Antisemitismus und Arnims mißglückter Rede am deutlichsten, wenn wir ihr die tatsächlich antisemitischen Ausfälle in Ludolph Beckedorffs Abschiedsrede vom 18. Juni 1811 gegenüberstellen.[58] Wie Brentano und Arnim befaßt sich Beckedorff mit den Ausschließungsklauseln. Die Tischgesellschaft führe nämlich einen doppelten Krieg: „einen oberflächlichlichen, scherzhaften" gegen die Philister, aber „einen andren gründlichen, ernsthaften und aufrichtigen gegen die Juden".[59] Hier haben wir es mit einem echten Antisemitismus zu tun, der sich nicht gegen einen alten Mythos, sondern gegen den ökonomischen, künstlerischen und sozialen Erfolg der modernen Juden wendet:

„Wir führen Krieg [...] gegen die Juden, gegen ein Gezücht, welches mit wunderbarer Frechheit ohne Beruf, ohne Talent, mit wenig Muth und noch weniger Ehre, mit bebendem Herzen und unruhigen Fußsohlen, wie Moses ihnen prophezeit hat, sich in den Staat, in die Wissenschaft, in die Kunst, in die Gesellschaft [...] einzuschleichen, einzudrängen und einzuzwängen bemüht ist. Vom Staat, von der Wissenschaft und von der Kunst es zurückzuweisen, stehet nicht in unserer Macht; aber vom Hufeisen dieses Tisches es zu verbannen, das steht nicht blos in unsrer Gewalt, sondern halten wir für unsre Pflicht.[60]

Beckedorff hat nicht eine wenn auch mißlungene, humoristische Absicht: Bei ihm ist der Kampf gegen die Juden in einem ausgesprochen xenophobischen Nationalismus begründet.

„In einer Zeit, wo die Satzungen der Väter größtentheils umgestoßen werden, wo heilig Altes mit dem geistlos Veralteten in dieselbe Gruft begraben wird, wo eine große Verwirrung und Vermischung Aller Dinge, Gesetze, Stände und Religionen, kurz ein allgemeiner plebejischer Zustand herbeygeführt werden soll, in solcher Zeit kann eine Tischgesellschaft ihre gründliche Protestation gegen die ephemeren Neuerungen der Tageswelt nicht besser zu erkennen geben als durch die Verbannung der Juden."

In diesem modernen Antisemitismus verbindet sich Fremdenhaß mit Faktoren wie Geldneid und Angst vor dem Fortschritt.

Die Frage nach dem Antisemitismus in den Reden Brentanos, Arnims und Beckedorffs – wobei nicht immer klar zwischen Antisemitismus und Antijudaismus unterschieden wird – hat neuerdings der Literaturwissenschaft viel Stoff zum Nachdenken gegeben und eine Reihe von gescheiten, klug abwägenden Aufsätzen hervorgebracht. Es heißt keineswegs, den Ernst der Fragestellung zu verharmlosen oder das Unakzeptable an zweien der Reden zu bagatellisieren, wenn wir darauf aufmerksam machen, daß durch die Frage nach dem Antisemitismus alle Aufmerksamkeit von den sonstigen Aktivitäten der Tischgesellschaft abgelenkt hat. Denn diese drei völlig verschiedenartigen Reden wurden lediglich bei drei Mahlzeiten einer Gruppe von Bürgern gehalten, die sich alle zwei Wochen um den hufeisenförmigen Tisch des Casinowirts in der Behrenstraße versammelten. Wir wissen nicht genau, was bei den anderen Zusammenkünften vor sich ging. Es ist angesichts der Verschiedenheit dieser Professoren, Staatsmänner, Schriftsteller und anderer sehr unwahrscheinlich, daß sie sich jedesmal mit antisemitischen Reden und antijüdischen Witzen „unterhielten". Die Bedeutung der Deutschen Tischgesellschaft besteht vor allem darin, daß sie (möglicherweise mit Ausnahme Niebuhrs) alle bedeutenden Persönlichkeiten Berlins in dieser Zeit zusammenbrachte – die Personen, die in den vorhergehenden Kapiteln eine Rolle gespielt haben. Wenn wir also hier die Frage des Antisemitismus zurückstellen, wenn wir neben Arnim auch die vielen anderen Mitglieder der Tischgesellschaft ins Auge fassen und wenn wir diese Gruppe im Kontext der vielen anderen damaligen Berliner Gesellschaften verstehen – ja, als deren Höhepunkt! –, dann können wir dieser Gruppe am ehesten gerecht werden.

Arnims „Stiftungslied" und Anrede 1815

In Arnims *Stiftungslied der deutschen Tischgesellschaft am Krönungstage*[61] bekommen wir einen Eindruck von den Absichten, die jedenfalls der Gründer ursprünglich im Sinne hatte und die seine Tischgenossen zur Teilnahme bewogen haben. Das fünfstrophige Lied, das von literarischen Anspielungen geradezu wimmelt, beginnt mit einer Erinnerung an die Deutschordensritter, die die Heiden „um des ew'gen Friedens Gut" bekehrten, mit dem Ideal der „Freiheit christlich-deutscher Treue". Hierauf bezogen und in diesem Sinne singt der Chor: „Unser Glaube lebe hoch!" Die beiden nächsten Strophen feiern die Krönung Friedrichs I. und dann das „alte Herrscherhaus", das „unsres Volkes alte Rechte" festhält. Die vierte Strophe bringt nach Ablehnung aller fremden Herrschaft die jetzt fast rituelle Erinnerung an die verstorbene Königin, die „von Gott gesandt" wurde und deren „Geisterhand" das Volk immer noch verbindet. Nach einer Anspielung auf Novalis' Aufsatz *Glauben und Liebe* endet die Strophe mit dem Chor: „Ewig lebt die Königin!" Das Stiftungslied klingt dann mit der Bitte um Zusammenarbeit – „Was der einzelne vermag, / Soll er dienend allen leihen" – und mit einem „Lebehoch" auf Preußen aus.

Es handelt bei Arnims *Stiftungslied* also um ein harmloses und in hohem Maße traditionelles patriotisches Lied um Krone, König, Königin und Land, in dem höchstens der Appell an die christlich-deutsche Treue an die Möglichkeit des Antijudaismus denken läßt. Aber die letzte Zeile der *ursprünglichen* Fassung weist, wie wir sehen werden, auf eine weitere und öffentliche Dimension des Liedes hin: denn dort hieß es nicht „Hier zu Preußens Lebehoch" sondern „Zu des Volkes Lebehoch".[62]

Rund vier Jahre später, am 18. Januar 1815, hielt Arnim, der sich seit einiger Zeit auf seinem Gut in Wiepersdorf aufhielt und den Sitzungen der Tischgesellschaft nicht beiwohnen konnte, eine zweite Rede.[63] (Die Gesellschaft heißt übrigens hier in der Anrede sowie auch in den Gründungsdokumenten „Deutsche Gesellschaft". Die Bezeichnung „christlich-deutsch", die sich in der Literaturgeschichte eingebürgert hat, hat sich erst später – vielleicht angeregt durch die Wendung „christlich-deutsche Treue" im *Stiftungslied* – und als eine inoffizielle Wendung in die zuvor erwähnten Reden eingeschlichen: Brentano spricht am Ende seiner Rede von „dieser edlen, fröhlichen deutschen christlichen Tischgesellschaft", Arnim von einer „christlichen Tischgesellschaft" und Müller von einer „deutschen, christlichen Tischgesellschaft". Erst in dieser späteren zweiten Rede spricht Arnim eher beiläufig von einer „christlich-deutschen

Gesellschaft".) Arnim erinnert an die „seltsame Zeit, in welche diese Stiftung fällt", und an das damalige Bedürfnis, „sich innerlich trefflich zu ordnen". Aber der Staat habe irrtümlicherweise versucht, allein zu leisten, was eigentlich Sache des ganzen Volkes sein müsse. „Heimlich sollte sich bilden, was nur freie Hingebung, eine offene Wahrheit schaffen kann." Angesichts des Verlusts der Pressefreiheit in bezug auf ‚innere Angelegenheiten' „fehlte auch diese Stellvertretung der öffentlichen Meinung". (Arnim hat wohl das Schicksal der kürzlich eingestellten *Berliner Abendblätter* im Sinn.) Bei dieser offiziellen Politik der Verschwiegenheit, die durch die Amtsblätter nicht vermindert worden sei, sei die Volksmeinung in Verwirrung geraten. Arnim meint sogar, Preußen hätte bei Lützen gesiegt, „wenn es in jener Zeit sich eine Verfassung durch öffentliche Verhandlung gebildet hätte", denn der religiöse Sinn habe nicht gefehlt. So seien die Elemente vorhanden gewesen, „aus welchen die Idee einer christlich deutschen Gesellschaft hervorging, wie sie sich in erster spielender Bewegung als christlich-deutsche Tischgesellschaft darstellte". Häufig sei auch, wie etwa in Brentanos Rede, das Wort „fröhlich" hinzugefügt worden, um zu beweisen, „daß wir weder nur politischen Gram [...] noch einen andern ersten Zweck vor Augen hätten". So wurde der Versuch gemacht,

„ob eine gemischte Gesellschaft aus vielen trefflichen, aber einander wenig bekannten Menschen zur gemeinsamen Beratung über Gesetze und zur gemeinsamen Lust führen könnte, ob sich darin feste Anhänglichkeit im Gemeingeist bilden, ob sich wohl eine öffentliche Anerkenntnis des Christlichen und Deutschen unter so vielen ohne einen Spott darüber denken lasse, ob sich ebenso allgemein die Verachtung gegen den erstorbnen Mechanismus der Welt, gegen das Judentum und gegen das Philistertum wie Verehrung gegen das Bewährte in der Geschichte sich zeigt, inbesondre gegen die Krone, unter der wir vereinigt leben."

Arnim erinnert daran, daß damals eine geschlossene Gesellschaft, die sich vereinigte, „um nicht durch Andersgesinnte gestört zu sein", vielen Verdächtigungen ausgesetzt gewesen sei: einerseits von seiten französischer Spione und andererseits durch „jüdische Stimmen in öffentlichen Blättern."

Aber allmählich sei „unserm kleinen Freistaat" klar geworden, daß der Zweck des Essens und Trinkens, des „mitgebornen Scherzes über Philister und Juden" auf die Dauer nicht genügen könne. Politische Wirksamkeit war ausgeschlossen. „Es blieben also nur allgemeine deutsche Betrachtungen zur Wahl übrig, sei es für deutsche Geschichte, Kunst und Wissenschaft, für Sprache oder andre allgemeine Bedürfnisse zu sammeln, zu wirken." Aber auch dieser Zweck habe nicht genügt: einerseits weil *plenus venter non studet libenter* (weil ein voller Bauch nicht gern studiert) und andererseits weil „die Geistesluft Berlins mehr kritisierend als produzierend" sei. Und so stand die Gruppe, die „ihren Zweck erreicht und ihre Blüte überlebt hatte", in Gefahr, sich aufzulösen. Arnim spekuliert weiter über die spätere Geschichte der Tischgesellschaft und darüber, ob sie bis zu einem späteren, zukünftigen Zeitpunkt vertagt werden solle.[64]

Aus seinen Erinnerungen ersehen wir jedenfalls, wie weit Zweck und Ziel der Deutschen Tischgesellschaft reichten, so daß man die Beschäftigung mit ihr nicht darauf beschränken sollte, wie sie sich zu den Juden verhielt. Der Eindruck wird auch von den Beispielen von „Scherz" und „Ernst" bestätigt, die das noch erhaltene Protokoll der ersten Sitzungen gibt.[65] Mit der Zusammensetzung ihrer Teilnehmer, mit allen guten, aber auch allen negativen Aspekten ihrer Themen stellte sie einen Versuch dar, der Öffentlichkeit von Berlin 1810 eine sichtbare, das heißt eine gesellige Form zu verleihen.[66]

In der Deutschen Tischgesellschaft treffen die meisten Persönlichkeiten zusammen, vereinen sich aber auch die meisten Themen, die in unserer Erzählung eine Rolle gespielt haben. Vor allem war die Gesellschaft ein bewußter Versuch, in einem Staat, dem noch die Tendenzen der alten Ordnung zur Verschwiegenheit anhingen, eine moderne Öffentlichkeit zu bilden. Ihre Geschichte – vor allem aber, daß diese wissenschaftlich primär unter der Fragestellung des Antisemitismus gesehen wurde – zeigt zugleich, wie sehr unser Bild der Vergangenheit und von Berlin um 1810 durch die Werke geprägt wird, durch die ebenjene Öffentlichkeit literarisiert wurde – was sie zugleich im Bewußtsein der Nachwelt überleben ließ.

Das ist das Rätsel und das Dilemma der literarisierten Öffentlichkeit: Wir kennen die Öffentlichkeit vergangener Zeiten vor allem durch ihre Literarisierung, aber wir sind zugleich in unserem Bild der Zeiten von den Voreingenommenheiten der Schriftsteller eingeschränkt, die uns ihre Literarisierungen tradiert haben.

AUSKLANG

Am 11. März 1811 heirateten Achim von Arnim und Bettine Brentano unter Umständen, die genauso seltsam waren wie die, unter denen sie sich verlobt hatten. „Es war die Aufgabe zu lösen", berichtete Arnim, „wie zwei Verlobte, von denen der eine mit dem Bruder der Braut, die Braut aber mit ihrer Schwester zusammenwohnt, so daß Braut und Bräutigam durch eine halbe Stunde Weges von einander geschieden sind, unbemerkt mit einander verheirathet werden können."[1] Es wird nicht erklärt, warum solche Heimlichkeit nötig oder erwünscht war; es hing wohl mit der „antiphilisterhaften" Einstellung der beiden Verlobten zusammen und mit ihrer Ablehnung normaler bürgerlicher Einrichtungen. Sie hatten den 11. März – einen Tag nach dem dritten und letzten Aufgebot in der evangelischen Waisenhauskirche und der katholischen Hedwigskirche – zur Heirat bestimmt. Aber – und das Folgende liest sich wie die Handlung einer Operette – der katholische Küster, der den Aufgebotsschein bei Arnim in der Mauerstraße hätte abliefern sollen, ging statt dessen damit in entgegengesetzter Richtung zum Monbijouplatz, wo er wieder zurückgeschickt wurde. Arnim lief ihm indessen durch die ganze Stadt erfolglos nach und erschreckte die Passanten, „die etwas Küsterhaftes in ihrem Ansehen hatten", indem er sie anrief, ob sie katholische Küster wären: „worauf mir einer mit ‚Gott bewahre mich davor!' antwortete". „Ganz in Schweiß gebadet", beschloß Arnim endlich, mit Bettine auch ohne Aufgebotsschein zum Prediger Schmid zu fahren, von dessen Jubelfeier in der Waisenhauskirche Arnim am 27. Dezember 1810 in den *Berliner Abendblättern* berichtet hatte. „Der würdige Alte machte auch keine Umstände wegen des mangelnden Scheines", und nachdem das Brautpaar sich auf des Pastors grünseidenem Sofa ausgeruht hatte, fand die Zeremonie in seiner Studierkammer statt. Seine Frau war die einzige Zeugin der Trauung und lieh Bettine für diesen Anlaß ihren eigenen Myrtenkranz.

Nach der Trauung begleitete Arnim seine Braut wieder eilig nach Hause und aß „in einer freudigen Einsamkeit" in einem Restaurant. Erst abends ging er dann wie gewöhnlich zu Savignys, und die ganze Gesellschaft fuhr zusammen zu einer Ausstellung. Nachdem Brentano am selben Abend in die Mauerstraße zurückgekehrt und Savignys zu Bett gegangen waren, tat Arnim, als wenn er auch Abschied nehmen wollte. „[Ich] trabte die Treppen in Begleitung der kleinen Kammerjungfer [die eingeweiht war] hinunter, als ob ich schwer beschlagne Hufeisen trüge, unten aber schlug ich die Thüre scheinbar zu, zog dann die Stiefel schnell aus und war in drei Sprüngen in Bettinens Zimmer, das mit großen Rosenstöcken und Jasminen, zwischen welchen die Nachtlampe stand, sowohl durch den grünen Schein der Blätter wie durch die zierlichen Schatten an der Decke und Wand verziert war." In der Morgenfrühe schlich er unbemerkt fort und kam ungesehen zu Hause in der Mauerstraße an. Fünf Tage dauerte die Komödie, bis das neue Brautpaar Brentano und Savignys in das Geheimnis einweihten.

So lustig und jugendlich toll sich die ganze Geschichte anhört, sie markierte das Ende der Periode der Geselligkeit, die acht Monate früher mit dem Tod der Königin Luise begonnen hatte. Denn Arnim, eigentlich der Poet der Öffentlichkeit, zog sich mit Bettine in ihre neue Wohnung, das Gartenhaus hinter dem Vossischen Palais am Wilhelmplatz, zurück; er schrieb – jedenfalls bis zum Befreiungskrieg – so gut wie keine „öffentlichen Gedichte" mehr und verschwand fast von der Szene, die er seit dem Tod der Königin geprägt und kommentiert hatte. Allerdings verfaßte er zur *Verlegung der deutschen Tischgesellschaft in den Tiergarten*, worüber die Teilnehmer im Frühjahr abgestimmt hatten, ein kurzes (vierstrophiges), relativ lustloses Lied:

„Fort ins Freie, in die Luft,
Da der Frühling uns erschienen
Und mit tausend Stimmen ruft
Zu den grünen Lebensbühnen;
Seht das neue Haus geschmücket
Mit dem hellen Himmelblau,
Seht das Volk so hochentzücket
Über den erhabnen Bau."

Es ist seinen Bekannten aber bald aufgefallen, daß er kaum noch in der Gesellschaft auftauchte. „[Arnim] läßt sich, seitdem er verheiratet ist, weder bei mir noch einem andern sehen", berichtete Kleist. „Er hat sich mit seiner Frau ganz wie lebendig in einen Pavillon des Vossischen Gartens begraben, und es ist nichts Lächerlicheres zu sehen, als das Acharnement der Menschen über diese Einsamkeit. Sie würden ihm eher alles andre vergeben, als daß er sich bei seiner Frau besser gefällt als in ihrer nichtigen und erbärmlichen Gesellschaft."[2] Bettine schilderte ihr „Tagwerk" in einem Brief an Goethe:

„von morgens früh an gehe ich der Musik nach, und Arnim treibt seine eignen Geschäfte, gegen Abend bearbeiten wir ein kleines Gärtchen hinter unserem Häuslein, das mitten in einem großen Garten steht; und nun! Philemon und Baucis konnten nicht ruhiger leben."[3]

Wenn wir bedenken, daß Arnim schon in der Mauerstraße sein Spargelbeet bearbeitete und daß er 1814 nach Wiepersdorf zog, um weiterhin in großer Abgeschiedenheit das Leben eines märkischen Gutsherrn zu führen, so müssen wir fast annehmen, daß das rege gesellige Leben, das er bis jetzt geführt hatte, weniger für ihn charakteristisch war als die neue Zurückgezogenheit. Jedenfalls waren die Konsequenzen für seinen Freundeskreis verwirrend. War er doch der Gründer und das Herz der Deutschen Tischgesellschaft, der lustige *flâneur*, der eifrige Kommentator der Berliner *communitas*. Einen Monat nach der Heirat fragte Arnim den ehemaligen Zimmergenossen und neuen Schwager, warum er am Vortag „so eilig entwichen" und ob er irgendwie gekränkt sei. „Ich bin nicht gestern schnell von dir weggegangen, weil du mich gekränkt", antwortete Brentano,

„sondern weil ich in meiner Seele so tief kranck und traurig bin, als ich es jemals in meinem Leben geweßen, ich trat schon in dein Hauß mit einer Betrübniß, die mich seit mehreren Wochen zerreißt, und deren Ende ich nicht absehe, da ich nun so still in deinem Garten stand, und die Kinder sah und dich und Betine herumhandthieren, und mich mit meiner ganzen Seele, mit meinem Leben tief traurig und erstickt fühlte, und wie ein eingeschlafenes Glied, stieß mich deine Anrede zurück, nicht von dir, nur von der ganzen Welt, ich war ganz vernichtet, ganz zertreten [...]."[4]

Brentano versuchte eine Zeitlang noch, sich in dem neuerdings für ihn verwaisten Berlin zurechtzufinden. Er lud Wilhelm Grimm dringend ein, nach Berlin zu kommen, aber der Kasseler Freund mußte aus verschiedenen Gründen ablehnen.[5] Im Juli ist ihm die Stadt schließlich unerträglich geworden: Er verließ Berlin endgültig und fuhr zunächst mit Schinkel nach Böhmen.

Mitte August reisten die Neuvermählten für sechs Monate nach Frankfurt am Main, um Bettines Verwandte zu besuchen – aber nicht, bevor eine letzte unerfreuliche Episode einen tiefen Riß im Gewebe der Berliner Gesellschaft offenbart hatte. Gegen Ende Mai war Arnim – in dem falschen Glauben, er sei eingeladen – in seiner üblichen nachlässigen Kleidung bei einer musikalischen Soirée im Haus der Sarah

Levy erschienen. Der junge Moritz Itzig, ein Neffe der Gastgeberin und ein Vetter des Verlegers Eduard Hitzig, der die Berichte über Arnims „Judenrede" vor der Deutschen Tischgesellschaft gehört hatte und der sein Auftreten für eine absichtliche Beleidigung hielt, forderte ihn zum Duell heraus.[6] Arnim beriet sich mit seinen Freunden, die ihm versicherten, ein Jude sei nicht satisfaktionsfähig, worauf er die Forderung ablehnte.[7] Drei Wochen später, am 16. Juni, überfiel ihn Itzig im „Badehaus" mit einem Stock. Arnim parierte mit dem eigenen Stock und warf den Angreifer gegen die Wand, bis er ihn den Bediensteten des Hauses, den Badedienern, überlassen konnte. Nachdem er ihn als Sarah Levys Neffen und seinen Herausforderer erkannte, zeigte er ihn bei der Polizei an und lieferte zwei Tage später eine offizielle Erklärung ab.[8] Itzig wurde vom Kammergericht wegen des Überfalls verurteilt, und die Geschichte wurde bald danach in den deutschen sowie auch in den französischen Zeitungen berichtet. Keiner der beiden geht aus dieser Affäre als Sieger hervor: Während Itzig den Eindruck aggressiver Überempfindlichkeit erweckt, die nach irgendeinem Grund für einen Angriff auf einen gehaßten Feind sucht, wirkt Arnim überheblich und scheint völlig unfähig, die Gefühle der jüdischen Minderheit nachzuempfinden.[9] Vor allem beweist das ursprünglich private Ereignis, das sich sehr rasch zu einem öffentlichen Skandal ausweitete, daß der Geist der Gemeinschaft, der nach dem Tod der Königin Luise die Berliner Öffentlichkeit eine Zeitlang beseelt hatte, bereits verflogen war.

Auch Adam Müller verließ Berlin. Die Hoffnungen auf eine Professur waren zunichte geworden, und mit seiner Kritik der Regierung in den *Berliner Abendblättern* hatte er seine Aussichten auf einen staatlichen Posten verspielt. Die Nachrichten von der „Unfähigkeit des Gelehrten zu einem zweckmäßigen Benehmen im praktischen Leben" hatten sogar den

Freiherrn vom Stein in seinem Böhmischen Exil erreicht.[10] Der kluge Hardenberg schickte Müller, statt einen verbitterten Gegner in seiner unmittelbaren Nähe zu dulden, gegen Ende Mai auf eine geheime Mission nach Wien, wo der konvertierte Katholik und Erzkonservative dann bald im österreichischen Staatsdienst eine geeignete Stelle fand. Ein anderer Mitarbeiter der *Abendblätter*, auch Mitglied der Deutschen Tischgesellschaft, verschwand aus ähnlichen Gründen von der Berliner Szene. Ludolf von Beckedorff hatte sich auch lange um eine Anstellung in der Staatsverwaltung bemüht, aber seine Beziehungen zu Kleist und Müller ließen ihn politisch derart suspekt erscheinen, daß alle seine Versuche scheiterten. Er nahm daher eine Stelle als Hofrat und Erzieher des Prinzen Alexander Karl von Anhalt-Bernburg an und verließ nach seiner Abschiedsrede vor der Tischgesellschaft Ende Juni Berlin.

Bei dieser „Massenemigration“ seiner Kollegen fühlte sich Kleist völlig isoliert. „Müllers Abreise hat mich in große Einsamkeit versenkt“, gestand er. „Er war es eigentlich, um dessentwillen ich mich vor nun ohngefähr einem Jahr wieder in Berlin niederließ [...].“[11] Im selben Brief erwähnt er Arnims zurückgezogenes Leben und fügt hinzu, daß er jetzt, „von so mancher Seite verlassen“, auch Beckedorff mehr als sonst vermisse. Nach dem ersten Quartal hatten sich die *Berliner Abendblätter* noch drei Monate weiter dahingeschleppt, aber Kleist hat sich während dieser Zeit kaum noch weiter um öffentliche Ereignisse gekümmert. Am 30. März stand in der Zeitung die knappe Anzeige: „Gründe, die hier nicht angegeben werden können, bestimmen mich, das Abendblatt mit dieser Nummer zu schließen.“ Das ganze Frühjahr hindurch hatte er sich vergebens um Entschädigung für seine finanziellen Verluste bemüht. Als ihm der Staatskanzler im Februar seine „Verwunderung“ ausgedrückt hatte, daß Kleist die *Abendblätter* als „halboffizielles Blatt“ bezeichnen wollte,[12] beschuldigte er seinen Gegner Friedrich von Raumer am 21. Februar der „Zugrundrichtung des Abendblatts" und verlangte am nächsten Tag die „Satisfaktion [...], die ein Mann von Ehre in solchen Fällen fordern kann" – ein Duell, das, wie berichtet, durch die Vermittlung Hardenbergs vermieden werden konnte.

Obwohl die Zeitschrift schon Ende März eingestellt worden war, war Kleist noch einen Monat später mit seinen Entschädigungsforderungen so beschäftigt, daß er Fouqués Einladung nach Nennhausen ablehnen mußte.[13] Am 17. Juni, gerade als alle seine Freunde in Aufbruchstimmung waren, wandte er sich in Verzweiflung an den König mit der Bitte um „allerhöchste Gerechtigkeit" und, in Hinblick auf den Verlust seines ganzen Vermögens, das er in die Zeitung gesteckt hatte, um eine Stelle, „wie sie für meine Verhältnisse paßt", oder wenigstens ein Wartegeld als Entschädigung – „da ich durch den Tod der verewigten Königin Majestät, welche meine unvergeßliche Wohltäterin war, eine Pension verloren habe, welche Höchstdieselbe mir, zu Begründung einer unabhängigen Existenz und zur Aufmunterung in meinen literarischen Arbeiten, aus ihrer Privatschatulle auszahlen ließ". Jedenfalls verblieb Kleist bei seinen verschiedenen Bittgängen und Verhandlungen mit seinem Verleger so gut wie keine Zeit für geselliges Leben und für die Berliner Öffentlichkeit. „Das Leben, das ich führe, ist seit Ihrer und A. Müllers Abreise gar zu öde und traurig", schrieb er um diese Zeit an Marie von Kleist wie in einer Vorahnung, daß er einige Monate später den Tod suchen sollte.[14]

An der Universität gingen die Vorlesungen weiter, und die Studentenzahl war inzwischen auf über vierhundert gestiegen. Savigny las seine Pandekten weiter, während Niebuhr die Drucklegung des ersten Bandes seiner *Römischen Geschichte* fertigstellte. Hufeland hielt seine populären Vorlesungen über die Makrobiotik, und Fichte las über die

Bestimmung des Gelehrten. Der junge August Böckh, der gerade aus Heidelberg gekommen war, war von den Berliner Verhältnissen entzückt und erinnerte sich ein halbes Jahrhundert später an diese „Zeit der jugendlichen Frische und hochherzigen Begeisterung für die damals vorgeahnte Wiedererhebung des Staates".[15]

Aber der euphorische Geist der Zusammenarbeit, der den Anfang beherrscht hatte, begann sich bereits aufzulösen. Für das Wintersemester hatte Fichte 57 Hörer für seine Wissenschaftslehre gehabt, aber im Vorlesungsverzeichnis für das Sommersemester kündigte Schleiermacher seine Dialektik für dieselbe Stunde an, in der Fichte seine Wissenschaftslehre lesen wollte. „Er scheint es mit Fleiß gethan zu haben", hieß es unter den Studenten; „wenigstens will er sich auf eine Versetzung der Stunde gar nicht einlassen."[16] Die Konkurrenzsituation zwischen den beiden Professoren, die sich im Laufe des folgenden Jahres nur noch verschlimmerte, versetzte viele Studenten, wie August Twesten und Theodor Körner, in Verlegenheit, denn sie mußten sich für den einen oder den anderen der Philosophen entscheiden. „Hast Du denn gar keine Lust oder Gelegenheit, Dich auf hiesiger Universität zu versuchen?" witzelte Arnim in einem Brief an seinen Heidelberger Freund Joseph Görres:

> „Da Fichte, der an ein- und einen halben Gedanken die ganze Welt verloren gibt, und Schleiermacher in dialektischen Mitteln ersäuft, so wärest Du durchaus geschickt, Dir bei den mancherlei lebendigen Berührungen, worin Deine Philosophie eingetreten, eine Schule zu bilden, und die hiesige Universität läß sich recht gut an."[17]

Für Niebuhr war die große Zeit der Universität nach dem Tod seines kurz zuvor verstorbenen Freundes Spalding bereits vorbei. „Für mich war er es, durch den Berlin aufhörte, eine schauerliche Wüste zu sein: durch die Bekanntschaft mit ihm kam ich in den Kreis seiner Freunde und in unsern Philologischen Cirkel [die Graeca] in dem mir, soweit Umgang es gewähren kann, wohl ist."[18] Niebuhr fühlte sich ebenso verlassen wie Brentano und Kleist. „Hier sieht es sehr düster und hoffnungslos aus: und täglich wird das Üble ärger: daher die Besonnensten über die Zukunft ganz ruhig sind, und sich sagen, daß auch das Traurigste was geschehen könnte das Elend nicht vermehren würde."[19] In dieser Stimmung zog er sich für zwei Monate nach Holstein zurück. Nach seiner Erwählung zum Rektor am 17. Juli ging Fichte wegen einer rheumatischen Lähmung nach Teplitz, wo er sich von den anderen Gästen als „der einsame Denker" abgesondert hielt.[20] Nach Angaben des unermüdlichen Berichterstatters Varnhagen von Ense zeigte sich Brentano auf der Durchreise von Berlin nach Prag in Teplitz, ebenso Friedrich August Wolf, der sich zu dieser Zeit mit seiner Aristophanes-Ausgabe beschäftigte. Zelter verbrachte die Monate Juli bis September in den schlesischen Gebirgen, „um alte musikalische Schätze aus dem Staube zu graben".[21] Schleiermacher mußte zwar wegen seines Predigeramts in dem verlassenen Berlin zurückbleiben, verbrachte aber die Sommermonate draußen in einem Häuschen am Schafgraben (Bendlerstraße) inmitten eines großen, wildnisähnlichen Gartens, von wo der Theologe durch den Tiergarten und das Brandenburger Tor zur Universität stapfte.[22]

Mit der Einstellung der *Berliner Abendblätter* war das Hauptorgan für die Literarisierung der Berliner Öffentlichkeit verschwunden. Nach einem Jahr waren die Energien der Luisenverehrung, die sich mit dem Tod der Königin ausgebreitet hatte, gewissermaßen erschöpft. Die Wirklichkeit des akademischen Alltags hatte die Stimmung einer Idealisierung der Universität gedämpft. Brentano, Müller und Beckedorff hatten die Residenzstadt endgültig verlassen, und viele andere waren für mehrere Monate verreist. Allerdings hatte Turnvater Jahn draußen in der Hasenheide einer Gruppe von

Gymnasiasten und anderen Enthusiasten einen neuen Geist der Vaterlandsliebe vermittelt, der zwei Jahre später in den Befreiungskriegen seine Wirksamkeit entfalten sollte. Es erscheint fast als folgerichtig, daß die Berliner Szene im Sommer 1811 von diesem neuen deutsch-nationalen Geist beherrscht war. Denn mit dem Weggang von Schriftstellern wie Brentano und Müller, mit der Abkapselung Zurückgebliebener wie Arnim und Fouqué, mit der (jedenfalls vorläufigen) Abwendung Gelehrter wie Savigny und Niebuhr von der Gegenwart und ihrer Vertiefung in die römische Vergangenheit, mit der zeitraubenden Auseinandersetzung über theoretische Fragen zwischen Kollegen wie Fichte und Schleiermacher – mit all diesen Faktoren konnte die intensive Literarisierung der Öffentlichkeit, die im Sommer 1810 eingesetzt hatte, nicht weitergehen. Eine Ära war vorbei. Erst die Befreiungskriege sollten eine andere auslösen.

ANHANG: FIKTIONALISIERUNG DER GESCHICHTE

Das revolutionäre Zeitalter

Die Geschichte Preußens im Napoleonischen Zeitalter ist in der Belletristik des 19. Jahrhunderts reichlich vertreten. Anhand populärer Werke wie der „Vaterländischen Romane" (1859–62) Georg Hesekiels oder Luise Mühlbachs literarischer Tetralogie „Napoleon in Deutschland" (1858) konnte sich der Bildungsbürger im Zeitalter des Liberalismus in die wichtigsten Episoden der aufregenden Zeit zwischen Französischer Revolution und Restauration nach Herzenslust vertiefen. Die heroischen Dimensionen der revolutionären Epoche forderten Darstellungen geradezu epischen Ausmaßes, und selten brachten es diese Wälzer auf weniger als 500–600 Seiten – so etwa Willibald Alexis' *Ruhe ist die erste Bürgerpflicht* oder Theodor Fontanes *Vor dem Sturm.*

Daß die Popularität solch vaterländischer Romane gerade zwischen 1848 und 1870 – zwischen Märzrevolution und Reichsgründung – groß war, ist kein Zufall. Bereits Sir Walter Scott hatte als Schöpfer des historischen Romans für die Gattung das Prinzip der „sechzig Jahre" aufgestellt: Im Einleitungskapitel des ersten seiner Waverley-Romane – *Waverley or 'Tis Sixty Years Since* (1814; dt.: *Waverly oder vor 60 Jahren*) – behauptete Scott, indem er den Zeitpunkt seiner Erzählung etwa sechzig Jahre vor seiner eigenen Zeit ansetze, wolle er seinen Leserinnen und Lesern deutlich zu verstehen geben, daß es sich weder um einen Ritterroman aus der Vergangenheit noch um einen Gegenwartsroman handele und daß er sich weniger für die Beschreibung der Sitten als für die Menschen interessiere. In ähnlichem Sinn schrieb Tolstoj in der frühen Fassung (1864) einer Einleitung zu *Krieg und Frieden*, daß „die Gerüche und Geräusche der Jahre 1805–1812 uns noch lieb sind, aber auch so entfernt, daß wir ihrer jetzt in aller Ruhe gedenken können".[1] In seinem kritischen Aufsatz über Gustav Freytags Romanreihe *Die Ahnen* hat Fontane diesen Gedanken aufgegriffen, um zwischen dem modernen Roman einerseits und dem dramatischen/romantischen/historischen Roman andererseits zu unterscheiden. „Der Roman soll ein Bild der Zeit sein, der wir selber angehören, mindestens die Widerspiegelung eines Lebens, an dessen Grenze wir selbst noch standen oder von dem uns unsere Eltern noch erzählten."[2] Scott habe ganz richtig empfunden, „daß zwei Menschenalter etwa die Grenze seien, über die hinauszugehen, als Regel wenigstens, nicht empfohlen werden könne".

Die Französische Revolution bzw. die Befreiungskriege lagen jeweils rund 60 Jahre oder zwei Generationen vor der Märzrevolution bzw. dem Deutsch-Französischen Krieg. Willibald Alexis (Pseudonym des Schriftstellers Wilhelm Häring, 1798–1871) beschrieb in *Ruhe ist die erste Bürgerpflicht* eine Lebensform, die er selbst noch als Kind in Berlin erlebt hatte. Fontane (1819–1898) und Luise Mühlbach (Pseudonym der Schriftstellerin Klara Mundt, geb. Müller, 1814–73) befaßten sich mit Verhältnissen, die ihnen aus den Erzählungen ihrer Familien und älterer Freunde bekannt waren. Mußte doch Fontane in seiner Novelle *Schach von Wuthenow* (1882) die Namen der Hauptfiguren leicht verändern, um nicht Überlebende der Familien zu kompromittieren.[3]

Hinzu kam der Umstand, daß das deutsche gebildete Publikum, dessen Hoffnungen auf Liberalität durch den Mißerfolg der Märzrevolution noch einmal enttäuscht worden waren, mit einer Art fatalistischen Faszination auf die Zeit zurückblickte, in der – nach den Hoffnungen der Aufklärung – die politische Entzauberung begonnen hatte, und deren Ursachen feststellen wollte. Die Einsicht in die eigene politische Machtlosigkeit ließ die Menschen einer Zeit ohne Helden, aus einer Haltung der Nostalgie, die Volkserhebung von 1813 bewundern. Im grauen Alltag der jungen kapitalistischen Gesellschaft wirkte die verblühende Eleganz der alten Welt besonders stark auf ihre abgestumpften Sinne.

In seinem Buch über den historischen Roman erblickt Georg Lukács in dieser Krise des bürgerlichen Realismus ein gesamteuropäisches Phänomen. Wenn auch die Menschen aller europäischen Länder auf die allgemeine Erschütterung des Napoleonischen Zeitalters, die den feudalen Aristokratismus des 18. Jahrhunderts endgültig beendete, mit ähnlicher Neugierde reagierten, so verteilten sie doch die Gewichte jeweils anders.

In England spielten die Entwicklungen auf dem Kontinent meist eine Nebenrolle; ein Beispiel ist W. M. Thackerays Roman *Vanity Fair* (1847/48; dt. *Jahrmarkt der Eitelkeit*), in dem der junge Ehemann einer der beiden Heldinnen bei Waterloo stirbt. Sonst waren es die aufsehenerregenden Ereignisse der frühen Revolutionsjahre, welche bei den Dichtern die ambivalenten Gefühle von Enttäuschung und Begeisterung hervorriefen; dies zeigt sich etwa bei William Wordsworth in seinem autobiographischen Gedicht *The Prelude* (1850; dt. *Präludium oder Das Reifen eines Dichters*) oder bei Charles Dickens in seinem Roman *A Tale of Two Cities* (1859; dt. *Eine Geschichte aus zwei Städten*). Dickens' lebendige Darstellung des Pariser Lebens zur Zeit des Terrors ist dem zynisch-tragischen Bild, das Thomas Carlyle in seinem erfolgreichen historischen Epos *The French Revolution* (1837; dt. *Die Französische Revolution*) von Paris zeichnet, in hohem Maße verpflichtet. Die typisch englische Handlung mit einem tapfer eingreifenden Briten, der unschuldige Opfer vom Schafott rettet, kommt auch später in dem sensationellen Roman der Baronin Orczy (Pseudonym für Mrs. Montagu Barstow) *The Scarlet Pimpernel* (1905; dt. *Das scharlachrote Siegel*) noch einmal vor.

Das Bild von Rußland, oder jedenfalls sein historischer Rahmen, ist weitgehend – ja, man möchte fast sagen: ausschließlich – bestimmt durch das mächtige Beispiel von Tolstojs Roman *Krieg und Frieden* (1868/69), dessen Handlung um die beiden militärisch-historischen Fixsterne kreist, die in der russischen Geschichte epochal waren: das ernüchternde Desaster von Austerlitz am 2. Dezember 1805, wo die russischen Truppen entscheidend besiegt wurden (Buch 2–3), und die große Kampagne von 1812, die zu Napoleons Niederlage führte (Buch 9–15) – und die Tschaikowskij in seiner bekannten Ouvertüre feierte.

Wie komplex die Anschauung des französischen nationalen Bewußtseins war, zeigt sich in der Vorliebe für Handlungen aus der Zeit der Vendée oder sogenannten „Chouannerie" (1793–1796): Hier wurden, mit der Darstellung des Widerstands der Royalisten, auf tragische Weise Franzosen gegen Franzosen gestellt, so bereits bei Balzac in *Les Chouans* (1829), bei Barbey d'Aurevilly in *Le Chevalier des Touches* (1864), bei Victor Hugo in *Quatre-vingt-treize* (1873; dt. *Frankreichs Schicksalsjahr*) und bei Élémir Bourges in *Sous la hache* (1885; dt. *Unter dem Beil*). In der populären mehrbändigen *Histoire de la révolution française racontée par un paysan* (1868–74; Geschichte der französischen Revolution, von einem Landmann erzählt) des elsässischen Schriftstellerteams Erckmann-Chatrian springt die Handlung von der Revolution zu Waterloo über, wobei die Jahre napoleonischer Herrschaft fast gänzlich ausgespart werden; dasselbe gilt für ihre *Romans nationaux*, wo gleich auf *Madame Thérèse, ou Les volontaires de 1792* (1863; Madame Thérèse oder die Freiwilligen von 1792) die *Histoire d'un conscrit des 1813* (1864; dt. *Der Rekrut*) folgt.

Vor Jena

Wenn wir den Blick jetzt nach Preußen wenden, so fällt auf, daß dort ein völlig anderer, aber ebenso aufschlußreicher Schwerpunkt gesetzt wird. Von den vielen Romanen, die sich mit dem Zeitalter der Französischen Revolution und Napoleons Vorherrschaft in Preußen befassen, konzentrieren sich weitaus die meisten auf die Zeit unmittelbar vor der Schlacht bei Jena. Richtunggebend war vor allem Fanny Lewalds heftig diskutierter Roman *Prinz Louis Ferdinand* (1848); er löste einen Skandal aus, weil der Autorin von konservativ-nationalen Kritikern vorgeworfen wurde, die Lebensgeschichte des preußischen Helden dazu mißbraucht zu haben, die demokratischen politischen Theorien ihrer jüdischen Freunde zu verbreiten und seine Freundschaft mit der jüdischen Salonnière Rahel Levin über Gebühr hervorzuheben.[4] Worauf es der Verfasserin vor allem ankam, war, wie sie im Vorwort zur zweiten Aufgabe präzisierte, zum einen ein „Charakterbild" des Prinzen, zugleich aber auch ein „Zeitbild" Preußens in den Jahren 1800 bis 1806 zu geben. Im ersten Kapitel beschreibt sie die sittliche Verdorbenheit des Hofs unter Friedrich Wilhelm II., die alle Klassen der preußischen Gesellschaft infiziert habe. Obwohl das Volk die beschämende Schwäche der Regierung Friedrich Wilhelms III. klar erkannte, war es sich zugleich der eigenen politischen Wirkungslosigkeit bewußt und suchte deshalb in den verschiedensten Vergnügungen Ablenkung. So wird das Leben des begabten, charmanten und beliebten Prinzen, der keine Möglichkeit der politischen Wirksamkeit findet und sich dafür in seinen Liebesaffären und gesellschaftlichen Zerstreuungen zu verlieren versucht, zum adäquaten Symbol Preußens. Sein heldenhafter, aber nutzloser Tod bei Saalfeld am Abend vor der Schlacht bei Jena steht zugleich für die Niederlage einer ganzen Kultur – eine Ansicht, die bereits ein so objektiver Beobachter wie Carl von Clausewitz teilte. In seinen Briefen und anderen Schriften kommt der große Philosoph des Krieges fast refrainartig immer wieder auf die Unhaltbarkeit des überalterten Systems und die deswegen unvermeidliche Niederlage zurück.

„Alle vorurteilslosen Männer, welche Preußen vor und im Jahre 1806 beobachtet, haben von ihm das Urteil gefällt, es sei in seinen Formen untergegangen. Ein unmäßiges, mit Eitelkeit vermischtes Vertrauen auf diese Formen ließ es ganz übersehen, daß der Geist daraus entwichen war. Man hörte die Maschine noch klappern, und so fragte niemand, ob sie auch ihre Dienste noch leistete."[5]

Derselbe Bericht enthält auch (S. 329–34) eine präzise und ausgewogene Charakteristik des „preußischen Alkibiades" Louis Ferdinand, dessen „etwas wüste Sitten" seinen Kopf nie zur Reife hatten kommen lassen.

Ein anderer Zeitgenosse beurteilte die damaligen Verhältnisse ähnlich: „Da im Preußischen Staat die bürgerlichen Gesetze keine Handhaber, das Volk keine Religion, der Adel, das Militair und die Dienerschaft zum größten Theil keine Ehre hatten, ists da ein Wunder, wenn er zu Grunde ging?"[6]

Dem Werk Lewalds folgte rasch eine ganze Reihe von Romanen, in denen nach den Gründen von Preußens Untergang im Jahre 1806 gesucht wurde und in denen sich zugleich die Parallelen zwischen „damals" und „heute" aufdrängten – zwischen der politischen Machtlosigkeit des preußischen Volkes in den Jahren vor Jena und in denen nach der Märzrevolution. In dem umfassenden Gesellschaftsbild, das Willibald Alexis in seinem „vaterländischen Roman" *Ruhe ist die erste Bürgerpflicht, oder Vor fünfzig Jahren* (1852) entwirft – der Titel wiederholt die berüchtigte Aufforderung des Grafen von der Schulenburg, des Gouverneurs der Stadt, nach der Schlacht bei Jena –, erkennen nur der Freiherr vom Stein sowie einige Vertreter der jungen

Generation die Fäulnis des preußischen Staates. Die Verkommenheit der Gesellschaft wird am Schicksal der Heldin beispielhaft dargestellt, die die ganze Skala der Korruption unberührt durchläuft. Kaum dem Haus einer Zuhälterin entflohen, wird sie von einer Geheimrätin aufgenommen, die sich als Giftmörderin entpuppt. Sie landet dann in der Gesellschaft einer russischen Fürstin, die als geheime Agentin Rußlands wirkt, und wird am Ende Gesellschafterin der Königin Luise, die sie auf der Flucht aus Berlin begleitet. Im Berlin dieses Romans ist der Adel dekadent und das Militär blind-arrogant. Hoffnung für die Zukunft erblickt Alexis nur in dem soliden Bürgertum. An der Treppe von Sanssouci erklärt Freiherr vom Stein dem Helden: „Dieser Staat Preußen, mein Herr, ist zum Popanz geworden, nicht weil sein Volk Sklaven sind, sondern weil der Zauberer fehlt, der das Uhrwerk wieder aufzieht" (S. 396). Am Ende rechtfertigt Alexis sein Unternehmen folgendermaßen:

„wo wir solche Bilder mutloser Zerschlagenheit aus der preußischen Hauptstadt hinstellen mußten, um wahr zu sein, wird es zur Pflicht, auch einiger Züge zu gedenken, die schon wie das ferne Wetterleuchten einer besseren Zeit am Horizont erscheinen" (S. 776).

Andere Beispiele sind etwa Georg Hesekiels *Vor Jena. Roman nach den Aufzeichnungen eines königlichen Offiziers vom Regiment Gensd'arms* (1859) oder Luise Mühlbachs *Rastatt und Jena* (1858). Auch sie, die Frau des Journalisten Theodor Mundt – eines der Führer des Jungen Deutschland – und selbst „ein Papierdrache von gewaltigen Dimensionen"[7] (im Laufe ihrer Karriere schrieb sie über 250 meist historische Romane), spielt mit dem Kontrast zwischen dem gesunden Sinn des Volkes – etwa den tapferen Frauen von Braunau, die gegen die Hinrichtung des Buchhändlers Palm vergeblich protestieren – und dem ahnungslosen Dünkel eines alternden preußischen Militärs, das die Erinnerung an die ehemalige friderizianische Herrlichkeit pflegt und dabei die Realität des modernen napoleonischen Kriegs nicht wahrnimmt. Der Roman endet am Tage nach der Schlacht bei Jena und Auerstedt, als der junge Philosoph Hegel, der „Napoleon des Geistes", der in der Universitätsstadt Jena gerade seine *Phänomenologie des Geistes* fertiggeschrieben hat, aus Ehrfurcht vor dem siegreichen Kaiser den Hut zieht.

Den Höhepunkt dieser ganzen Reihe von Jena-Romanen bildet Fontanes *Schach von Wuthenow. Erzählung aus der Zeit des Regiments Gensdarmes* (1882). Fontane, dem die Werke von Alexis, Hesekiel und Mühlbach gut bekannt waren – den ursprünglich geplanten Titel „Vor Jena" ließ er fallen, als er sich des Romans seines Freundes Hesekiel entsann –, hatte die historische Geschichte des Majors von Schack und der Frau von Crayen, die seiner Erzählung zugrunde liegt, bereits in den sechziger Jahren des 19. Jahrhunderts von seiner Freundin Mathilde von Rohr gehört und aus verschiedenen Memoiren davon erfahren und trug sich seitdem mit der Idee seines Werkes. Als der Roman endlich erschien, hatten sich aber die Zeiten geändert. Das gebildete Publikum der Gründerzeit wollte von einer Kritik am „Preußentum" nichts wissen, und nur 1500 Exemplare wurden verkauft.[8]

In seinem kleinen Meisterwerk – dem einzigen in der ganzen Reihe der Romane, der weniger als 500 Seiten umfaßt! – ist Fontane eine ausgewogene Darstellung der Zeit vor Jena gelungen. Im Titelhelden sehen wir den falschen Ehrbegriff personifiziert, der einen harmlos-dummen jungen Offizier in den Selbstmord treibt. Nachdem er die kluge, aber von Blattern entstellte Victoire von Carayon verführt hat, fordert auf Verlangen der Mutter der sittenstrenge König Friedrich Wilhelm III., daß er sie heirate. Er tut es, nimmt sich dann aber das Leben, weil er sich wegen deren Gelächter und böser Karikaturen vor seinen Kameraden aus dem Regiment

Gensdarmes (dessen Manieren auch Hesekiel in *Vor Jena* dargestellt hatte) schämt. Die Verführungsgeschichte symbolisiert, wie früher in Lewalds Roman der Tod des Prinzen Louis Ferdinand, die Hohlheit einer ganzen Gesellschaft. Hier sehen wir wieder den Standesdünkel eines ahnungslosen Adels und des Militärs, die *jeunesse dorée* um den brillanten Prinzen Louis Ferdinand, die Dekadenz der glänzenden Salons in der Behrenstraße. Fontane kritisiert wie seine Vorgänger die veralteten Gesellschaftsformen und die brüchigen Sitten der Zeit, aber alles in Maßen. In seinem ausführlichen Aufsatz zu *Willibald Alexis* (1873) hat er bei aller Bewunderung die Übertreibungen in Alexis' Roman kritisiert.

„In der Tat, er überschreitet die Schönheitslinie und verstimmt uns geradezu durch ein Übermaß von psychologischer Teilnahme, das er dem moralisch Häßlichen zuwendet. Nicht die Schilderung dieser Dinge an und für sich ist zu beanstanden, im Gegenteil, der Gedanke war richtig, an einer einzigen Nachtschattenblüte den ganzen Giftgehalt jenes Schutt- und Kehrichthaufens von Anno fünf und sechs zeigen zu wollen, aber er versah es im Maß."[9]

Deshalb bietet uns Fontane als Gegengewicht den Ausblick auf eine bessere Zukunft. Zunächst erlauben uns die Persönlichkeiten des Königs und der Königin eine gewisse Zuversicht; sie stehen sozusagen über dem Verfall und repräsentieren die Werte eines künftigen Preußen. Seine Ironie bewahrt den Erzähler einerseits vor vernichtender Gehässigkeit und andererseits vor jeder Sentimentalität. Die Ausgewogenheit des Ganzen zeigt sich erneut in den beiden Briefen, die das Werk abschließen. Der liberale Intellektuelle von Bülow, der die Situation am eindringlichsten analysiert – „Der Geist ist heraus, alles ist Dressur und Spielerei geworden" (Kap. 6) –, ist zugleich der Gefangene seiner eigenen Vorurteile. Deswegen ist er, als er kurz vor der Schlacht bei

Jena aus Königsberg an einen Bekannten schreibt, nicht fähig, sich selbst aus dem allgemeinen Schicksal zu lösen.

„Was ich damals als etwas bloß Wahrscheinliches vor Augen hatte, jetzt ist es *tatsächlich* da. Der Krieg ist erklärt. Und was das bedeutet, steht in aller Deutlichkeit vor meiner Seele. Wir werden an derselben Welt des Scheins zugrunde gehen, an der Schach zugrunde gegangen ist."

Victoire von Schach überlebt die Katastrophe – sowohl den Selbstmord ihres unglücklichen Mannes als auch die Niederlage bei Jena. Als sie ein Jahr später aus Rom schreibt, wohin sie sich mit ihrem Kind zurückgezogen hat, erkennt sie in aller Deutlichkeit, daß ihr Schach „weder ein Mann von hervorragender geistiger Bedeutung, noch von superiorem Charakter" gewesen sei. Aber sie sieht nicht ausschließlich das Negative: „und doch war er andererseits durchaus befähigt, innerhalb enggezogener Kreise zu glänzen und zu herrschen. Er war wie dazu bestimmt, der Halbgott eines prinzlichen Hofes zu sein." Aber auf ein beschränktes Leben in der Ehe mit Victoire war er nicht eingestellt. In ihrem Kind, das Schachs Augen hat, liegt die Zukunft. „Viel Schweres ist mir auferlegt worden, aber es federt leicht in die Luft, gewogen neben meinem Glück."

Vor dem Sturm

Wenn Schriftsteller in der einen Reihe von Romanen mit der Frage des Untergangs rangen und mit Preußens Erniedrigung vor Napoleon, so wandten sie sich in anderen dem Augenblick der großen Erhebung zu. Die Reihe solcher Romane beginnt im Jahre 1834 mit Ludwig Rellstabs Hauptwerk *1812*. Rellstab (1799–1860), der Vetter Wilhelm Härings (W. Alexis) und in derselben Berliner Wohnung aufgewachsen, diente 1815 für kurze Zeit im Freiwilligenbataillon des Majors von Columb, und seine jugendliche Begeisterung fürs Militär hat ihn nie verlassen. Seine Darstellung des Feldzugs von 1812, der vom Standpunkt seiner jungen deutschen und polnischen Helden erlebt wird, erweitert sich zum Bild der Epoche in ganz Europa. In seiner „Zueignung" mahnt Rellstab mit dem Pathos der Vertreter des Jungen Deutschland die Fürsten:

> „Erinnert euch an die verheißende Morgenröte des Jahres Achtzehnhundertundzwölf! Gedenkt daran, welche Hoffnungen den beiden nächsten Jahren des heiligen Kampfes leuchteten! Erwägt, wie *treu*, aber auch wie gewaltig damals die Völkerwoge emporbrauste, durch alle Dämme brach und die dämonische Gewalt fremder Tyrannei zu Boden schlug!"

Und am Ende gedenkt er des Sturmes der Begeisterung, die durch alle Herzen wehte, als der Aufruf des Königs vom 3. Februar 1813 erklang. „O schöne Zeit, o golden strahlende Aurora der Freiheit, die einen ewig heitern Frühlingshimmel über Deutschlands Fluren zu wölben *versprach!*" (S. 698). Aber das Versprechen hat sich nicht erfüllt. „Alles, alles sollte diese Zeit versöhnen, jede Wunde heilen, jeden süßen Schmerz mit reinem Born kühlen – *wehe denen, die ihn vergifteten!*" (S. 702).

Die Romane, die nach 1848 geschrieben wurden – etwa Luise Mühlbachs *Napoleon und Blücher* (1858) und Georg Hesekiels *Stille vor dem Sturm* (1862) – befaßten sich weniger mit der paneuropäischen Freiheitsbegeisterung eines Rellstab und mehr mit der Entwicklung des deutschnationalen Napoleonhasses. Typisch für diese Richtung ist Fontanes Roman *Vor dem Sturm* (1878), dessen Entstehungszeit bis 1863 zurückreicht. Wie Tolstojs *Krieg und Frieden*, mit dem er oft verglichen wird, entfaltet der Roman – in mehreren Lebenskreisen und auf verschiedenen sozialen Ebenen – in Berlin und in der Mark das Panorama einer ganzen Gesellschaft und zeigt die Kompliziertheit deutsch-polnischer Beziehungen im Oderbruch.[10] Die Handlung, die sich um das Gut der Familie von Vitzewitz (nach der von Fontane bewunderten Familie von Marwitz) konzentriert, beginnt an Weihnachten 1812 und erreicht einige Wochen später – nach den beiden königlichen Aufrufen vom 3. Februar und 17. März – mit dem vergeblichen Überfall eines freiwilligen Jägerkorps auf die französische Besatzung in Frankfurt an der Oder ihren Höhepunkt. Der Roman schließt, wie auch diejenigen Rellstabs und Hesekiels, *vor* dem Sturm der großen Schlachten von 1813/14, in denen Napoleon endlich und endgültig besiegt wurde. In allen Romanen erleben wir das Erwachen des nationalen Bewußtseins, das im Sieg über die Franzosen einen Höhepunkt erreicht. In allen, wie auch in Tolstojs *Krieg und Frieden*, wird der Sieg der Jahre 1812/13 als das erwartete „Nachspiel“ der nationalen Erniedrigung der Jahre 1805/06 dargestellt. Aber auch zeitgenössische Beobachter wie Clausewitz betonen immer wieder den Gegensatz zwischen den beiden Perioden. Am 25. April 1813 schreibt er an seine Frau aus Altenburg, wo er im Stab des preußischen Armeekommandos die Vorbereitungen für die Schlacht bei Bautzen beobachtet:

„Die vorhergegangenen Ereignisse und Umstände machen den Unterschied zwischen 1813 und 1806 doch sehr fühlbar. Die meisten Menschen sehen den Ereignissen mit großer Ruhe entgegen, wie dies einer männlichen Denkungsart ziemt.“

Und in seinem anonym veröffentlichten Bericht über den *Feldzug von 1813 bis zum Waffenstillstand* (1813) beschreibt er, wie das deutsche Volk vor den zurückkehrenden französischen Eroberern alle Kräfte aufbieten mußte, „um die Unabhängigkeit diesmal kräftiger und würdiger zu behaupten, als es leider im Jahre 1806 geschehen war“.[11]

Verhältnismäßig wenige Werke befassen sich mit der Zeit zwischen Jena und der glorreichen Erhebung der Jahre 1812/13. Alexis' *Isegrimm* (1854), eine Fortsetzung von *Ruhe ist die erste Bürgerpflicht*, versetzt die Handlung von Berlin, „dieser frivolen, glaubenlosen Stadt" (S. 540), in die Mark, wo im Winter und Frühjahr 1806/07 das Schicksal Preußens in den Erlebnissen der Familie des Gutsherrn Wolf von der Quarlitz in den Jahren unmittelbar nach Jena dargestellt wird. (Wie Fontane später notierte, haben er und Alexis für ihre Hauptgestalten aus derselben Quelle geschöpft: „Marwitz: Memoiren. *Er* hat aus Marwitz den Isegrimm gemacht, *ich* den Vitzewitz."[12]) Der standesbewußte Isegrimm – so genannt wegen seines aufbrausenden Jähzorns – hat drei Töchter, deren Ehen die gesellschaftlichen und politischen Verwirrungen dieser Jahre symbolisieren, als sich der König im Königsberger Exil befand, als viele Deutsche mit den Franzosen kollaborierten und als der Freiherr vom Stein sein Amt niederlegte und dann wieder aufnahm: die eine heiratet einen französischen Offizier, die zweite einen Dorfpfarrer und die dritte – standesgemäß – einen Reichsgrafen. Obwohl die letzten Seiten (Kap. 49–53) einen Sprung zu den Befreiungskriegen und darüber hinaus machen, endet die eigentliche Handlung des Romans mit den für Preußen demütigenden Verhandlungen von Tilsit im Sommer 1807. Mit seinen letzten Sätzen antizipiert der Verfasser die Enttäuschung derjenigen Leser, die nach dem deprimierenden Eindruck des früheren Romans eine Konstellation erwarteten, welche die Erhebung und Wiedergeburt des Vaterlands darstellen werde. Aber: „Der historische Maler läßt nicht auf die Knechtschaft in Ägypten die Eroberung Palästinas folgen; seine nächste Aufgabe ist die Wanderung durch die Wüste." (S. 608)

Ähnlich verhält es sich mit den anderen vaterländischen Romanen. Auf die Erniedrigung von Jena läßt Luise Mühlbach den Band *Napoleon und Königin Luise* folgen, der nach der für die Königin beschämenden Begegnung mit dem „Empereur" in Tilsit mit ihrem Tod endet. Georg Hesekiel braucht zwei Bände, um die Flucht in *Von Jena nach Königsberg* (1860) und dann den Tod der Königin in *Bis nach Hohen-Zieritz* (1861) zu schildern.

Was aber in sämtlichen Romanen ausgespart bleibt, sind die Jahre 1810/11. Diese Auslassung ist vom rein schriftstellerischen Standpunkt vielleicht verständlich, denn dieser Periode fehlen solche dramatischen Episoden wie die Flucht des Hofs in das Königsberger Exil, die heroischen Rebellionen des Majors von Schill und die Aktionen der Freiwilligen gegen die sich zurückziehenden französischen Truppen. Aber wir sehen die Verhältnisse heute anders als die Schriftsteller zwischen Märzrevolution und Gründerzeit, die sich zunächst um die Gründe der Erniedrigung und dann wiederum um den Sieg kümmerten. Im Berlin von 1810/11 wird nicht nur die Dekadenz der Jahre vor Jena überwunden. Wir verstehen heute, daß ohne die geistige Vorbereitung der Jahre 1810/11 die Erhebungen der Befreiungskriege kaum hätten stattfinden können. Wir sehen auch, daß die Grundlagen der intellektuellen und kulturellen Entwicklung des 19. Jahrhunderts gerade hier gelegt wurden – nach der Demütigung von Jena und vor den Abenteuern der Kriege.

Wie bereits Fontane deutlich erkannte, lassen sich erhebliche Unterschiede nicht nur zwischen den Jahrzehnten, sondern auch zwischen einzelnen Jahren dieser so wechselvollen Zeit feststellen.

„Das Berliner Leben unmittelbar nach der Schlacht bei Jena – ich meine etwa von 1808 bis 10, wo das königliche Paar aus Ostpreußen wieder in der Hauptstadt eingetroffen war – war *total anders* als in den Jahren, die der Jenaer Affaire unmittelbar vorausgingen. Das

Colorit der einen Zeit paßt nicht für die andre; Stimmungen, Anschauungen, alles hatte sich geändert. Nun ist es zwar wahr, daß ich die *eine* Zeit, sagen wir 1804 bis 6, gerade so gut schildern könnte wie die *andre* (1808 bis 10); jede der beiden Epochen läßt sich gut verwenden, jede hat, novellistisch angesehn, ihre besondren Vorzüge. Aber um mit *freudevoller Sicherheit* zu schildern, muß ich doch beim Schildern die Gewißheit haben: die Dinge vollzogen sich wirklich zu *dieser* Zeit und zu keiner andern. Beunruhigt mich fortwährend der Gedanke: ‚Du schilderst jetzt 1805, es ist aber vielleicht 1809 gewesen', so lähmt das meine Kraft."[13]

So lohnt es sich für den Literatur- und Kulturhistoriker, gerade diese von den Schriftstellern des 19. Jahrhunderts vernachlässigte Periode in allen Einzelheiten genauer ins Auge zu fassen. Denn das Berlin von 1810/1811 ist nicht mehr das Berlin von *Ruhe ist die erste Bürgerpflicht* oder *Schach von Wuthenow.* Und es entspricht auch noch nicht dem rein patriotischen märkischen Preußen von *Isegrimm* oder *Vor dem Sturm.* Das geistig faszinierende und produktive Jahr lebt nicht in den Fiktionalisierungen späterer Schriftsteller, sondern in den Literarisierungen der genialen Zeitgenossen, die am öffentlichen Leben Berlins in den Monaten nach dem Tod der Königin Luise lebhaft teilnahmen und in ihren Schriften alle Aspekte dieses Lebens – in bezug auf Kunst, Musik, Literatur, Theater, Geist, Universität, Gesellschaft – für die Zukunft bewahrten.

CHRONIK

1807

August	Fichtes Rückkehr aus Königsberg nach Berlin (Wohnung: Friedrichstraße 139/41)

1808

28. Dez.	Arnims Rückkehr aus Heidelberg nach Berlin (Wohnung ab April: Mauerstraße 34)

1809

28. Febr.	Humboldt wird Direktor der Sektion für Kultus und öffentlichen Unterricht
Mai	Schleiermacher wird Prediger an der Dreifaltigkeitskirche (Amtswohnung: Ecke Taubenstraße/Kanonierstraße [= Glinkastraße])
Juli	Adam Müllers Rückkehr aus Dresden nach Berlin (Wohnung: Charlottenstraße 31, dann Behrenstraße)
11. Sept.	Brentanos Ankunft in Berlin (Wohnung: Mauerstraße 34)
23. Dez.	Rückkehr des Hofs aus Ostpreußen nach Berlin
	Niebuhrs Rückkehr aus Holland nach Berlin

29. Jan.	Kleists Rückkehr aus Dresden und Prag nach Berlin (Wohnung: Mauerstraße 53)
10. März	34. Geburtstag der Königin Luise
7. April	Aufnahme Niebuhrs und Schleiermachers in die Akademie der Wissenschaften
4. Juni	Hardenbergs Ernennung zum Staatskanzler
14. Juni	W. v. Humboldts Entlassung und Ernennung zum Gesandten in Wien
16. Juni	Niebuhrs Amtsniederlegung
19. Juli	Tod der Königin Luise (in Hohenzieritz bei Neustrelitz)
27. Juli	Leichenzug in Berlin
30. Juli	Beisetzung des Leichnams (Berliner Dom)
	Savignys Abreise nach Bukowan, um seine Familie abzuholen
3. August	40. Geburtstag König Friedrich Wilhelms III.
4. August	*Concert Spirituel* im Schauspielhaus
5. August	Gedächtnispredigten in allen Kirchen
6. August	Seelenmesse in der Hedwigskirche
15. August	Wilhelm von Humboldt verläßt Berlin
Mitte August	Bettine Brentanos Ankunft mit Familie Savigny in Berlin (Wohnung: Monbijouplatz)
18. August	Nachtfeier im Opernhaus
25. August	Wiederholung der Nachtfeier
1. September	Der König reist für zwei Wochen nach Schlesien
23. September	Eröffnung der Kunstausstellung (in den Sälen der Akademie über dem Marstall)
1. Oktober	Erste Ausgabe der *Berliner Abendblätter* (bei Hitzig, Hinter der Katholischen Kirche Nr. 3)
10. Oktober	Erste Sitzung der Universitätsfakultät
15. Oktober	15. Geburtstag des Kronprinzen Friedrich Wilhelm

22.–26. Okt.	Fichtes öffentliche Vorlesungen
29. Oktober	Offizieller Beginn der Universitätsvorlesungen
4. November	Ende der Kunstausstellung
14. November	Gründung des Deutschen Bunds
16. November	Taufe der Cäcilie Müller (Behrenstraße)
24. November	Nicolovius ernennt Kommission zur Reorganisation der Akademie (Ancillon, Niebuhr, Uhden)
26. November	Skandal im Nationaltheater (Gendarmenmarkt)
2. Dezember	Philipp Otto Runges Tod in Hamburg
4. Dezember	Verlobung Arnims und Bettine Brentanos (Hinter dem Packhof 3)
11. Dezember	Sondertreffen der Liedertafel zu Zelters Geburtstag
23. Dezember	Überführung der Leiche der Königin nach Charlottenburg
24. Dezember	Weihnachtsabend bei Savignys (Monbijouplatz)

1811

8. Januar	Nicolais Tod (Wohnung: Brüderstraße 13)
18. Januar	Krönungstag der Preußischen Monarchie (1701)
	Gründung der Deutschen Tischgesellschaft (im „Casino“ in der Behrenstraße)
11. März	Geheime Eheschließung Arnims und Bettines (Wohnung: Gartenhaus des Gräflich Vossischen Palais, Wilhelmstraße 78)
	Brentano liest der Deutschen Tischgesellschaft seine *Philister*-Abhandlung vor
30. März	Letzte Nummer der *Berliner Abendblätter*
April/Mai	Arnim liest der Deutschen Tischgesellschaft seine *Judentum*-Abhandlung vor
	Gründung des Turnvereins in der Hasenheide
Ende Mai	Adam Müller verläßt Berlin

18. Juni	Beckedorff liest der Deutschen Tischgesellschaft seine Abschiedsrede vor
17. Juli	Fichte zum Rektor gewählt
Juli	Brentano verläßt Berlin
Juli/August	Fichte, Wolf in Teplitz
Mitte August	Arnim und Bettine reisen für sechs Monate nach Frankfurt am Main
August/Sept.	Niebuhr in Holstein
21. November	Kleists Selbstmord

ANMERKUNGEN

Einleitung

1 Vgl. Art in Berlin 1815–1989.
2 Siehe Oberhauser/Henneberg: Literarischer Führer Berlin.
3 Germaine de Staël, Über Deutschland, S. 107–111.
4 Germaine de Staël an ihre Kusine, 1. April 1804; zitiert im Nachwort der Herausgeberin, ebd., S. 842.
5 Marwitz, Nachrichten, S. 175.
6 Hardenberg, zitiert nach Demel/Puschner, Franz. Revolution, S. 87.
7 Briefe und Aufzeichnungen, S. 422. In der neuesten Wissenschaft wird allerdings die Echtheit dieses Briefes bezweifelt.
8 Fichte, Reden, S. 179 (= 11. Rede).
9 A. Müller, König Friedrich II.
10 W. v. Humboldt, Werke, Bd. 4, S. 255.
11 Frhr. vom Stein, Briefe und amtliche Schriften, Bd. 3, S. 292–98.
12 Steffens, Was ich erlebte, S. 151.
13 Niebuhr an Altenstein, 4. Juni 1808; zitiert bei Witte, Der preußische Tacitus, S. 20.
14 Frhr. vom Stein, Briefe und amtliche Schriften, S. 295.
15 Gneisenau an Friedrich Wilhelm III., 20. Aug. 1811; zitiert nach Demel/Puschner, Franz. Revolution, S. 24.
16 Staiger, Literatur und Öffentlichkeit, S. 24.
17 Habermas, Strukturwandel, S. 88 f.
18 Arnim an Savigny, Ende Juli 1809.
19 Ibbeken, Preußen, S. 224 f.
20 Ebd., S. 338.
21 Riedl, Öffentliche Rede, S. 1.

Berlin 1810: Bild und Wirklichkeit

1 Friedrich von Cölln, Wien und Berlin, S. 71.

2 Stendhal an seine Schwester, 3. Nov. 1806; Correspondance, Bd. 1, S. 283.

3 Germaine de Staël, Über Deutschland, S. 102.

4 Arnim an Savigny, 12. April 1810.

5 Wilhelm von Humboldt an Caroline, 19. August 1804.

6 H. E. Kochhann, Im Vaterhause; zitiert nach: Berliner Leben 1806–1847, S. 6.

7 H. E. Kochhann, Im Vaterhause; zitiert nach: Berliner Leben 1806–1847, S. 7.

8 Bettine von Arnim an Goethe; Briefwechsel, S. 661 f.

9 Eduard Dürre, Aufzeichnungen, Tagebücher und Briefe. Leipzig 1881; zitiert nach Berliner Leben 1806–1847, S. 8.

10 Sadowsky, Reisen, S. 89.

11 Brief vom 10. Oktober 1810 an seine Tante Henriette Philippine Zimmer; zitiert nach Steig, Clemens Brentano, S. 70.

12 Germaine de Staël, Über Deutschland, S. 107 f.

13 [Johann Friedel] Briefe aus Wien verschiedenen Inhalts an einen Freund in Berlin, Leipzig–Berlin 1783/85, Bd. 1, S. 322 f.; zitiert nach Sadowsky, Reisen, S. 107.

14 Krögen, Freie Bemerkungen, S. 35.

15 Mieck, Reformzeit, S. 420.

16 Kochhann, Im Vaterhause; zitiert nach: Berliner Leben 1806–1847, S. 4 f.

17 Mieck, Reformzeit, S. 418.

18 Julius von Voss, Neu-Berlin, S. 181 f.

19 F. W. A. Bratring, Statistisch-topographische Beschreibung der gesamten Mark Brandenburg. Berlin 1804 f.; zitiert nach: Berliner Leben 1806–1847, S. 13.

20 J. C. F. Schulz, Kleine Wanderungen durch Teutschland. Berlin 1786; zitiert nach Sadowsky, Reisen, S. 78.

21 Krögen, Freie Bemerkungen, S. 41: „Straßenbettelei findet man in Berlin gar nicht."

22 Friedrich von Cölln, Wien und Berlin, S. 128 f.

23 Julius von Voss, Neu-Berlin, S. 200.

24 Sadowsky, Reisen, S. 91.

25 Julius von Voss, Neu-Berlin, S. 156.

26 J. C. F. Schulz, Kleine Wanderungen durch Teutschland. Berlin 1786; zitiert nach Sadowsky, Reisen, S. 112.

27 Sadowsky, Reisen, S. 113.

28 Mieck, Reformzeit, S. 419.

29 Vgl. ebd., S. 413–19, und Berlin. 800 Jahre Geschichte, S. 103 f.

30 Mieck, Reformzeit, S. 416.

31 Sadowsky, Reisen, S. 36.

32 Krögen, Freie Bemerkungen, S. 9.

33 Ebd., S. 50.

34 Julius von Voss, Neu-Berlin, S. 137; vgl. sein überaus freundliches Kapitel über die Juden, S. 126–42.

35 Krögen, Freie Bemerkungen, S. 16.

36 Friedrich von Cölln, Wien und Berlin, S. 99 f.

37 Julius von Voss, Neu-Berlin, S. 209, S. 213.

38 Mieck, Reformzeit, S. 419

39 Friedrich von Cölln, Wien und Berlin, S. 124.

40 Krögen, Freie Bemerkungen, S. 48.

41 Friedrich von Cölln, Wien und Berlin, S. 117.

42 Krögen, Freie Bemerkungen, S. 35.

43 Brentano an Sophie Mereau, 4. Nov. 1804.

44 Friedrich von Cölln, Wien und Berlin, S. 74.

45 Berlin. 800 Jahre Geschichte, S. 103.

46 Eichendorff, Tagebücher für 29. Nov. 1809; Werke und Schriften, Bd. 3, S. 236.

47 Friedrich von Cölln, Wien und Berlin, S. 103.

48 Krögen, Freie Bemerkungen, S. 27.

49 Klöden, Von Berlin nach Berlin, S. 292 f.

50 Krögen, Freie Bemerkungen, S. 19 f.

51 Julius von Voss, Neu-Berlin, S. 240–52; hier S. 241.

52 Ebd.

53 Fetting, Das Repertoire des Berliner Königl. Nationaltheaters, S. 65.

54 Ebd., S. 70 ff.

55 Ebd., S. 101.

56 Rubrik „Anfrage“, Berliner Abendblätter vom 24. Dez. 1810.

57 Krögen, Freie Bemerkungen,S. 40 f.

58 Ebd., S. 43.

59 Ebd., S. 44.

60 Ebd., S. 59.

61 Herman Granier, Berichte aus der Berliner Franzosenzeit 1807–1809. Leipzig 1913; zitiert nach: Berliner Leben 1806–1847, S. 69.

62 Dreyhaus, Königin Luise, S. 36.

Ästhetisierung des Todes

1 Mieck, Reformzeit, S. 410.

2 W. v. Humboldt an Caroline, 31. Juli 1810.

3 Ebd.

4 Arnim an Bettine, 22. Juli 1810.

5 Steffens, Was ich erlebte, S. 155.

6 Vgl. Dreyhaus, Königin Luise, S. 43.

7 Ebd., S. 19.

8 Ich beziehe mich im folgenden vor allem auf das am 26. Juli 1810 in der *Haude- und Spenerschen* Zeitung veröffentlichte Reglement.

9 Raumer, Lebenserinnerungen, S. 227.

10 Laut Polizei-Rapport vom 30./31. Juli; zitiert nach Geiger, Berlin 1688–1840, Bd.2, S. 302 f.

11 Voss, Reiseführer, S. 94.

12 Boswell, 13. Sept. 1764.

13 Klöden, Von Berlin nach Berlin, S. 315 f.

14 W. v. Humboldt an Caroline, 31. Juli 1810.

15 Manche Quellen sprechen von Spiritus, manche von mineralischen Säuren, die zum Erhalten des Leichnams benutzt wurden.

16 W. v. Humboldt an Caroline, 31. Juli 1810.

17 Pfuel an Caroline von Fouqué, ohne Datum; in: A. Müller, Lebenszeugnisse, Bd. 1, S. 552.

18 Steig, Berlin in Trauer, S. 270.

19 Zur Mythisierung siehe Dreyhaus, Königin Luise, und Frühwald, Das Spätwerk Clemens Brentanos, S. 74–82, und vor allem Wülfing, Die heilige Luise von Preußen.

20 Kleist, Sämtliche Werke und Briefe, Bd. 2, S. 773.

21 Marwitz, Nachrichten, S. 95.

22 F. v. Raumer, Perikles und Aspasia; in: *Pantheon,* 1810, Bd. 2, S. 21.

23 W. v. Humboldt an Caroline, 31. Juli 1810.

24 Zum Andenken der Königin Luise von Preußen. Sammlung der vollständigsten und zuverlässigsten Nachrichten von allen das Absterben und die Trauerfeierlichkeiten dieser unvergeßlichen Fürstin betreffenden Umständen. Nebst einer Auswahl der bei diesem Anlaß erschienenen Gedichte und Gedächtnißpredigten. Berlin 1810. In der Haude und Spenerschen Zeitungsexpedition und auf allen Königl. Preuß. Postämtern.

25 A. Müller, Lebenszeugnisse, Bd. 1, S. 559.

26 Zitiert nach Frühwald, Das Spätwerk Clemens Brentanos, S. 75.

27 Werner, Poetische Werke, Bd. 2, S. 24–29.

28 Max von Schenkendorf, Gedichte, S. 17 f.

29 Wilhelm Grimm an Louise Reichardt, Herbst 1810; zitiert nach Steig, Clemens Brentano, S. 75.

30 Brentano an Jakob und Wilhelm Grimm, 2. Nov. 1810.

31 Brentano an Wilhelm Grimm, Mitte Febr. 1810. – Eine Elektrisiermaschine war eine Art primitiver Generator.

32 Pro Memoria für den Monat März 1810; Eichendorff, Werke und Schriften, Bd. 3, S. 244.

33 Brentano an Arnim, 15. Aug. 1809.

34 Arnim an Brentano, 25. Mai 1809.

35 Arnim an Savigny, 2. März 1809.

36 Zu Arnims Leben siehe vor allem Riley, L. A. von Arnims Jugend- und Reisejahre, und Knaack, Achim von Arnim.

37 Arnim an Bettine, 22. Juli 1810.

38 Unveröffentlichter Aufsatz; Werke, Bd. 6, S. 191.

39 Arnim an Brentano, 5. Juli 1807.

40 Ziolkowski, August Böckh.

41 Arnim an Bettine, 10. Juli 1810.

42 Arnim an Brentano, 18. April 1809.

43 Halle und Heidelberg; Eichendorff, Werke und Schriften, Bd. 2, S. 1059.

44 Humboldt an Caroline, 28. Febr. 1810.

45 Arnim an Brentano, 18. April 1809.

46 Arnim an Bettine, 22. Juli 1810.

47 Arnim an Bettine, 10. Juli 1810.

48 Arnim an Bettine, 10. Juli 1810.

49 Arnim an Bettine, 29. Juli 1809.

50 Brentano an Jakob und Wilhelm Grimm, 3. Sept. 1810.

51 Stopp, Arnim's *Luisen-Kantate*, S. 90. Zu Arnims Kantate siehe auch Steig, Berlin in Trauer, S. 275–92.

52 Stopp, Arnim's *Luisen-Kantate*, S. 87.

53 Halle und Heidelberg; Eichendorff, Werke und Schriften, Bd. 2, S. 1058.

54 Zu Brentanos Leben siehe vor allem Hoffmann, Clemens Brentano.

55 Ziolkowski, Das Amt der Poeten, S. 29–81.

56 Steig, Clemens Brentano, S. 126.

57 Werke, Bd. 1, S. 264–66. Obwohl die Datierung nicht sicher ist, wird jetzt allgemein angenommen, daß das Gedicht 1812 aus Anlaß der endgültigen Scheidung entstanden ist; Werke, Bd. 1, S. 1095 f.

58 Brentano an Wilhelm Grimm, Mitte Febr. 1810.

59 Ebd.

60 Brentano an J. G. Zimmer, 12. Dez. 1809.

61 Brentano an Jakob und Wilhelm Grimm, 2. Nov. 1810.

62 Zu Brentanos Kantate siehe Frühwald, Das Spätwerk Clemens Brentanos, S. 81 f., und Stopp, Arnim's *Luisen-Kantate*, S. 91–93; hier Frühwald, S. 81, und Stopp, S. 9.

63 Ich zitiere die Kantate nach der zweiten, sogenannten „Beethoven-Fassung" (1811); Werke, Bd. 1, S. 204–17.

64 Dieser merkwürdige Zusammenhang wird auch nicht von Jürgen Kreft erwähnt, der in seinem materialreichen Aufsatz Kleists *Bettelweib* gerade vom Standpunkt des „kritischen Geisterdiskurses" diskutiert.

65 Kleist an Ulrike von Kleist, 19. März 1810; Sämtliche Werke und Briefe, Bd. 2.

66 Leschke, *Prinz Friedrich von Homburg*, S. 126.

67 Albedylls Regimentsgeschichte; zitiert nach Leschke, *Prinz Friedrich von Homburg*, S. 123.

68 In ihrer klugen und gut dokumentierten Studie analysiert Gabriele Leschke weitere Aspekte des Dramas, die das historische Bild unterstützen und zum Luisenmythos beigetragen haben, die aber in unserem unmittelbaren Zusammenhang weniger relevant sind.

69 Zitiert nach Leschke, *Prinz Friedrich von Homburg*, S. 125.

70 Die Datierung des Gedichts ist unsicher. Die Herausgeber der Werke in sechs Bänden, Bd. 5, S. 1431 f., vermuten 1809; aber weil der König damals noch in Ostpreußen weilte und so nicht hätte gegenwärtig sein können und weil die Königin als traumartige Erscheinung dargestellt wird, scheint es möglich, daß das Gedicht erst 1810 geschrieben wurde. Allerdings wissen wir aus seinem Brief an Bettine vom 5. Sept. 1809, daß Arnim bereits da den Fischzug besuchte.

Journalisierung der Kunst

1 Kleist, Sämtliche Werke, Bd. 2, S. 451.

2 Sembdner, Die Berliner Abendblätter, S. 5.

3 Zur Erscheinungsform der Abendblätter siehe Sembdner, Die Berliner Abendblätter, S. 1–5.

4 Kleist, Beispiel einer unerhörten Mordbrennerei; in *Berliner Abendblätter* (7. Jan. 1811); Arnim: Erinnerung an eine ältere Mordbrennerbande, Werke, Bd. 6, S. 323–25 (in den *Abendblättern* nie veröffentlicht).

5 Sembdner, Die Berliner Abendblätter, S. 66 f.

6 Ebd., S. 24.

7 Stägemann an Scheffner, 9. Okt. 1809; A. Müller, Lebenszeugnisse, Bd. 1, S. 563.

8 Sembdner, Die Berliner Abendblätter, S. 7–20.

9 Siehe ebd., S. 327–32.

10 Zu Kleist siehe Sembdner, Lebensspuren, und Wichmann, Heinrich von Kleist.

11 Kleist, Sämtliche Werke und Briefe, Bd. 2, S. 584.

12 Brentano an Jakob und Wilhelm Grimm, 2. Nov. 1809.

13 Arnim an Wilhelm Grimm, Mitte Febr. 1810; Sembdner, Lebensspuren, S. 316.

14 Kleist an Ulrike von Kleist, 19. März 1810.

15 Brentano an Görres, Mitte Febr. 1810; Sembdner, Lebensspuren, S. 314.

16 Arnim an Wilhelm Grimm, Mitte Febr. 1810; Sembdner, Lebensspuren, S. 317.

17 Kleist an Eduard Prinz von Lichnowsky, 23. Okt. 1810.

18 A. Müller, Lebenszeugnisse, Bd. 1, S. 467 f.

19 Ebd., S. 14.

20 Ebd., S. 15.

21 A. Müller, Schriften, Bd. 2, S. 198.

22 Pro Memoria für den Monat November 1809; A. Müller, Lebenszeugnisse, S. 507.

23 Brentano an Savigny, 30. Jan. 1810; A. Müller, Lebenszeugnisse, Bd. 1, S. 542.

24 Müller an Rühle von Lilienstern, 18. Juni 1810; A. Müller, Lebenszeugnisse, Bd. 1, S. 539 f.

25 Börsch-Supan, Berlin 1810, S. 56.

26 Kataloge der Berliner Akademie-Ausstellungen, Bd. 1.

27 Börsch-Supan, Berlin 1810, S. 72.

28 Schadow: Kunst-Werke und Kunst-Ansichten, Berlin 1849, S. 108; zit. nach Börsch-Supan, Berlin 1810, S. 61.

29 Niebuhr an Dore Hensler, 13. Okt. 1810.

30 Brentano an Jakob und Wilhelm Grimm, 2. Nov. 1810.

31 Steig, Kleist's Berliner Kämpfe, S. 269 f., meint, der fingierte Brief sei als versteckter Scherz gemeint: Weitschs Vater, Direktor der Gemäldegalerie in Salzdahlem, war nämlich selbst Maler und besaß eine derb-energische Natur, die mit der andächtigen Religiosität seines Sohnes nichts gemein hatte. Sembdner, Die Berliner Abendblätter, S. 67 f., argumentiert dagegen, daß sich Kleist hier überhaupt gegen die ekstatisch-romantischen Strömungen in der Kunst wendet, wie sie seit Wackenroders *Herzensergießungen eines kunstliebenden Klosterbruders* zu erkennen sind.

32 Georg von Albedyll, Geschichte des Kürassier-Regiments Königin (Pommersches) Nr. 2, 1. Teil. Berlin 1896, S. 617; zit. nach Leschke, Prinz Friedrich von Homburg, S. 123.

33 Zum Folgenden siehe Maier, Cäcilie, und Börsch-Supan, Berlin 1810, S. 66 f.

34 Der ganze Abschnitt aus der Acta Caeciliana bei J. G. Herder in seinem Aufsatz „Cäcilia“ in: Sämmtliche Werke, Bd. 16, S. 253.

35 Herder, Sämmtliche Werke, Bd. 16, S. 261.

36 Maier, Cäcilie, S. 79.

37 Zweiter Nachtrag alter Gemählde, in seiner Zeitschrift: Europa, 2. Band, 2. Heft (1805), S. 26–28.

38 Zitiert nach Börsch-Supan, Berlin 1810, S. 67.

39 Puschmann, Kleists Cäcilien-Erzählung, S. 20 ff.

40 Damit scheint auch die Frage endgültig beantwortet zu sein, ob er Raffaels Gemälde gekannt hat. Vgl. Puschmann, Kleists Cäcilien-Erzählung, S. 25 f.

41 Baxa, Die Taufe der Cäcilie Müller, S. 101; Abbildung des Taufregisters bei Puschmann, Kleists Cäcilien-Erzählung, S. 148.

42 Zur zweiten Fassung vgl. Puschmann, Kleists Cäcilien-Erzählung, S. 10–17.

43 Kleist, Sämtliche Werke, Bd. 2, S. 906. Siehe aber Steig, Kleist's Berliner Kämpfe, S. 532 f., der die Szene als Kritik an der Hardenbergschen Finanzpolitik, und zwar der Säkularisation aller geistlichen Güter und der Aufhebung der Klöster, interpretiert.

44 Puschmann, Kleists Cäcilien-Erzählung, S. 26, hat festgestellt, daß es sich um eine Kopie des Flamen Denys Calvaert handelt.

45 Börsch-Supan, Berlin 1810, S. 168.

46 Laut Goethes Tagebucheintrag vom 18. Sept. 1810. (Tagebücher: vgl. Sämtliche Werke. Briefe, Tagebücher und Gespräche. Frankfurt a. M. 1985 ff. [3. Abteilung].)

47 Börsch-Supan, Berlin 1810, S. 73.

48 Brentano, Werke, Bd. 2, S. 1034–1038.

49 Zu Brentanos romantischer Sehnsucht siehe Begemann, Brentano und Kleist.

50 Zu Brentanos ursprünglicher Fassung siehe besonders Kurz, Vor einem Bild.

51 Zu Arnims Anteil siehe Burwick, Verschiedene Empfindungen, S. 40–42.

52 Zu den letztlich unvereinbaren kunstästhetischen Positionen Brentanos und Kleists siehe vor allem Begemann, Brentano und Kleist.

53 Sembdner, Die Berliner Abendblätter, S. 183 f., hält Kleists Bemerkungen für ironisch – eine Ansicht, die ich nicht teilen kann.

54 Kleist bezieht sich hier auf die fingierten altkeltischen Gedichte Ossians von James Macpherson (1736–1790) und auf die

populären sentimentalen Dichtungen Ludwig Theobul Kosegartens (1758–1818).

55 Börsch-Supan, Berlin 1810, S. 69. Es handelt sich neben den beiden Friedrich-Gemälden um J. C. A. Ludewigs *Die heilige Cäcilie*, Gerhard von Kügelgens *Verkündigung* und Wilhelm Wachs *Madonna*.

56 Börsch-Supan, Berlin 1810, S. 73.

57 Clausewitz, Verstreute kleine Schriften, S. 196 f.

58 Lewalter, Friedrich Wilhelm IV., S. 43.

59 Kroll, Friedrich Wilhelm IV. und das Staatsdenken, S. 36 f.

60 Haake, Ancillon und Friedrich Wilhelm IV., S. 21.

61 Eigenhändiger Vermerk der Königin; zitiert nach Ranke, Zwei Biographien, S. 77.

62 Zitiert nach Haake, Ancillon und Friedrich Wilhelm IV., S. 10.

63 Zitiert nach Haake, ebd., S. 13.

64 Leschke, *Prinz Friedrich von Homburg*, S. 123.

65 Zitiert nach Kroll, Friedrich Wilhelm IV. und das Staatsdenken, S. 30.

66 Ebd., S. 46–53.

67 Zitiert nach Kroll, ebd., S. 47, Anm. 107.

68 Nadler, Die Berliner Romantik, S. 193–96; Schulz, Nachwort, S. 474 f.

69 In den Grimmschen Kinder- und Hausmärchen: „Von dem Machandelboom".

70 Brentano an Runge, 21. Jan. 1810.

71 Brentano, Briefe, Bd. 2, S. 23.

Metaphorisierung des Wissens

1 Niebuhr an Dore Hensler, 1. Okt. 1810.

2 Brentano an Jakob und Wilhelm Grimm, 2. Nov. 1810.

3 Lenz, Geschichte der Universität, Bd. 1, S. 287.

4 Ebd., S. 301.

5 Brentano, Werke, Bd. 1, S. 218–29.

6 Zu den Bergbaumetaphern siehe Ziolkowski, Das Amt des Poeten, S. 29–81.

7 Lenz, Geschichte der Universität, Bd. 1, S. 340 f.

8 Humboldt an Caroline, 22. Mai 1810.

9 Mehrere Vorlesungen fanden bereits lange vor der offiziellen Eröffnung statt. Insofern kann die *Vossische Zeitung* bereits im August darüber berichten.

10 *Der Freimüthige*, 1. Okt. 1810.

11 Brentano an Jakob und Wilhelm Grimm, 2. Nov. 1810.

12 Lenz, Geschichte der Universität, Bd. 1, S. 298 ff.

13 Ziolkowski, Das Amt des Poeten, S. 288 f.

14 Zur Gründung der Berliner Universität siehe vor allem Lenz, Geschichte der Universität, Weischedel, Idee und Wirklichkeit einer Universität, und Ziolkowski, Das Amt des Poeten, S. 363–73.

15 Lenz, Geschichte der Universität, Bd. 1, S. 78.

16 Weischedel, Idee und Wirklichkeit einer Universität, S. 11–15.

17 Lenz, Geschichte der Universität, Bd. 2, S. 85–92.

18 Ich zitiere nach dem Abdruck bei Anrich, Die Idee der dt. Universität, S. 219–308.

19 Stein, Briefe und amtliche Schriften. Dritter Band.

20 Ziolkowski, Das Amt des Poeten, S. 301–320, und Das Wunderjahr in Jena, passim.

21 Humboldts Schriften zum Bildungswesen sind im 4. Band seiner Werke gut zugänglich; hier S. 31.

22 Zu Ähnlichkeiten und Unterschieden der Konzeptionen Humboldts und Schleiermachers siehe vor allem Lenz, Geschichte der Universität, Bd. 1, S. 187 ff.

23 W. v. Humboldt, Werke, Bd. 4, S. 115.

24 Ebd., S. 255; auch Anrich, Die Idee der dt. Universität, S. 375–96.

25 Humboldt an Caroline, 27. Feb. 1810.

26 Zur Einteilung der Räume siehe Lenz, Geschichte der Universität, Bd. 1, S. 291 ff.

27 Aus dem „Bericht der Sektion des Kultus und Unterrichts an den König“, in: W. v. Humboldt, Werke, Bd. 4, S. 233.

28 Humboldt an Caroline, 9. Juni 1810.

29 R. Varnhagen, Briefwechsel, Bd. 2, S. 157.

30 Brentano an Jakob und Wilhelm Grimm, 2. Nov. 1810.

31 Ich beziehe mich hier auf die Blätter aus dem Nachlaß (vom Frühjahr 1810), Gesamtausgabe, Teil II, Bd. 12, S. 5–8.

32 In den Notizen „Zu der Einleitung in die gesammte Philosophie, die da ist Anleitung zum philosophiren“; Gesamtausgabe, Teil II, Bd. 11, S. 261 f.

33 Blätter aus dem Nachlaß; Gesamtausgabe, Teil II, Bd. 12, S. 5.

34 *Die Tatsachen des Bewußtseins*; Gesamtausgabe, Teil II, Bd. 12, S. 25.

35 Twesten, 26. Okt. 1810; Fichte im Gespräch, Bd. 4, S. 270.

36 Twesten, 22. Okt. 1810; Fichte im Gespräch, Bd. 4, S. 269.

37 Ebd.

38 Savigny an Creuzer, 14. Nov. 1810; Fichte im Gespräch, Bd. 4, S. 279.

39 Weiss an seinen Bruder, 14. Nov. 1810; Fichte im Gespräch, Bd. 4, S. 276.

40 Veröffentlicht bei Cotta 1817; hier zitiert nach der Gesamtausgabe, Teil II, Bd. 12, S. 19–136.

41 Fichte im Gespräch, Bd. 4, S. 273.

42 Zitiert nach Wolfgang Trillhaus: „Der Berliner Prediger“, in Lange, Schleiermacher, S. 9–23; hier S. 14.

43 Schleiermacher an Gaß, 11. Mai 1811; zitiert nach Lenz, Geschichte der Universität, Bd. 1, S. 357, Anm. 2.

44 Schleiermacher, Kurze Darstellung, S. xvi.

45 Lenz, Geschichte der Universität, Bd. 1, S. 351.

46 Schleiermacher, Kurze Darstellung, S. xxii.

47 Neu herausgegeben von Manfred Frank; in: Schleiermacher, Hermeneutik und Kritik.

48 Hermeneutik, hrsg. von Heinz Kimmerle. Die folgenden Zitate stammen aus dieser Ausgabe.

49 Hermeneutik und Kritik; Manfred Franks Einleitung, S. 7.
50 Lenz, Geschichte der Universität, Bd. 1, S. 352–56.
51 Niebuhr an Münter, 11. Nov. 1819.
52 Brentano an Jacob und Wilhelm Grimm, 2. Nov. 1810.
53 Lenz, Geschichte der Universität, Bd. 1, S. 353.
54 Ebd., S. 356.
55 Savigny, System, Bd. 1, S. xxv.
56 Savigny, Geschichte, Bd. 1, S. 34.
57 Brentano, Werke, Bd. 1, S. 797.
58 Savigny an Friedrich Creuzer, 14. Nov. 1810; Fichte im Gespräch, Bd. 4, S. 279.
59 Niebuhr, Briefe, Bd. 2, S. 163, Anm. 1.
60 Niebuhr an Hardenberg, 12. Juni 1810.
61 Ich stütze mich hier vor allem auf Wittes Biographie.
62 Niebuhr an Valckenaer, Anfang Juli 1810.
63 Niebuhr an seinen Vater, 18. August 1810.
64 Niebuhr an Nicolovius, 11. September 1810.
65 Niebuhr an Dore Hensler, 14. Sept. 1810.
66 Briefe, Bd. 2, S. 163, Anm. 1.
67 Niebuhr an Dore Hensler, 27. Okt. 1810.
68 Niebuhr an Dore Hensler, 1. Okt. 1810.
69 Ich zitiere hier und im folgenden nach dem ersten Band der Erstausgabe (1811).
70 Niebuhr an Dore Hensler, 13. Okt. 1810.
71 Lenz, Geschichte der Universität, Bd. 1, S. 345.
72 Zu Niebuhrs *Römischer Geschichte* siehe jetzt vor allem Walther, Niebuhrs Forschung S. 295–487.
73 Niebuhr, Römische Geschichte (Erstausgabe), S. x.
74 Niebuhr an Dore Hensler, 14. Sept. 1810.
75 Franz Lieber, Erinnerungen aus meinem Zusammen-leben mit Barthold Georg Niebuhr, dem Geschichtsschreiber Roms (Heidelberg 1837), S. 109; zitiert nach Renker, Niebuhr, S. 53 f.
76 Niebuhr an Schuckmann, 2. Mai 1811.

1 Nostitz, Leben, S. 76.

2 Wichmann, Heinrich von Kleist, S. 196.

3 Ein ausführlicher Bericht über die beiden Aufführungen bei Steig, Kleist's Berliner Kämpfe, S. 225–34.

4 Ebd., S. 55–65; siehe auch die biographische Einführung in A. Müller, Schriften, Bd. 2, S. 306 f.

5 Botzenhart, Kleist, S. 140.

6 Paulin, Raumer und Kleist, S. 147.

7 Brentano an Zimmer, 12. Dez. 1809.

8 Arnim an seine Tante Luise von Schlitz, 29. Dez. 1810, zitiert nach: Baumgart, Bettine Brentano und Achim von Arnim, S. 411.

9 Nach den Erinnerungen von Fanny Lewald, zit. n.: Baumgart, Bettine Brentano und Achim von Arnim, S. 412.

10 Arnim an Jacob und Wilhelm Grimm, Ende 1810; Steig, Achim von Arnim, Bd. 3, S. 95.

11 Ebd.

12 Bettine und Arnim, Briefe der Freundschaft und Liebe, Bd. 2, S. 374, Anm. 1.

13 Zelter an Goethe, 26. Dez. 1808.

14 Wilhelm Bornemann: Die Zeltersche Liedertafel (1851), zitiert nach: Sembdner, Lebensspuren, S. 385.

15 Arnim, Gedichte, 2. Teil, S. 26 f.

16 B. von Arnim, Briefwechsel mit einem Kinde, S. 440 ff. Goethe läßt übrigens ihre Vorwürfe nicht ohne Entgegnung. „Du bist vielseitig genug, aber auch manchmal ein recht beschränkter Eigensinn, und besonders, was die Musik betrifft, hast Du wunderliche Grillen in Deinem Köpfchen erstarren lassen [...]."

17 Steig, Kleist's Berliner Kämpfe, S. 17 ff.

18 Zu Schinkel und zum Mausoleum siehe die beiden im Literaturverzeichnis angeführten Ausstellungskataloge: „Architek-

tur – Malerei – Kunstgewerbe. Ausstellung in der Orangerie des Schlosses Charlottenburg, 13. März bis 13. September 1981" und „Karl Friedrich Schinkel 1781–1841. Ausstellung im Alten Museum, 23. Oktober 1980 bis 29. März 1981".

19 Geiger, Berlin 1688–1840, Bd. 2, S. 199.

20 Ebd., S. 201.

21 Ebd., S. 201 f.

22 Eichendorff: Tagebuch für 27. Nov. 1809; Werke und Schriften, Bd. 3, S. 245.

23 Niebuhr an Dore Hensler, 19. März 1811.

24 Baumgart, Bettine Brentano und Achim von Arnim, S. 411 f.

25 Siehe in diesem Zusammenhang vor allem Deborah Hertz, Jewish High Society.

26 Siehe Niebuhrs Briefe, S. 162, 167, 174 und 193.

27 Arndt und Virmond, Hegel.

28 Geiger, Berlin 1688–1840, Bd. 2, S. 203.

29 Zur folgenden Geschichte der Akademie in den Jahren 1806–12 siehe Harnack, Geschichte der königlich preußischen Akademie, Bd. 1/2, S. 556–608.

30 W. v. Humboldt, Werke, Bd. 4, S. 255–66; hier S. 264.

31 Niebuhr an Carsten Niebuhr, 21. Nov. 1810.

32 Ibbeken, Preußen 1807–1813, S. 329 und S. 335.

33 Zu den politischen Gruppen siehe vor allem die beiden angeführten Aufsätze von Otto Dann „Die Anfänge politischer Vereinsbildung in Deutschland" und „Gruppenbildung und gesellschaftliche Organisierung in der Epoche der deutschen Romantik".

34 Zu Friesen, Jahn und dem Deutschen Bund siehe neben *Neue Deutsche Biographie* auch Ibbeken, Preußen 1807–1813, S. 328–34, und Frank, Friedrich Ludwig Jahn, S. 41 f.

35 Beide Texte in: Schleiermacher, Schriften, S. 65–91 und S. 561–666; siehe vor allem S. 661–665.

36 Kantzenbach, Schleiermacher in Selbstzeugnissen und Bilddokumenten, S. 114.

37 Schleiermacher, Schriften, S. 90; Schleiermacher bezieht sich hier auf Kants *Anthropologie*, in der Kant wiederum einen bekannten Aphorismus von Lord Chesterfield zitiert.

38 Niebuhr an Valckenaer, 16. März 1811.

39 Niebuhr an Dore Hensler, 13. Okt. 1810.

40 Arnim an Wilhelm Grimm, Febr. 1810.

41 Brentano an Görres, Anfang 1810.

42 Steig, Achim von Arnim, Bd. 3, S. 95.

43 Knaack, Achim von Arnim, S. 37.

44 Schultz, Zwei Zirkulare Arnims, S. 11–14.

45 Arnims „Bericht" in: Werke, Bd. 6, S. 359–62. Stefan Nienhaus hat mir die Auskunft über die Adresse des Casinos gegeben.

46 Siehe Knaack, Achim von Arnim, S. 35–38.

47 Ibbeken, Preußen 1807–1813, S. 223 ff.

48 Zur Frage des Antisemitismus in der Deutschen Tischgesellschaft siehe neben Knaack, Achim von Arnim, auch Frühwald, Antijudaismus; Härtl, Romantischer Antisemitismus; Henckmann, Das Problem des „Antisemitismus" bei Arnim; Hirsch, „Frauen, Franzosen, Philister und Juden"; Nienhaus, Vaterland und engeres Vaterland; Österle, Juden, Philister und romantische Intellektuelle.

49 Schultz, Zwei Zirkulare Arnims, S. 12.

50 Brentano, Werke, Bd. 2, S. 1209.

51 Ich zitiere den Text nach: Brentano, Werke, Bd. 2, S. 959–1016.

52 Hitzig an Fouqué, 22. April 1811; zitiert nach: Fichte im Gespräch, Bd. 4, S. 317.

53 *Morgenblatt*, Nr. 143 vom 15, Juni 1811; zitiert nach: Fichte im Gespräch, Bd. 4, S. 324.

54 Ich zitiere den Text nach: A. v. Arnim, Werke, Bd. 6, S. 362–87.

55 Die Meinungen über Arnims Rede sind scharf geteilt: Härtl, Romantischer Antisemitismus, S. 1162, nennt sie „den schlimmsten antisemitischen Text der deutschen Romantik", eine Ansicht, der sich Österle, Juden, Philister und romantische Intellektuelle, S. 65, anzuschließen scheint. Henckmann, Das

Problem des „Antisemitismus" bei Arnim, S. 69, meint aber, „mit modernem Antisemitismus [habe] die Einstellung zum Juden nicht zu tun", eine Auffassung, die Hirsch, „Frauen, Franzosen, Philister und Juden", S. 155–59, teilt.

56 Siehe vor allem Nienhaus, Vaterland, S. 132.

57 Frühwald, Antijudaismus, S. 74.

58 Diese Rede wurde zuerst in Heinz Härtls maschinenschriftlicher Dissertation *Arnim und Goethe. Zum Goethe-Verhältnis der Romantik im ersten Jahrzehnt des 19. Jahrhunderts* (Halle 1971) veröffentlicht, die mir aber nicht vorlag; ich zitiere die Rede hier nach den Auszügen in anderen Schriften. Seit Härtl hat die Forschung diese Rede regelmäßig Adam Müller zugeschrieben. Jetzt hat aber Stefan Nienhaus – in seiner Jenaer Habilitationsschrift *Geschichte der deutschen Tischgesellschaft* (Tübingen: Niemeyer 2001) – aufgrund von chronologischer und inhaltlicher Evidenz bewiesen, daß der Text von Ludolph Beckedorff stammt.

59 Nienhaus, Vaterland, S. 139.

60 Österle, Juden, Philister und romantische Intellektuelle, S. 69.

61 A. v. Arnim, Werke (hrsg. von R. Steig), Bd. 1, S. 420–22

62 Nienhaus, Vaterland, S. 131.

63 A. v. Arnim, Werke, Bd. 6, S. 477–86.

64 Zum allmählichen Niedergang der Deutschen Tischgesellschaft im Jahr 1812/13 siehe Nienhaus, Vaterland, S. 143 f.

65 Reproduziert bei Steig, Kleist's Berliner Kämpfe, S. 30–36.

66 Zur Deutschen Tischgesellschaft als Forum für Gespräche über öffentliche Fragen siehe vor allem Nienhaus, Vaterland, und Knaack, Achim von Arnim, S. 35–38.

Ausklang

1 Arnim an Wilhelm Grimm, 12. April 1811; zitiert nach Steig, Achim von Arnim, Bd. 3, S. 111.

2 Kleist an Marie von Kleist, Juli 1811.

3 B. v. Arnim, Briefwechsel mit einem Kinde, S. 662.

4 Brentano an Arnim, 20. April 1811.

5 Wilhelm Grimm an Brentano, 26. März 1811.

6 Siehe Arnims Bericht in seinem Brief an Wilhelm Grimm, 25. Juni 1811; vgl. Steig, Achim von Arnim, Bd. 3, S. 130.

7 Frühwald, Antijudaismus, S. 78 f.

8 Reproduziert bei Steig, Kleist's Berliner Kämpfe, S. 638.

9 Frühwald, Antijudaismus, S. 80, meint, daß Arnim erst acht Jahre später die Bedeutung der Affäre und die Situation des Judentums begriffen habe.

10 Stein an Wilhelm von Humboldt, Sommer 1811; zitiert nach: A. Müller, Lebenszeugnisse, Bd. 1, S. 663.

11 Kleist an Marie von Kleist, Juli 1811.

12 Hardenberg an Kleist, 18. Feb. 1811; zitiert in: Kleist, Sämtliche Werke und Briefe, Bd. 2, S. 852.

13 Kleist an Fouqué, 25. April 1811.

14 Kleist an Marie von Kleist, Sommer 1811.

15 Kytzler, Von der „Gemeinschaft der Seelen“, S. 22.

16 Twesten an Brandis, 26. März 1811; Fichte im Gespräch, Bd. 4, S. 311.

17 Arnim an Görres, 14. April 1811; zitiert nach: Fichte im Gespräch, Bd. 4, S. 316.

18 Niebuhr an Perthes, 11. Juni 1811.

19 Niebuhr an Dore Hensler, 14. Juni 1811.

20 Varnhagen von Ense, Denkwürdigkeiten des eignen Lebens, Bd. 2, S. 225 f.

21 Zelter an Goethe, 25. Okt. 1811.

22 Kantzenbach, Schleiermacher, S. 105.

Anhang: Fiktionalisierung der Geschichte

1 Tolstoj, War and Peace (engl. Ausgabe), S. 1364.

2 Fontane, Schriften zur Literatur, S. 83.

3 Guenther, Preußischer Gehorsam, S. 190.

4 Siehe die Einleitung zur englischen Übersetzung von *Prinz Louis Ferdinand*, S. 68–72. Die Kritik wirkt wie eine Vorwegnahme des späteren Nazi-Vorwurfs von der angeblichen „Judifizierung" der damaligen deutschen Kultur durch die Berliner Salons.

5 Clausewitz, Geist und Tat, S.29.

6 F. von Cölln, Wien und Berlin, S. 118.

7 Houben, Jungdeutscher Sturm und Drang, S. 463.

8 Guenther, Preußischer Gehorsam, S. 263 ff.

9 Fontane, Schriften zur Literatur, S.26–69; hier S. 58.

10 Demetz, Formen des Realismus, S. 51–76.

11 Clausewitz, Geist und Tat, S. 120.

12 Fontane an L. Pietsch, 24. April 1880; zitiert nach des Herausgebers Anmerkungen zu *Vor dem Sturm*, Sämtliche Werke, Bd. 3, S. 719.

13 Fontane an Mathilde von Rohr, 11. August 1878; *Dichter über ihre Dichtungen*, Bd. 2, S. 293.

LITERATURVERZEICHNIS

Alexis, Willibald: Isegrimm. Vaterländische Romane, Bd. 8. Berlin 1911.

–: Ruhe ist die erste Bürgerpflicht. Vaterländische Romane, Bd. 7. 6 Auflage. Berlin 1911.

Anrich, Ernst (Hrsg.): Die Idee der deutschen Universität. Die fünf Grundschriften aus der Zeit ihrer Neubegründung durch klassischen Idealismus und romantischen Realismus. Darmstadt 1964.

Arndt, Andreas und Virmond, Wolfgang : Hegel und die „Gesetzlose Gesellschaft", in: Hegel-Studien 20 (1985), S. 113–16.

Arnim, Achim von: Briefe an Savigny 1803–1831. Hrsg. von Heinz Härtl. Weimar 1982.

–: Gedichte. Hrsg. von Herbert R. Liedke und Alfred Anger. 2. Teil. Reihe der Schriften / Freies Deutsches Hochstift, Bd. 22. Tübingen 1976.

–: Nachtfeier nach der Einholung der Hohen Leiche Ihrer Majestät der Königinn. Eine Cantate, von Ludwig Achim von Arnim, in Musik gesetzt von Georg Abr. Schneider. Berlin [1810].

–: Werke. Hrsg. von Reinhold Steig. 3 Bde. Leipzig 1911.

–: Werke in sechs Bänden. Hrsg. von Roswitha Burwick u. a. Frankfurt am Main 1989–92.

– und Clemens Brentano: Freundschaftsbriefe. Hrsg. von Hartwig Schultz. 2 Bde. Frankfurt am Main 1998.

Arnim, Bettine von: Bettine und Arnim. Briefe der Freundschaft und Liebe. Hrsg. von Otto Betz und Veronika Straub. Frankfurt am Main 1987.

–: Goethes Briefwechsel mit einem Kinde. Hrsg. von Waldemar Oehlke. insel taschenbuch 767. Frankfurt am Main 1984.

–: Werke und Briefe. 5 Bde. Hrsg. von Gustav Konrad und Joachim Müller. Frechen/Köln 1959–63.
Art in Berlin 1815–1989. Hrsg. von Kelly Morris und Amanda Woods. Ausstellungskatalog High Museum of Art. Atlanta, Georgia 1989.
Auden, W. H.: The Dyer's Hand and other essays. New York 1962.
Baumgart, Hildegard: Bettine Brentano und Achim von Arnim. Lehrjahre einer Liebe. Berlin 1999.
Baxa, Jakob: Die Taufe der Cäcilie Müller. In: Euphorion 53 (1959), S. 92–102.
Begemann, Christian: Brentano und Kleist vor Friedrichs *Mönch am Meer*. Aspekte eines Umbruchs in der Geschichte der Wahrnehmung. In: Deutsche Vierteljahrsschrift für Literaturwissenschaft und Geistesgeschichte 64 (1990), S. 54–95.
Berlin. 800 Jahre Geschichte in Wort und Bild. Hrsg. von Roland Bauer und Erik Hühns. Berlin 1980.
Berliner Abendblätter. Mit einem Nachwort und Quellenregister von Helmut Sembdner. Stuttgart 1959.
Berliner Leben 1806–1847. Hrsg. von Ruth Köhler und Wolfgang Richter. Berlin 1954.
Beyle, Henri: Correspondance de Stendhal (1800–1842). Hrsg. von Adolphe Paupe und P.-A. Cheramy. Paris 1908.
Börsch-Supan, Helmut: Berlin 1810. Bildende Kunst. Aufbruch unter dem Druck der Zeit. In: Kleist Jahrbuch 1987, S. 52–75.
Boswell, James: On the Grand Tour: Germany and Italy 1764. Hrsg. von Frederick A. Pottle. The Yale Edition. New York 1953.
Botzenhart, Manfred: Kleist und die preußischen Reformer. In: Kleist-Jahrbuch 1988/89, S. 132–46.
Brentano, Clemens: Briefe. Hrsg. von Friedrich Seebaß. 2 Bde. Nürnberg 1951.
–: Briefwechsel mit Sophie Mereau. Hrsg. von Heinz Amelung. 2 Bde. Leipzig 1908.

–: Werke. Hrsg. von Wolfgang Frühwald u. a. 4 Bde. München 1968.
Brinkmann, Richard (Hrsg.): Romantik in Deutschland. Ein interdisziplinäres Symposion. Stuttgart 1978.
Burwick, Roswitha: Verschiedene Empfindungen vor Friedrichs Seelandschaft: Arnim, Brentano, Kleist. In: Zeitschrift für deutsche Philologie 107 (1988), S. 33–44.
Die Chronik Berlins. Mit einem Essay von Heinrich Albertz. 2. Auflage. Dortmund 1991.
Citron, Pierre: La Poésie de Paris dans la littérature française de Rousseau à Baudelaire. 2 Bde. Paris 1961.
Clausewitz, Carl von: Geist und Tat. Das Vermächtnis des Soldaten und Denkers. Hrsg. von W. W. Schering. Nachdruck Deutscher Militär Verlag. Remscheid 1988.
–: Verstreute kleine Schriften. Hrsg. von Werner Hahlweg. Osnabrück 1979.
Cölln, Friedrich von: Wien und Berlin in Parallele. Amsterdam und Cölln 1808.
Dann, Otto: Die Anfänge politischer Vereinsbildung in Deutschland. In: Soziale Bewegung und politische Verfassung. Beiträge zur Geschichte der modernen Welt. Festschrift Werner Conze. Hrsg. von Ulrich Engelhardt. Stuttgart 1976. S. 197–232.
–: Gruppenbildung und gesellschaftliche Organisierung in der Epoche der deutschen Romantik. In: Romantik in Deutschland. Ein interdisziplinäres Symposion. Hrsg. von Richard Brinkmann. Stuttgart 1978. S. 115–31.
Demel, Walter und Puschner, Uwe (Hrsg.): Von der Französischen Revolution bis zum Wiener Kongreß 1789–1815. Stuttgart 1995. (= Deutsche Geschichte in Quellen und Darstellungen, Bd. 6)
Demetz, Peter: Formen des Realismus: Theodore Fontane. Kritische Untersuchungen. München 1964.

Deutsche Geschichte in Quellen und Darstellungen; s. Demel u. Puschner.

Dreyhaus, Hermann: Die Königin Luise in der Dichtung ihrer Zeit. Berlin 1926.

Eichendorff, Joseph Freiherr von: Neue Gesamtausgabe der Werke und Schriften in vier Bänden. Hrsg. von Gerhart Baumann. Stuttgart 1957/58.

Europa. Eine Zeitschrift. Hrsg. von Friedrich Schlegel. Mit einem Nachwort zur Neuausgabe von Ernst Behler. Darmstadt 1963.

Fetting, Hugo: Das Repertoire des Berliner Königlichen Nationaltheaters unter der Leitung von August Wilhelm Iffland (1796–1814). Maschinenschriftliche Dissertation. Greifswald 1977.

Fichte, Johann Gottlieb: J. G. Fichte im Gespräch. Berichte der Zeitgenossen. Hrsg. von Erich Fuchs. Bd. 4: 1806–1812. Stuttgart-Bad Cannstatt 1987.

–: Gesamtausgabe der Bayerischen Akademie der Wissenschaften. Hrsg. von Reinhard Lauth, Erich Fuchs und Hans Gliwitzky. Stuttgart-Bad Cannstatt 1964 ff.

–: Reden an die deutsche Nation. Hrsg. von Reinhard Lauth. 5., durchges. Aufl. nach dem Erstdruck von 1808. Hamburg 1978.

Fontane, Theodor: Dichter über ihre Dichtungen. Hrsg. von Richard Brinkmann. 2 Bde. München 1973.

–: Sämtliche Werke. Hrsg. von Walter Keitel. München 1962.

–: Schriften zur Literatur. Hrsg. von Hans-Heinrich Reuter. Berlin 1960.

Fouqué, Friedrich de la Motte: Fouqués Werke. Auswahl in drei Teilen. Hrsg. von Walther Ziesemer. Bongs Klassiker-Ausgaben. Berlin – Leipzig – Wien – Stuttgart o. J.

–: Der Zauberring. Ein Ritterroman. München 1984.

Frank, Ernst: Friedrich Ludwig Jahn. Ein moderner Rebell. Offenbach am Main 1972.

Frühwald, Wolfgang: Antijudaismus in der Zeit der deutschen Romantik. In: Conditio Judaica. Judentum, Antisemitismus

und deutschsprachige Literatur vom 18. Jahrhundert bis zum Ersten Weltkrieg. Hrsg. von Hans Otto Horch und Horst Denkler. Tübingen 1989. S. 2–91.
–: Das Spätwerk Clemens Brentanos (1915–1842). Romantik im Zeitalter der Metternichschen Restauration. Tübingen 1977.
Geiger, Ludwig: Berlin 1688–1840. Geschichte des geistigen Lebens der preußischen Hauptstadt. 2 Bde. Berlin 1895. Neudruck Aalen 1987.
Gersdorff, Bernhard von: Ernst von Pfuel. Preußische Köpfe 7. Berlin 1981.
Guenther, Walter P.: Preußischer Gehorsam. Theodor Fontanes Novelle „Schach von Wuthenow". Text und Deutung. München 1981.
Haake, Paul: Johann Peter Friedrich Ancillon und Kronprinz Friedrich Wilhelm IV. von Preußen. München und Berlin 1920.
Habermas, Jürgen: Strukturwandel der Öffentlichkeit. Untersuchungen zu einer Kategorie der bürgerlichen Gesellschaft. 4. Auflage. Frankfurt am Main 1990.
Härtl, Heinz: Romantischer Antisemitismus: Arnim und die „Tischgesellschaft". In: Weimarer Beiträge 33/7 (1987), S. 1159–73.
– und Schultz, Hartwig (Hrsg.): „Die Erfahrung anderer Länder". Beiträge eines Wiepersdorfer Kolloquiums zu Achim und Bettina von Arnim. Berlin 1994.
Harnack, Adolf: Geschichte der königlich preußischen Akademie der Wissenschaften zu Berlin. 2 Bde. Berlin 1900.
Heine, Heinrich: Briefe aus Berlin. Über Polen. Reisebilder I/II. Hrsg. von Jost Hermand. Bd. 6 der Historisch-kritischen Gesamtausgabe der Werke. Hamburg 1973.
Henckmann, Gisela: Das Problem des „Antisemitismus" bei Achim von Arnim. In: Aurora 46 (1986), S. 48–69.
Herder, Johann Gottfried: Sämmtliche Werke. Hrsg. von Bernhard Suphan. 33 Bde. Berlin 1877 ff.
Hertz, Deborah: Jewish High Society in Old Regime Berlin. New Haven und London 1988; dt.: Die jüdischen Salons im alten

Berlin. (Übs. von Gabriele Neumann-Kloth.) Frankfurt am Main 1991.
Hesekiel, Georg: Bis nach Hohen-Zieritz. Berlin 1861.
–: Stille vor dem Sturm. Berlin 1862.
–: Von Jena nach Königsberg. Berlin 1850.
–: Vor Jena. Roman nach den Aufzeichnungen eines königlichen Offiziers vom Regiment Gensd'armes. Berlin 1859.
Hirsch, Helmut: „Frauen, Franzosen, Philister und Juden". Zu den Ausschlußklauseln der Tischgesellschaft, in: Härtl/Schultz, „Die Erfahrung anderer Länder", S. 153–64.
Hoffmann, Werner: Clemens Brentano. Leben und Werk. Bern und München 1966.
Houben, H. H.: Jungdeutscher Sturm und Drang. Ergebnisse und Studien. Leipzig 1911.
Humboldt, Wilhelm von: Werke in fünf Bänden. Hrsg. von Andreas Flitner und Klaus Giel. Darmstadt 1960–81.
– und Caroline von Humboldt: Briefe. Zweiter Band. Briefe aus Berlin–Königsberg 1808–1810. Hrsg. von Anna von Sydow. Berlin 1909.
Ibbeken, Rudolf: Preußen 1807–1813. Staat und Volk als Idee und in Wirklichkeit (Darstellung und Dokumentation). Köln und Berlin 1970 (= Veröffentlichungen aus den Archiven Preußischer Kulturbesitz, Bd.5).
Die Idee der deutschen Universität; s. Anrich.
Kantzenbach, Friedrich Wilhelm: Friedrich Daniel Ernst Schleiermacher in Selbstzeugnissen und Bilddokumenten. rowohlts monographien 126. Reinbek bei Hamburg 1967.
Die Kataloge der Berliner Akademie-Ausstellungen 1786–1850. Hrsg. von Helmut Börsch-Supan. 2 Bde. Quellen und Schriften zur bildenden Kunst 4. Berlin 1971.
Kleist, Heinrich von: Sämtliche Werke und Briefe. Hrsg. von Helmut Sembdner. 2 Bde. 2., vermehrte und völlig revidierte Auflage. München 1961.

Klöden, Karl Friedrich: Von Berlin nach Berlin. Erinnerungen 1786–1824 (= Jugenderinnerungen, 1870). Hrsg. von Rolf Weber. Berlin 1976.

Klotz, Volker: Die erzählte Stadt. Ein Sujet als Herausforderung des Romans von Lesage bis Döblin. München 1969.

Knaack, Jürgen: Achim von Arnim – Nicht nur Poet. Die politischen Anschauungen Arnims in ihrer Entwicklung. Darmstadt 1976.

Kreft, Jürgen: Kleists „Bettelweib von Locarno" – naiver oder kritischer Geisterdiskurs? In: Kleist Jahrbuch 1997, S. 185–201.

Krögen, Karl Heinrich: Freie Bemerkungen über Berlin, Leipzig, Prag (1785). Hrsg. von Knut-Hannes Wettig. Leipzig und Weimar 1986.

Kroll, Frank-Lothar: Friedrich Wilhelm IV. und das Staatsdenken der deutschen Romantik. Berlin 1990.

Kurz, Gerhard: Vor einem Bild. Zu Clemens Brentanos „Verschiedene Empfindungen vor einer Seelandschaft von Friedrich, worauf ein Kapuziner". In: Jahrbuch des freien deutschen Hochstifts, 1988, S. 128–40.

Kytzler, Bernhard: Von der „Gemeinschaft der Seelen" an Berlins Universität. August Boeckhs Rede an die akademische Jugend 1859. In: Berlin in Geschichte und Gegenwart. Jahrbuch des Landesarchivs Berlin 1989. Hrsg. von Hans J. Reichhardt. S. 21–31.

Lange, Dietz (Hrsg.): Friedrich Schleiermacher 1768–1834. Theologe – Philosoph – Pädagoge. Göttingen 1985.

Lenz, Max: Geschichte der Königlichen Friedrich-Wilhelms-Universität zu Berlin. 2 Bde. Halle 1910.

Leschke, Gabriele: *Prinz Friedrich von Homburg* und der Mythos der Königin Luise von Preußen. In: Beiträge zur Kleist-Forschung. Hrsg. von Wolfgang Barthel und Hans-Jochen Marquardt. Frankfurt (Oder) 1998, S. 114–47.

Lewald, Fanny: Prinz Louis Ferdinand. Breslau 1849.

–: Prinz Louis Ferdinand. Engl. Übers. von Linda Rogols-Siegel. Studies in German Thought and History, Bd. 6. Lewiston, NY 1988.
Lewalter, Ernst: Friedrich Wilhelm IV. Das Schicksal eines Geistes. Berlin 1938.
Luise, Königin von Preußen: Briefe und Aufzeichnungen 1786–1810. Mit einer Einleitung von Hartmut Boockmann. Hrsg. von Malve Gräfin Rothkirch. München 1985.
Lukács, Georg: Der historische Roman. In: Werke. Bd. 6: Probleme des Realismus. Neuwied 1965.
Maier, Hans: Cäcilie unter den Deutschen. Herder, Goethe, Wackenroder, Kleist. In: Kleist Jahrbuch 1994, S. 67–82.
Marwitz, Friedrich August Ludwig von der: Nachrichten aus meinem Leben, 1777–1808. Hrsg. von Günter de Bruyn. Berlin 1989.
Mieck, Ilja: Von der Reformzeit zur Revolution (1806–1847). In: Geschichte Berlins. Hrsg. von Wolfgang Ribbe. 2 Bde. München 1987. Bd 1, S. 407–56.
Moritz, Karl Philipp: Werke in zwei Bänden. Hrsg. von Heide Hollmer und Albert Meier. Bibliothek deutscher Klassiker, Bd. 159. Frankfurt a. M. 1997–99.
Mühlbach, Luise: Napoleon und Blücher. Berlin 1858.
–: Napoleon und Königin Luise. Berlin 1858.
–: Napoleon und der Wiener Congreß. Berlin 1858.
–: Rastatt und Jena. Berlin 1858.
Müller, Adam: König Friedrich II. und die Natur, Würde und Bestimmung der preußischen Monarchie. Erste Vorlesung gehalten zu Berlin am 11ten Januar 1810. In: Pantheon, 1810, Bd. 1, S. 179–97.
–: Kritische, ästhetische und philosophische Schriften. Hrsg. von Walter Schröder und Werner Siebert. 2 Bde. Neuwied und Berlin 1967.
–: Lebenszeugnisse. Hrsg. von Jakob Baxa. 2 Bde. München, Paderborn, Wien 1966.

Müller, Norbert: Literarisches Leben in Berlin im Anfang des 19. Jahrhunderts. In: Kleist-Jahrbuch 1981/82, S. 13–32.

Nadler, Josef: Die Berliner Romantik 1800–1814. Ein Beitrag zur gemeinvölkischen Frage: Renaissance, Romantik, Restauration. Berlin 1920.

Niebuhr, Barthold Georg: Die Briefe. Hrsg. von Dietrich Gerhard und William Norvin. 2 Bde. Berlin 1929.

–: Römische Geschichte. 2 Bde. Berlin 1811/12.

–: Römische Geschichte. Neue Ausgabe von M. Isler. 2 Bde. Berlin 1873.

Nienhaus, Stefan: Geschichte der deutschen Tischgesellschaft. Tübingen 2001.

–: Vaterland und engeres Vaterland. Deutsche und preußischer Nationalismus in der Tischgesellschaft, in: Härtl/Schultz, „Die Erfahrung anderer Länder", S. 127–151.

Nostitz, Karl von: Leben und Briefwechsel. Dresden und Leipzig 1848.

Oberhauser, Fred und Henneberg, Nicole: Literarischer Führer Berlin. insel taschenbuch 2177. Frankfurt am Main und Leipzig 1998.

Österle, Günter: Juden, Philister und romantische Intellektuelle. Überlegungen zum Antisemitismus in der Romantik, in: Athenäum: Jahrbuch für Romantik 2 (1992), S. 55–89.

Pantheon. Eine Zeitschrift für Wissenschaft und Kunst. Hrsg. von J. G. Büsching und K. L. Kannegießer. Leipzig 1810.

Paulin, Roger: Friedrich von Raumer und Heinrich von Kleist: „Echte Geschicklichkeit zum Verbessern". In: Kleist-Jahrbuch 1988/89, S. 147–56.

Phöbus. Journal für die Kunst. Hrsg. von Heinrich von Kleist und Adam H. Müller. Dresden 1808.

Pike, Burton: The Image of the City in Modern Literature. Princeton, NJ 1981.

Puschmann, Rosemarie: Heinrich von Kleists Cäcilien-Erzählung. Kunst- und literarhistorische Recherchen. Bielefeld 1988.

Ramler, Karl Wilhelm: Lyrische Gedichte. Berlin 1772.

Ranke, Leopold von: Friedrich der Große. Friedrich Wilhelm der Vierte. Zwei Biographien. Leipzig 1878.

Raumer, Friedrich von: Lebenserinnerungen und Briefwechsel. Leipzig 1861.

–: Perikles und Aspasia. In: Pantheon, 1810, Bd. 2, S. 7–22.

Rehm, Walther: Europäische Romdichtung. 2. Auflage. München 1960.

Rellstab, Ludwig: 1812. Ein historischer Roman. 30. Auflage. Leipzig 1914.

Renker, Fritz: Niebuhr und die Romantik. Leipzig 1935.

Riedl, Peter Philipp: Öffentliche Rede in der Zeitenwende. Deutsche Literatur und Geschichte um 1800. Tübingen 1997.

Riley, Helen M. Kastinger: Ludwig Achim von Arnims Jugend- und Reisejahre. Ein Beitrag zur Biographie mit unbekannten Briefzeugnissen. Bonn 1978.

Sadowsky, Thorsten: Reisen durch den Mikrokosmos. Berlin und Wien in der bürgerlichen Reiseliteratur um 1800. Hamburg 1998.

Sauzin, Louis: Adam-Heinrich Müller (1779–1829). Sa vie et son œuvre. Paris 1937.

Savigny, Friedrich Carl von: Geschichte des Römischen Rechts im Mittelalter. 2. Ausgabe. 7 Bde. Heidelberg 1834–1851.

–: System des heutigen Römischen Rechts. 8 Bde. Berlin 1840–1849.

Schenkendorf, Max von: Gedichte. Hrsg. von Edgar Gross. Leipzig 1910.

Schinkel: Karl Friedrich Schinkel. Architektur – Malerei – Kunstgewerbe. Ausstellung in der Orangerie des Schlosses Charlottenburg, 13. März bis 13. September 1981. Verwaltung der Staatlichen Schlösser und Gärten. Berlin 1981.

–: Karl Friedrich Schinkel 1781–1841. Ausstellung im Alten Museum, 23. Oktober 1980 bis 29. März 1981. Staatliche

Museen zu Berlin/ Hauptstadt der DDR. Deb-Reprint Westberlin 1981.
Schleiermacher, Friedrich D. E.: Hermeneutik. Nach den Handschriften neu herausgegeben und eingeleitet von Heinz Kimmerle. Abhandlungen der Heidelberger Akademie der Wissenschaften, Philosophisch-historische Klasse 1959/2. Heidelberg 1959.
–: Hermeneutik und Kritik. Hrsg. von Manfred Frank. suhrkamp taschenbuch wissenschaft 211. Frankfurt am Main 1993.
–: Kurze Darstellung des theologischen Studiums zum Behuf einleitender Vorlesungen. Hrsg. von Heinrich Scholz. 3., kritische Auflage. Leipzig 1910; reprographischer Nachdruck Darmstadt 1993.
–: Schriften. Hrsg. von Andreas Arndt. Bibliothek der Philosophie. Frankfurt am Main 1996.
Schultz, Hartwig: Zwei Zirkulare Arnims zur deutschen Tischgesellschaft. In: Aurora 46 (1986), S. 11–14.
Schulz, Gerhard: Die deutsche Literatur zwischen Französischer Revolution und Restauration. 2 Bde. München 1983–1989.
–: Nachwort. In: Friedrich de la Motte Fouqué. Der Zauberring. Ein Ritterroman. München 1984.
Scott, Sir Walter: Waverley, or 'Tis Sixty Years Since. In: Waverley Novels, Bd. 1. New York 1892. Dt.: Waverly oder vor 60 Jahren. (Nach der Übers. von C. Herrmann [1851].) Frankfurt am Main 1974.
Sembdner, Helmut: Die Berliner Abendblätter Heinrich von Kleists, ihre Quellen und ihre Redaktion. Berlin 1939.
–: Heinrich von Kleists Lebensspuren. Dokumente und Berichte der Zeitgenossen. 2., veränderte und erweiterte Auflage. Bremen 1964.
Staël, Anne Germaine de: Über Deutschland. Vollständige und neu durchgesehene Fassung der deutschen Erstausgabe von 1814. Hrsg. von Monika Bosse. Frankfurt am Main 1985.

Staiger, Emil: Literatur und Öffentlichkeit. In: Der Zürcher Literaturschock. Hrsg. von Erwin Jaeckle. München/Wien 1968. S. 14–24.

Steffens, Henrik: Was ich erlebte. 1802–1814: Knechtschaft und Freiheit. Hrsg. von Th. Landsberg. Leipzig 1913.

Steig, Reinhold: Achim von Arnim und die ihm nahe standen. Hrsg. von Reinhold Steig und Herman Grimm. 3 Bde. Stuttgart und Berlin 1904.

–: Berlin in Trauer um die Königin Luise. Eine Hundertjahrs-Erinnerung. Deutsche Rundschau 144 (1910), S. 265–82.

–: Clemens Brentano und die Brüder Grimm. Stuttgart und Berlin 1914.

–: Heinrich von Kleist's Berliner Kämpfe. Berlin und Stuttgart 1901.

Stein, Freiherr vom: Briefe und amtliche Schriften. Dritter Band: 1809–1812. Hrsg. von Walther Hubatsch. Stuttgart 1961.

Stopp, Elisabeth: Arnim's *Luisen-Kantate* as Romantic Occasional Verse. In: Aurora 46 (1986), S. 87–98.

Thalmann, Marianne: Romantiker entdecken die Stadt. München 1965.

Tolstoy (Tolstoj), Leo: War and Peace. Aus dem Russischen von Louise und Maude Aylmer. Hrsg. von George Gibian. New York 1966. Dt.: Krieg und Frieden. (Übers. von W. Bergengruen) 2 Bde. München 1990.

Varnhagen, Rahel: Briefwechsel. Hrsg. von Friedhelm Kemp. 4 Bde. München 1979.

Varnhagen von Ense, Karl: Denkwürdigkeiten des eignen Lebens. Hrsg. von Konrad Feilchenfeldt. 3 Bde. Frankfurt am Main 1987.

Voß, Julius von: Neu-Berlin, oder vaterländische Ideen über Wiedergedeihen und Emporblühn dieser Hauptstadt. Berlin 1811.

Voss, Karl: Reiseführer für Literaturfreunde Berlin. Frankfurt am Main 1980.

Voss, Sophie Marie, Gräfin von: Sixty-Nine Years at the Court of Prussia. London 1876.

Walther, Gerrit: Niebuhrs Forschung. Frankfurter Historische Abhandlungen, Bd. 35. Stuttgart 1993.

Weischedel, Wilhelm (Hrsg.): Idee und Wirklichkeit einer Universität: Dokumente zur Geschichte der Friedrich-Wilhelms-Universität zu Berlin. Berlin 1960.

Werner, Zacharias: Poetische Werke. Hrsg. von Joseph Baron von Zedlitz. Zweiter Band. Neuausgabe Bern 1970.

Wichmann, Thomas: Heinrich von Kleist. Sammlung Metzler, Bd. 240. Stuttgart 1988.

Wilamowitz-Moellendorff, Ulrich von: Geschichte der Philologie. 3. Aufl. Leipzig 1927.

Wirth-Nesher, Hana: City Codes: Reading the Modern Urban Novel. Cambridge 1996.

Witte, Barthold C.: Der preußische Tacitus. Aufstieg, Ruhm und Ende des Historikers Barthold Georg Niebuhr 1776–1831. Düsseldorf 1979.

Wülfing, Wulf: Die heilige Luise von Preußen. Zur Mythisierung einer Figur der Geschichte in der deutschen Literatur des 19. Jahrhunderts. In: Bewegung und Stillstand in Metaphern und Mythen. Fallstudien zum Verhältnis von elementarem Wissen und Literatur im 19. Jahrhundert. Hrsg. von Jürgen Link und Wulf Wülfing. Stuttgart 1984, S. 233–66.

Zelter, Karl Friedrich: Der Briefwechsel zwischen Goethe und Zelter. Hrsg. von Max Hecker. 2 Bde. Leipzig 1913.

Ziolkowski, Theodore: Das Amt der Poeten. Die deutsche Romantik und ihre Institutionen. Aus dem Amerikanischen von Lothar Müller. Stuttgart 1992.

–: August Böckh und die Sonettenschlacht bei Eichstätt. In: Antike und Abendland 41 (1995), S. 161–73.

–: Das Wunderjahr in Jena. Geist und Gesellschaft 1794/95. Stuttgart 1998.

REGISTER

(Das Register verzeichnet Zeitschriften, die im Text erwähnten Personen – bei den Personen, die um die hier dargestellte Zeit lebten, mit Lebensdaten, soweit feststellbar – sowie die besprochenen Werke aus Literatur, Musik und Bildender Kunst. Ausgenommen sind Anmerkungen, Chronik und Literaturverzeichnis.)

Klett-Cotta

Printed in Germany
Schutzumschlag: Finken & Bumiller, Stuttgart
Unter Verwendung zweier Motive von akg-images, Berlin
Gesetzt aus der 10 Punkt Bodoni
von Offizin Wissenbach, Höchberg bei Würzburg
Auf säure- und holzfreiem Werkdruckpapier gedruckt und
gebunden von Claussen & Bosse, Leck
ISBN 3-608-94033-2

Die Deutsche Bibliothek – CIP-Einheitsaufnahme
Ein Titeldatensatz für diese Publikation ist bei
Der Deutschen Bibliothek erhältlich.

Theodore Ziolkowski:
Das Wunderjahr in Jena
Geist und Gesellschaft 1793/94

355 Seiten, gebunden, ISBN 3-608-91942-2

Zwischen Frühjahr 1794 und Sommer 1795 war Jena ein Zentrum geistiger Bewegung. Diese Stadt bot den fruchtbaren Boden, aus dem eine intellektuelle Gemeinschaft erwuchs, die in der deutschen Geschichte ihresgleichen sucht.

Patrick Bahners/Gerd Roellecke (Hrsg.):
Preußische Stile
Ein Staat als Kunststück

574 Seiten, mit farbigem Tafelteil, gebunden, ISBN 3-608-94290-4

Die Autoren dieses Bandes stellen Preußen in Politik, Religion, Recht, Kunst und Wissenschaft umfassend dar. Sie erzählen nicht nur preußische Geschichte, sondern suchen vor allen Dingen nach dem spezifisch Preußischen in berühmten Personen, bekannten Ereignissen und folgenreichen Entwicklungen.

Paul Noack:
Elisabeth Christine und Friedrich der Große
Ein Frauenleben in Preußen

239 Seiten, 2 Karten, 15 s/w Abbildungen, gebunden
ISBN 3-608-94292-0

Anschaulich und lebendig erzählt Paul Noack die zu unrecht vernachlässigte Geschichte einer außergewöhnlichen Königin des Rokoko, die von dem Ruhm ihres Mannes, der als Friedrich der Große in die Geschichte einging, von dem Glanz ihrer Zeit vor allem deren Kehrseite mitbekommen hat.

